民航大学生
心理健康教育

主编 / 沈纯纯　孟豫　　副主编 / 贾静　朱琪

大连海事大学出版社
DALIAN MARITIME UNIVERSITY PRESS

ⓒ 沈纯纯　孟豫　2024

图书在版编目(CIP)数据

民航大学生心理健康教育 / 沈纯纯,孟豫主编. — 大连:大连海事大学出版社,2024.6. — ISBN 978-7-5632-4562-8

Ⅰ.G444

中国国家版本馆 CIP 数据核字第 2024PC1976 号

大连海事大学出版社出版

地址:大连市黄浦路523号　邮编:116026　电话:0411-84729665(营销部)　84729480(总编室)
http://press.dlmu.edu.cn　　E-mail:dmupress@dlmu.edu.cn

大连金华光彩色印刷有限公司印装　　　　　　　　大连海事大学出版社发行

2024年6月第1版　　　　　　　　　　　　　　　2024年6月第1次印刷
幅面尺寸:184 mm×260 mm　　　　　　　印张:16.5　　字数:333千

出版人:刘明凯

责任编辑:刘长影　　　　　　　　　　　　　　责任校对:刘若实
封面设计:解瑶瑶　　　　　　　　　　　　　　版式设计:解瑶瑶

ISBN 978-7-5632-4562-8　　　定价:43.60元

前 言

当前,我国正处在建设民航强国的关键时期,拥有良好工作作风和职业素养的专业技术人才队伍是民航强国的重要标志。然而,民航运营的特殊性如工作时间长、压力大、不规律排班、跨时区飞行等因素对民航从业人员的身心健康产生了特异性的影响。民航院校大学生是未来民航队伍的生力军,他们的观念、作风、职业素养、知识、能力、心理健康水平会直接影响未来我国民航人力资源的质量。因此,应当加强民航院校大学生心理健康培养,有针对性地提高其心理素质,以顺应当前航空业的迅猛发展形势。

同时,为进一步加强和改进高等学校德育工作,全面推进素质教育,提升高等学校人才培养质量,实现大学生更高水平就业,我们以教育部下发的《关于加强普通高等学校大学生心理健康教育工作的意见》、《普通高等学校学生心理健康教育课程教学基本要求》和《高等学校学生心理健康教育指导纲要》等文件的精神,再结合民航发展的现状与需求,编撰了这本《民航大学生心理健康教育》。

本书包括:心理健康概述、适应与发展、自我意识与心理健康、人格发展与心理健康、人际交往与心理健康、情绪与压力、恋爱与性心理、常见心理障碍、珍惜生命的唯一历程等核心内容,同时在编撰中力求体现以下行业特色:一是强调民航业特色,充分将民航的案例与心理学知识相结合,易于学生感受和理解,对于心理健康知识的教学也更具有针对性;二是强调科学性、知识性、时代性和准确性,重视学生的体验探索,并加强了实践性和趣味性的结合;三是把课堂指导与团体训练结合起来,注重学生体验式学习、案例式教学和参与式教学;四是结合新时代我国高等教育事业发展的新变化,将思政教育元素贯穿于心理健康教育中,把心理健康教育的"育心"作用与思想政治教育的"育德"作用相结合,同心同德,有机互通,巧妙交融,实现高校的人才培养目标。

本书适合全日制民航类高校、普通高校、高职高专院校作为心理健康课程教材供学生学习和使用,也适合高等学校思想政治教育工作者、学生工作者和辅导员以及所有关注大学生成长与发展的读者阅读。

本教材编写分工如下:沈纯纯、孟豫(中国民用航空飞行学院),主要负责选题与组织、编写规范确定及全书统稿;沈纯纯负责第一章、第二章和第七章的编写;孟豫负责第三章和第八章的编写;贾静(中国民用航空飞行学院),主要负责第四章和第五章的编写;朱琪(中国民用航空飞行学院),主要负责第六章和第九章的编写。

  本教材的编撰得到了中国民用航空局安全能力建设项目《基于大数据的飞行学生心理健康/疾病风险管理体系研究》(项目编号:DFS20170602)、中央高校教育教学改革专项资金项目《大学生心理健康课程思政示范课程建设》(项目编号:E2020005)以及中国民航局特聘专家罗晓利教授的支持。

  由于时间紧、任务重,本教材难免存在不足和纰漏,敬请各位专家、同行及广大读者批评指正,并向一直关心和支持民航大学生心理健康工作的领导、同事和朋友们表达崇高的敬意和诚挚的感谢。

编 者
2024 年 3 月

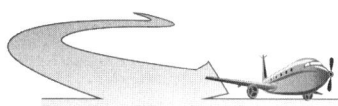

优质线上课程推荐

- **1. 清华大学**

  https://www.xuetangx.com/course/THU07111000285/5882624?chanel=search_result

- **2. 电子科技大学（国家精品课程）**

  https://www.icourse163.org/course/UESTC-235011?from=searchPage

- **3. 四川大学**

  https://www.icourse163.org/course/SCU-1206677844

- **4. 河南经贸职业学院（国家精品课程）**

  https://www.icourse163.org/course/HNJMXY-1002127006?from=searchPage

- **5. 南京邮电大学**

  https://www.icourse163.org/course/NJUPT-1206359807

目 录

- **第一章 心理健康概述** …………………………………………………………（1）
  - 第一节 心理学基本知识 …………………………………………………（3）
  - 第二节 健康与心理健康 …………………………………………………（10）
  - 第三节 大学生的心理特征及常见问题 …………………………………（17）
  - 第四节 大学生心理健康的影响因素 ……………………………………（21）

- **第二章 适应与发展** ……………………………………………………………（31）
  - 第一节 认识适应 …………………………………………………………（32）
  - 第二节 大学生学习心理 …………………………………………………（38）
  - 第三节 职业生涯规划与发展 ……………………………………………（49）

- **第三章 自我意识与心理健康** …………………………………………………（61）
  - 第一节 自我意识概述 ……………………………………………………（62）
  - 第二节 大学生自我意识的特点 …………………………………………（70）
  - 第三节 大学生自我意识的完善 …………………………………………（72）

- **第四章 人格发展与心理健康** …………………………………………………（85）
  - 第一节 人格概述 …………………………………………………………（87）
  - 第二节 人格理论 …………………………………………………………（93）
  - 第三节 人格测量的方法 …………………………………………………（97）
  - 第四节 大学生人格障碍和自我调适 ……………………………………（100）
  - 第五节 大学生健康人格塑造的途径和方法 ……………………………（103）

- **第五章 人际交往与心理健康** …………………………………………………（111）
  - 第一节 人际交往概述 ……………………………………………………（112）

第二节　人际交往的过程…………………………………………（117）
　　第三节　大学生人际交往能力的培养和提升……………………（124）

第六章　情绪与压力……………………………………………（135）
　　第一节　认识情绪与压力…………………………………………（136）
　　第二节　情绪、压力与健康………………………………………（150）
　　第三节　情绪管理…………………………………………………（154）
　　第四节　压力应对…………………………………………………（160）

第七章　恋爱与性心理…………………………………………（167）
　　第一节　认识爱情…………………………………………………（168）
　　第二节　当代大学生的爱情………………………………………（180）
　　第三节　当代大学生的性心理……………………………………（189）

第八章　常见心理障碍…………………………………………（203）
　　第一节　心理正常与心理异常……………………………………（204）
　　第二节　大学生常见心理障碍……………………………………（207）
　　第三节　寻求专业帮助……………………………………………（222）

第九章　珍惜生命的唯一历程…………………………………（235）
　　第一节　追求生命的价值…………………………………………（236）
　　第二节　感恩生命的境遇…………………………………………（240）
　　第三节　正视生命的终结…………………………………………（242）
　　第四节　大学生心理危机干预……………………………………（245）

参考文献……………………………………………………………（253）

第一章 心理健康概述

> 尊重生命,尊重他人,也尊重自己的生命,是生命进程中的伴随物,也是心理健康的一个条件。
>
> ——埃里希·弗洛姆(Erich Fromm)

案例导读

三个打鱼人在潭边打鱼时,突然发现有人从上游被冲进水潭。一个打鱼人便跳入水中把落水者救了上来,并用人工呼吸等方法予以抢救。这时,他们又见到另一个被冲下来的落水者挣扎着求救,另一个打鱼人又跳入水中把他救了上来……可是,他们同时又发现了第三个、第四个和第五个落水者,于是这三个打鱼人便手忙脚乱,难于应付了。

此时,有一个打鱼人似乎想到了什么,他离开现场来到上游,劝说人们不要在这里游泳,并在人们通常游泳时的入水处插上一块木牌以示警告。可是,仍有无视警告者被冲进水潭,三个打鱼人还得忙于救人的工作。

后来,一个打鱼人醒悟了,他说这样不能从根本上解决问题,他要去做另一项工作——教人们游泳。这似乎是问题的关键,因为有了好的水性,像他们三个打鱼人那样,即使被冲下深水或急流之中也能够独立应付,不至于深陷危机,甚至付出生命了。

我们从以上故事中可以领悟许多道理。如果以此来比喻心理学,那么第一步跳入水潭中抢救落水者的工作就好比"心理治疗"——一项艰巨而充满意义的工作。心理治疗往往需要花费相当多的时间和精力,"被治疗者"也往往感到痛苦和不安。第二步,去上游对人们进行劝说,这就好比是"心理咨询与辅导",也是一项充满意义的工作,但一般来说,它也只是对"来访者"或接受咨询者产生作用和影响。那么第三步,那位要去教人们游泳的打鱼人所做的工作,就好比是"心理健康教育",即普及心理保健知识。他找到了落水者需要被抢救的根本原因——水性不好,并着眼和致力于以教会人们游泳这一根本方式来解决问题。

由此可以看出,普及心理保健知识,进行预防性心理建设,是以培养与完善人格、提高人们的心理素质、提高人们的生活质量为目的,治病于未病,防患于未然。"水性的好坏"对于落水者是至关重要的,心理素质对于一个人的生活也具有同样的意义。心理素质将在很大程度上决定一个人生活的质量。美国心理健康专家艾森伯克教授说:"一旦基本生存需要得到保证后,心理健康在决定人们的生活质量方面起着重要的作用。"

全球约有4.5亿人处于心理不健康状态,1/4的家庭中至少有一位家庭成员正忍受着心理和行为障碍,心理健康所造成的疾病负担在世界疾病负担里占据了很大一部分。近年来,大学生因心理问题或抗挫折能力较差而引发的极端事件越来越多,引起社会对大学生心理健康问题的广泛重视。在大学这样一个人群密集型的场所中,大学生看似身处自由轻松的环境,其实要面临学业、人际交往、经济等多方面的压力。如果没有外部力量及时对大学生加以干预,帮助其缓解压力,他们极易被抑郁、焦虑甚至自杀倾向等负面情绪缠身。《中国青年报》于2019年曾发文称,大学生抑郁症发病率逐年攀升,1/4的中国大学生承认有过抑郁症状,且大一和大三是抑郁症的高发期。

民用航空是一个高技术、高投入、高风险的行业,其安全关系到旅客的生命和财产的安危,因此,安全是民航永恒的主题。当前,我们正处在国家交通运输战略转型的关键时期,增强"民航业服务大众能力、国际竞争能力和创新发展能力"是民航强国战略的核心。但是,伴随着民航的快速发展,从业人员也面临着新的挑战,员工因安全、服务、管理等因素引发的心理问题越发突出,有的员工在工作中或多或少地出现心理紧张、痛苦压抑、丧失信心等不良心理状态,甚至有些人因心理压力过大而出现了一些极端行为,这些都可能威胁到行业的健康安全发展。同时,相关研究也发现,作为大学生中的较为特殊的群体,民航特色专业学生(主要指民航飞行、机务维修、空管等相关专业)心理问题总检出率为24.9%,这与全国大学生的心理问题的检出率基本一致。这表明民航特色专业学生的心理问题具有一定的普遍性,其心理健康形势非常严峻。积极心理学认为,心理健康不仅是人基本的生存保障,也是人发挥社会功能、实现自我价值的需要。由于承担着安全和服务的双重责任,民航职业存在着较大的职业压力,从业者必须具备良好的心理素质、较高的心理健康水平以及强大的心理能力。飞行员、管制员、机务人员、安检人员、保卫人员、空中警察等都直接关系到民航安全,对其心理素质要求极高,因此全面提高民航大学生的素质(特别是心理素质),培养合格的民航职业的跨世纪人才,加强心理健康教育是非常必要和迫切的。

第一节 ◉ 心理学基本知识

一、什么是心理学

对于很多人来讲,心理学是一门比较神奇的学科,喜欢但又不甚了解。很多人认为,心理学就是研究每个人心里怎么想的一门学问,就是专门用来治疗心理疾病的一门学科。那么,大家是不是也有一样的看法呢?好,接下来我们就来分析一下以下观点是否正确。

- 心理学就是看透别人想什么的学问。
- 心理学就是用来治疗心理疾病的。
- 学心理学的人都是心理有问题的人。
- 心理学是灵丹妙药。
- 心理学是骗人的。

关于以上观点,你是怎么看的呢?

心理学是一门以系统的方法探索人的行为及内心活动的科学。人在相同的情况下,也会因为不同的心理状态产生不同的行为,心理学可以通过人的行为来考察这种复杂的心理状态。

心理学是研究人和动物心理现象的发生、发展和变化的科学,主要以研究人的心理现象为主。在人类生活的各个领域,只要有人存在的地方,就有心理学问题,就需要心理学,心理学已经渗透到现代生活的许多方面。"我们是谁?我们的思想、感受和行为从何而来?我们又是如何去理解世界、掌握和管理我们周围的人?"心理学对这些问题的回答,已经从探讨哲学和生物学的世界性起源开始,进而发展成为一门旨在描述和解释我们如何思考、如何感受以及如何行动的科学。

心理学是探索人的行为及内心活动的科学。人的内心状态是不能直接用眼睛观察到的,因此,要对它进行研究,必须以人表现出的行为作为线索,这些行为包括语言、表情、动作、态度等。人的行为会随着每时每刻内心状态的变化而变化。有了高兴的事情就笑逐颜开,如果感到悲伤就会哭泣流泪,如果感到愤怒就会气得浑身哆嗦。另外,人在工作场所工作的时候,与在家里作为丈夫、妻子或者作为父亲、母亲的时候,行为举止都是不一样的。可以说,人的行为因其自身所处状况的不同而不同,即使是在相同的状况下,也会因为内心状态的不同而有所差异。我们所说的心理学,就是通过人的行为来考察这种复杂的内心状态的学问。

心理学寻求改进每个个体和集体的幸福感。例如:对于一个考试前失眠、频繁上厕所,考试期间心跳加速、无法集中注意力的学生,心理学者可能会用"考试焦虑"来概括其表现,用理论来解释其焦虑的原因,预测这个学生在未来的重要考试中还可能出现的焦虑反应。对于这样的学生,可以采用合理情绪疗法、系统脱敏疗法等不同方法来帮助其调节情绪和行为。

二、心理学的起源与发展

心理学的起源可以追溯到古希腊,那时候的心理学很接近哲学,柏拉图、亚里士多德等哲学家对人的内心进行了研究。但是,心理学真正走向科学化的道路乃是近 100 年的事。因此,人们在谈论心理学时常常引用德国心理学家艾宾浩斯的话,即"心理学有一个长期的过去,仅有一个短期的历史"。换而言之,心理学既古老又年轻。回顾心理学的发展历史,可以看到心理学的发展经历了孕育、形成、成熟三个时期。科学心理学的形成如图 1-1 所示。

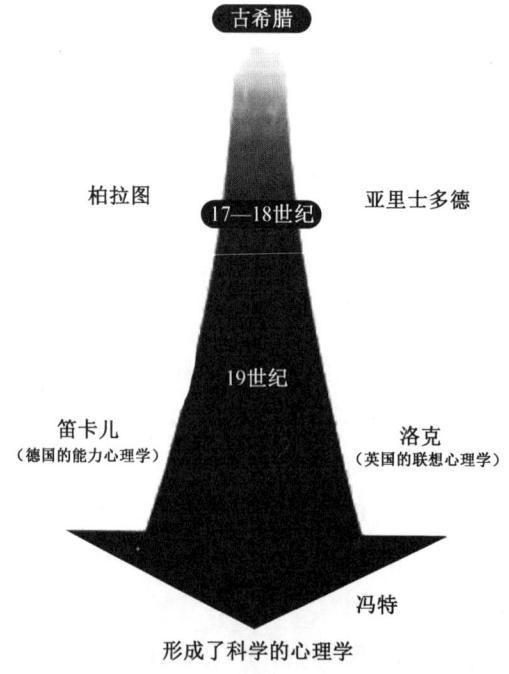

图 1-1　科学心理学的形成

（一）心理学的孕育时期

"心理"这一学科名称,来源于希腊文"灵魂"和"学问",即关于研究灵魂的学问。早在原始社会,人类就注意到了各种心理现象并曾设法加以利用。例如,远古的各种巫术活动和图腾禁忌现象就利用了原始部族大众的情绪。这主要是由于人类生产力水平的低下,对自然灾害侵袭的无力和惧怕,而崇拜大自然力量的心理反应。另外,人们在对生与死的探索中,认为活人身上有一种灵魂的力量在支配着,灵魂可以脱离肉体而存在,死人的灵魂特别是圣贤豪杰的灵魂可以支配大自然,因而供奉他。原始民众最早的这种对灵魂以及对灵魂与肉体关系的看法,就是最初的西方心理学思想。

应该说,心理学同其他许多学科一样是在哲学体系中孕育而成的,独立于以前的心理学,不仅同哲学思想混合交织在一起,而且受宗教的渗透和影响很大。在古代西方,古希腊哲学家德谟克利特、柏拉图和亚里士多德等对灵魂或心理提出的不同看法,对西方后来的心理学有着很大的影响。而中世纪的欧洲,宗教神学占统治地位,心理学成了教义哲学的一部分,大多数哲学家的心理学思想都是为维护基督教服务的。欧洲文艺复兴之后,在自然科学迅速发展的基础上,产生了唯物论的经验主义哲学,像霍布斯、洛克、笛卡儿、格尔等,他们有关心理现象的见解,都不同程度地扩大了心理学的领域,丰富了心理学的内容,为后来心理学脱离哲学成为一门独立的学科做了重要的准备。在古代中国,是没有"心理学"这一名称的。"心理学"三个字在中国古书中从来就没有在一处排列过,"心理"二字相连的时候也很少。但是,中国古代哲学家对心理的论述却很早,也比较多。其中,最突出的是人的心、性问题,散见于经、理、文、医的各种古书中。书中既有理论阐述,也有应用的资料。影响较大的有孔子、孟子、荀子、王充、范缜、朱熹、王夫子等。如孔子的教育心理学思想涉及差异心理、学习心理、德育心理和教师心理等各个方面,比古希腊的柏拉图全面系统得多。但是,由于受封建统治愚民思想和迷信思想所限,中国古代的心理学思想因缺乏相应的生理学和其他有关的系统科学辅佐,而没有发展成为一门独立的学科。因此,我国现代心理学并非由我国古代心理学思想直接演化而来,而是在西方近代心理学传入后,受其影响逐步形成和发展起来的。

（二）心理学的形成时期

15世纪中叶到20世纪20年代,许多学科都取得很大的发展和进步,其中包括那些同社会生活各个过程有直接关系的学科。与此同时,心理学也于19世纪末脱离哲学而成为一门独立的学科。科学心理学的创立是以德国心理学家冯特建立心理学实验室为标志的。自冯特之后,西方心理学出现了众多的流派。下面简要介绍一些影响较大的心理学流派。

1.行为派心理学

行为派心理学代表人物是美国心理学家约翰·华生。他认为心理学之所以不能成为一门精确的科学,就在于它研究的是一种不可捉摸和不能接近的对象。他反对把人的意识作为心理学的研究对象,主张心理学只应该研究可以捉摸和可以接近的"行为"。他所谓的"行为"指的是有机体适应环境变化的各种身体反应的结合,即"刺激—反应"。也就是说,他把心理现象归结为一些物理或化学变化引起另一些物理或化学变化。约翰·华生和罗萨莉雷纳合作,首先倡导心理学是行为科学,并在"小阿尔伯特"身上验证了条件反射作用(如图1-2所示)。

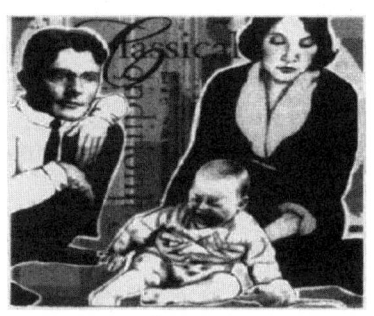

图1-2 小阿尔伯特

2.格式塔心理学

格式塔心理学代表人物有德国的韦特海默、考夫卡、苛勒等。他们主张研究意识的整体组织结构,强调部分相加不等于整体,知觉不是感觉的简单积累,思维不是观念的联结,行为不是简单的刺激和反射的过程,提倡"顿悟说"。"格式塔"是德语的音译,即整体组织的意思,其重视整体观念的思想很有价值。

3.精神分析心理学

精神分析心理学代表人物是奥地利心理医生弗洛伊德。他认为人的一切生活行为在实质上都受一些本能冲动,特别是性欲本能冲动支配,但在人类的文明社会内,由于伦理道德等的禁忌,许多本能愿望就被压抑于无意识中,得不到满足。这些被压抑的本能愿望或者趁睡眠之机偷偷进入意识,造成人的梦境,或者趁人说话、写字之机,突然造成"笔误"等失误,最严重的情况是造成各种神经症和精神病。因此,他坚决主张要想了解人的心理的真实情况,了解人的精神表现的真实原因,就必须通过一定的分析技术,求之于人的"无意识""潜意识"。弗洛伊德在普通民众中的影响力极大,以至于有的人认为心理学就是弗洛伊德学说。

西方心理学各流派之间不仅有理论之争,而且都各自取得了独特的研究成绩,这都对心理学的完善和发展具有重要的意义。而这段时间正是中国历史上的近代史时期,是中国沦为半殖民地半封建社会时期,也是中国人民反帝、反封建,向西方寻求真理,探索解放中华民族的民主主义革命时期。这个时期的龚自珍、谭嗣同、梁启超以及辛亥革命时期的孙中山、蔡元培等都提出了改革社会和文化教育的主张,并在其哲学思想中都涉及心理学思想或者接触和应用了西方心理学。但基本观点有的具有唯物主义因素,有的则完全是唯心主义的。

(三) 心理学的成熟时期

20世纪20年代,被认为是心理学从奠基而最终趋向成熟的时期。在20世纪20年代和30年代,心理学的门派之争达到了顶点。他们在进行理论之争的过程中,百花齐放、百家争鸣、拓展思路、取长补短,不仅在自己的领域取得了巨大成绩,而且博采众长,相互有了了解和弥补,各种论点渐趋统一。自20世纪30年代后,各学派先后趋于消失和瓦解。大家都热衷于实际问题的研究,而无暇或认为没必要去搞空洞的理论之争。虽然当代心理学创立在德国,但目前心理学最发达的国家是美国。美国心理学工作者的人数占全世界心理学工作者的一半,而美国的人口数只占全世界人口数的4%。美国心理学的现状,基本上是世界心理学现状的代表。在美国,心理学受到普遍重视,应用广泛,发展迅速。学校、医院、机关、企业等均有大量的心理学从业人员。美国有500所大学设有心理系,3 000多所高校开设心理学课程,每年培养300多位心理学博士,出版200多种心理学杂志。由于心理学在美国得到普遍重视,心理学科也得到迅速发展,出现了大量心理学分支学科,有人统计达4 010个分支。如出生前心理学、死亡心理学、奇异心理学、超心理学,等等。总之,与人的生活的各个方面相联系,基本上都有了相应的心理学分支学科。

中国现代心理学自1917年蔡元培任北京大学校长,批准陈大齐建立中国第一个心理学实验室开始。1920年,南京东南大学开始成立中国第一个心理学系,1921年中国心理学会成立,心理学专业人员、机构、出版刊物都急剧增长,形成第一个高潮发展时期。抗战爆发后,我国心理学处于低潮时期。1949年中华人民共和国成立以后,心理学的教学科研机构有所发展,20世纪60年代至70年代,遭受严重挫折和损失,1977年以后又得到恢复和发展。目前,中国心理学在教学、科研、从业人员等方面与美国等发达国家相比,差距还很大。在研究方法等方面缺乏自己的独立思考。近年来,我国心理学工作者开始注意心理学的本土化研究,希望运用心理学解决自己国家的一些问题,许多高校恢复、重建或正在筹备设立心理学教学、科研机构。总之,心理学在我国不断受到重视,得到发展。

三、心理学的研究领域

现代科学发展的一个重要特点是:一方面,科学知识越来越高度分化,派生出许多新的学科;另一方面,许多原来似乎无联系的学科互相渗透,又形成了一些新的学科。现代心理学也不例外,它是极多的处于不同形成阶段的、与各种实践领域有联系的科学体系。心理学有很多分支,其中包括:生理心理学家考察大脑和心理之间的关系;发展心理学家研究个体从受孕到死亡过程中能力的变化规律;认知心理学家进行实验研究,揭秘人们感知、思维和解决问题的过程;人格心理学家探索人们稳定的人格特质;社会心理学家考察人们怎样评价和影响彼此。

尽管大部分心理学教科书的重点内容都是基本理论,但心理学还具有很强的实用性,致力于解决许多实际问题:如何使婚姻幸福、如何克服焦虑和抑郁,以及如何教养子女等。咨询心理学家(Counseling Psychologists)帮助人们应对挑战和危机(包括学业、职业和婚姻问题),促进他们自身和社交的机能。临床心理学家(Clinical Psychologists)评估并治疗心理、情绪和行为障碍。咨询和临床心理学家都能设计和评估测验,提供咨询和治疗,有时还进行基础和应用研究。

心理学的各个分支研究心理现象的各个侧面,从各个不同的角度揭示了心理现象的各种规律。它们互相联系,形成了心理学的科学体系。心理学的研究领域如此广阔,说明心理学有着极其广泛的应用价值,它将在我国的现代化建设中发挥日益重要的作用。

四、心理学研究的基本内容

心理学的研究对象和任务是什么?没接触过心理学的人对此往往感到很神秘,甚至把心理学与神学、巫术混为一谈。心理学不就是可以解读人类各种心理的学问嘛!还有催眠、读心,总之,肯定是很神奇的东西!其实心理学并不神秘,它与我们每个人都有着密切的联系。每个人无论从事任何工作,都会伴随着一系列复杂的心理活动。人们每天都感受着周围的事物,思考着问题,产生对事物的态度,这些都是心理活动。心理学就是研究人的心理现象及其规律的科学。人的心理是脑的机能,是客观现实的主观反映。心理学把人的复杂的心理现象分为三个研究范式,即心理过程、心理状态和个性,分别从这三个不同侧面及其相互关系来研究人们的心理活动。

(一)心理过程

人的许多心理活动都有其发生、发展和完成的过程。心理过程主要包括认识过程、情感过程和意志过程。

认识过程,是人认识客观现实的过程。它为人类获得知识、了解现实、解决问题及预测事物提供可能。认识过程包括感觉、知觉、记忆、思维和想象等。感觉是人脑对直接作用于感觉器官的客观事物的个别属性的反映,知觉是人脑对客观事物各个部分和属性的整体反映,记忆是对经历过的事物的反映,思维是人脑对客观事物的本质特征内部联系的间接的概括的反映,想象是人脑在原有的感性形象的基础上创造出新形象的心理过程。

情感过程,是人对客观事物是否符合自己的需要而产生的体验,它是人的行为的内部动因。人在认识客观事物的同时,决不会无动于衷,常常持有一定的态度,产生一定的体验。这在心理学上称为情感或情绪。

意志过程,是与克服困难相联系、自觉地确定目的并力求加以实现的心理过程,它是人心理能动作用的体现。

（二）心理状态

心理状态是指人在某一时刻的心理活动水平。它包括注意力的集中和分散，情感方面的激情和心境，意志中的信心和缺乏信心，疑难和应激等。在不同的心理状态下，心理活动可以表现出很大的差异性。心理状态直接制约着心理活动过程。

（三）个性

由于各人的先天禀赋、生活经历、生活条件、所受的教育、所从事的实践活动等都各不相同，因此，心理活动在每个人身上又总是带有个人特征的，这就形成了人的个性。个性是一个人在心理过程中表现出来的稳定的、本质的心理特点的综合，即一个人总的精神面貌。个性主要表现在个性倾向性和个性心理特征两个方面。

个性倾向性是一个人行为的动机目的性。这种倾向性表现在人的需要、兴趣、理想、信念和人生观等方面。它是一个人对现实、对自己的态度体现，表现在对认识和活动的对象的趋向和选择性上，在一个人心理活动中起主导、定向作用。个性心理特征是在一个人身上经常稳定地表现出来的心理特点。它是个体心理活动的特点以某种机能系统或结构的形式在个体身上稳定的表现。个性心理特征具有明显的个体差异，主要表现在能力、气质和性格方面。能力是人顺利地完成某种活动所必须具备的心理特征，有的人长于数理通算，有的人具有艺术才能等，这些都是能力上的差异。能力是个性差异的重要特征。气质是一个人与生俱来的心理活动的动力特征。如人们在心理活动过程中表现出活泼好动、稳健沉着、灵活敏捷、迟钝呆板等。它影响人的性格表现形式和行为方式。性格是一个人对现实的稳定的态度体现和习惯化了的行为方式。如人们在心理过程中表现出热情豪放、骄傲自大、勤劳俭朴等。它是个性心理特征的核心。

人们的心理过程、心理状态和个性统称为人的心理现象。三者既有区别又密切相连。在人的心理活动中，不仅在认识、情感、意志过程之间，而且在个性与心理状态、心理过程之间也是密切联系的。没有心理状态的存在，心理过程就无法进行；没有心理过程，个性也就无法形成，而已经形成的个性又在一定程度上制约着人的心理过程和心理状态。

第二节 健康与心理健康

一、健康新理念

（一）认识健康

世界卫生组织（WHO）总干事马乐博士曾经说过："必须让人们认识到，健康并不代表一切，但失去了健康，便失去了一切。"那么，什么是健康？在一般人的理解中，可能健康就是没病。

人们对健康的理解还仅仅停留在身体健康的层面。其实早在1948年世界卫生组织成立时，在其宪章中就对"健康"下了这样的定义："健康乃是一种生理、心理和社会适应都日臻完满的状态，而不仅仅是没有疾病和虚弱的状态。"

1978年，在国际初级卫生保健大会上，世界卫生组织发表的《阿拉木图宣言》坚定重申健康不仅是疾病与体虚的匿迹，而且是身心健康社会幸福的总体状态，是基本人权，达到尽可能高的健康水平是世界范围的一项最重要的社会性目标。

1989年，世界卫生组织又修改了健康的概念，增加了"道德健康"，由此可见，衡量是否健康至少需要包括四个层面的内容：

（1）身体发育情况，如是否有生理疾病或缺陷，身体各部分的机能状况等，这是健康的基础。

（2）心理发展状况，如是否有心理疾病，是否有持续的、积极的心理发展状态等。

（3）社会适应程度，如掌握了多少生活知识和技能，是否有正确的人生目标，是否能遵守社会生活规则、融入现实社会生活，能否在不同时间、不同岗位上扮演好各种角色等。

（4）道德文明水准，如道德认知水平和道德行为状况等。道德健康的最高标准是无私奉献，最低标准是不损害他人。

（二）健康的新内涵

世界卫生组织在界定了健康的概念后，还进一步指出健康的新内涵：

> 扩展阅读

（一）健康的新内涵

一是有充沛的精力，能从容不迫地担负日常工作和生活，而不感到疲劳和紧张；

二是积极乐观，勇于承担责任，心胸开阔；

三是精神饱满，情绪稳定，善于休息，睡眠良好；

四是自我控制能力强，善于排除干扰；

五是应变能力强，能适应外界环境的各种变化；

六是体重得当，身材匀称；

七是牙齿清洁，无空洞，无痛感，无出血现象；

八是头发有光泽，无头屑；

九是反应敏锐，眼睛明亮，眼睑不发炎；

十是肌肉和皮肤富有弹性，步伐轻松自如。

《辞海》（第七版）

新的健康观认为，健康是生理健康与心理健康的统一，二者是相互联系、密不可分的。当人的生理产生疾病时，其心理也必然受到影响，会情绪低落、烦躁不安、容易发怒，从而导致心理不适；同样，长期心情抑郁、精神负担重、焦虑的人也易产生身体不适。因此，健康的心理与健康的身体是相互依赖、相互促进的。健全的心理有赖于健康的身体，而健康的身体同样离不开健全的心理。

（二）空勤人员的健康

民航资源网专家也介绍，中国民航对空勤人员有着科学的健康管理体系和严格的健康管理规定，目前形成民航局航空卫生处监督检查、各地区航空人员体检鉴定中心健康评估、各航空公司航空医师对空勤人员实施健康管理的三级健康管理体系。

空勤人员作为特殊人群，有着严格的健康要求。目前有关空勤人员健康方面的法律法规有《大型飞机公共航空运输承运人运行合格审定规则》（CCAR-121-R7）和《民用航空人员体检合格证管理规则》（CCAR-67FS-R4），各航空公司根据上述法规制度制定本公司的航空卫生保障与管理手册。

民航局每年委任体检机构对空勤人员进行定期的体检鉴定，各航空公司航空医生对空勤人员特别是飞行员实施日常的健康管理，在执行航班任务前进行航前体检，如执行任务的空勤人员发生健康（生理、心理）问题时，航空医师或者体检医生对照飞行员体检标准进行健康状况判断和措施建议，未得到航空医生许可，空勤人员不得履行其相应职责。

二、心理健康的概念及其特征

（一）心理健康的概念

民用航空是一个高技术、高投入、高风险的行业，其安全关系到旅客的生命和财产的安全。因此，安全是民航永恒的主题。中国民航的快速发展、日趋激烈的市场竞争，对确保民航运输安全提出了更高的要求。回顾总结民航安全管理的经验教训，民航安全工作除了受社会政治、经济环境和自身客观发展规律的影响之外，起决定因素的是人。历史已经证明：在所发生的事故和事故征候案例中，人为因素占80%以上。因此，民航人员除了重视人为因素外，也应该关注其心理健康状况。民航大学生属于基础人群，了解和提高其心理健康程度对于民航安全和发展都具有重要意义。

什么是心理健康？一个人的心理达到什么样的标准才算是健康的？这是一个复杂的问题，不同学者从不同的角度有不同的论述。心理健康是相对于不健康而言的，然而，健康与不健康之间又没有明显的界线，它不像学生考试成绩中59分与60分（不及格与及格的界限）那么明显。正因为如此，关于心理健康的标准问题，众说纷纭、莫衷一是。

我国的一些学者对心理健康的定义曾做过这样的概括：有幸福感和安定感；身心的各种机能健康；符合社会生活的规范，自我的行为和情绪适应；具有自我实现的理想和能力；人格统一和谐；对环境能积极地适应，具有现实志向；具有调节人际关系的能力；具有应变、应急及从疾病或危机中恢复的能力。可见，心理健康的人内心世界与客观环境是一种平衡关系，是自我与他人之间的一种良好的人际关系的维持，即不仅能获得自我安定感和安心感，还能自我实现，具有为他人的健康贡献、服务的能力。

1946年第三届国际心理卫生大会认为："心理健康是指在身体、智能以及情感上与他人心理健康不相矛盾的范围内，将个人心境发展到最佳状态。"并将心理健康的标准界定为："（1）身体、智力以及情感十分调和；（2）适应环境；（3）有幸福感；（4）在工作中能发挥自己的能力，过着有效率的生活。"概括而言，心理健康是指不仅个体没有心理上的疾病和变态，而且在身体、心理、社会上均能保持最高、最佳的状态。1948年，世界卫生组织将心理健康定义为：人们在学习、生活和工作中的一种安宁平静的稳定状态。2001年，世界卫生组织又将心理健康定义为：心理健康是一种健康或幸福状态，在这种情况下，个体得以实现自我，能够应对正常的生活压力，工作富有成效和成果，以及有能力对所在社会做出贡献。由原国家卫生计生委、中宣部等22部门联合印发的《关于加强心理健康服务的指导意见》（国卫疾控发〔2016〕77号）中将心理健康定义为："人在成长和发展过程中，认知合理、情绪稳定、行为适当、人际和谐、适应变化的一种完好状态。"2022年出版的《辞海》（第七版）中对心理健康进行定义：心理健康亦称"心理卫生"。个体良好的心理状态，且自我内部、自我与环境间保持和谐的良好状态。心理健康的标准是：情绪稳定，无长期焦虑；乐于工作，较好发挥自己的工作能力；人际关系和谐；正确认识与肯定自我；正确认识并良好应对生活环境。

2013年罗晓利等对民航飞行员的心理健康进行了定义:是指飞行员具有良好的心理调适能力和心理效能体验、内部协调与外部适应相统一的良好状态,即飞行员在机组、公司、家庭和社会环境中均能保持一种良好的心理效能状态,并在与不断变化的外界环境的相互作用中,能不断调整自己的内部心理结构,基本心理活动的过程内容完整、协调一致,认知、情感、意志、行为、人格完整和协调,达到与环境的平稳与协调。

(二)心理健康的特征

虽然目前对心理健康的概念众说纷纭,但对心理健康特征的认识已有了很大程度上的一致性。特别是英国社会心理学家玛丽·雅霍达(Marie Jahoda)所提倡的"积极的精神健康",对于现代社会中的人们来说很有教益。其主要包括六个方面:

1. 自我认知的态度

心理健康的人,能对自我做出客观的分析,对自己的体验、感情、能力和欲求等做出正确的判断和认知。

2. 自我成长、发展和自我实现的能力

心理健康的人的心态绝对不会是消极的、厌世的或万念俱灰的,他会努力去实现自己内在的潜能,自强不息,即使遇到挫折,也会成长起来,去追求人生真正的价值。

3. 统一、安定的人格

心理健康的人能有效地处理内心的各种能量,使之不产生矛盾和对立,保持均衡心态。他对于人生有一种统一的认知态度,当产生心理压力和欲求不满时,有较高的抗压力及坚韧的忍耐力。

4. 自我调控能力

对于环境的压力和刺激,能保持自我相对的稳定,并具有自我判断和决定的能力。不依附或盲从于他人,善于调节自我的情绪和能力,果断地决定自己的发展方向。

5. 对现实的感知能力

心理健康的人,在现实生活中不会迷失方向,能正确地认知现实世界,判断现实。

6. 积极地改善环境的能力

心理健康的人,不会受环境的支配、控制,而是顺应环境、适应环境,并积极地发问、变革环境,使之更适应人的生存。在这样的环境中,他会适当地工作和游戏,保持良好的人际关系,并有效率地处理、解决问题。

我们可以看到,心理健康概念是一种理想化的心理状态,是与心理障碍和心理疾病相对而言的。随着社会的飞速发展,人类对心理健康的概念也将有一个不断修正、完善的过程。

三、心理健康的标准

众所周知,人的生理健康是有标准的,其实一个人的心理健康也是有标准的。虽然心理健康的标准不及生理健康的标准具体与客观,但是国内外的许多心理学家都曾对心理健康的标准做过界定。

世界心理卫生联合会把身体、智力、情绪十分协调,适应环境及人际关系中彼此能谦让,有幸福感和在工作与职业中能充分发挥自己的能力,过高效率的生活等这四点作为心理健康的标准。

美国学者坎布斯认为:"一个心理健康、人格健全的人应有四种特质:(1)积极的自我观;(2)恰当地认同他人;(3)面对和接受现实;(4)主观经验丰富,可供取用。"

美国著名社会心理学家马斯洛和心理学家密特尔曼提出了心理健康的十条标准:(1)是否有充分的安全感;(2)是否对自己有较充分的了解,并能恰当地评价自己的能力;(3)自己的生活和理想是否切合实际;(4)能否与周围环境保持良好的接触;(5)能否保持自身人格的完整与和谐;(6)是否具备从经验中学习的能力;(7)能否保持适当和良好的人际关系;(8)能否适度地表达与控制自己的情绪;(9)能否在集体允许的前提下,有限度地发挥自己的个性;(10)能否在社会规范的范围内,适度地满足个人的基本需求。

中国台湾地区学者王沂钊历经多年的研究,认识到唯有健康的心理,才会有健康的生活习惯与身体的健康,才能在社会上保持较高的效能,进而提出以下六项衡量个人心理是否健康的准则:(1)要有工作而且乐于工作(这是人性最高的心理需求和快乐的来源);(2)要有朋友而且乐于与他人交往(通过与人分享心情,体会爱的幸福感,能够稳定情绪);(3)要适当地了解自己并且悦纳自己;(4)能客观地评价他人与认可他人;(5)能与现实环境保持良好的接触;(6)经常保持满意的心情。

中国台湾地区学者黄坚厚在1982年提出了衡量心理健康的四条标准:(1)乐于工作,能在工作中发挥智慧和能力,以获取成就和满足;(2)乐于与人交往,能和他人建立良好的关系,与人相处时正面态度多于反面态度;(3)对自己有适当的了解和悦纳的态度;(4)能与环境保持良好的接触,并能运用有效的方法解决所遇到的问题。

我国著名心理学家郑日昌教授认为:"心理健康包括:(1)正视现实;(2)了解自己;(3)善与人处;(4)情绪乐观;(5)自尊自制;(6)乐于工作。"

学者王希永等认为,心理健康的标准可以概括为:(1)智力正常,思维方式正确,能唯物辩证地看待社会,看待自己,看待一切事物;(2)具有高尚的情感体验,能控制自己的情绪;(3)正确对待困难和挫折,不苛求环境,不推卸责任,有战胜困难的信心、勇气、毅力,有创新意识和开拓精神,顺利时不骄傲自满;(4)需要是合理的,动机是可行的,有理想、有追求、有社会责任感,精神生活充实;(5)具有自觉的社会公德,具有社会所赞许的道德品质,能恰当地处理好人际关系;(6)经常处于内心平衡的满足状态,出现心理不平衡时,自己可以及时地、成功地进行调整。

以清华大学樊富珉教授提出的大学生心理健康七条标准为依据,概括出以下大学生心理健康的标准:

1.自我评价正确

正确的自我评价,是大学生心理健康的重要条件。一个心理健康的人,能体验到自己的价值,既能了解自己,也能悦纳自己。

2.对现实环境的适应良好

良好的适应能力是心理健康的重要特征。心理健康的人能够面对现实、接受现实,并能主动地适应现实,进一步地改造现实。

3.人际关系和谐

和谐的人际关系既是大学生心理健康不可缺少的条件,也是大学生获得心理健康的重要途径。心理健康的人乐于与人交往,在与人交往的过程中总能注意别人的长处,不苛求别人,能为他人所理解和接受。

4.热爱生活,乐于学习和工作

心理健康的人能珍惜和热爱生活,积极投身于生活,并在生活中享受人生的乐趣,有积极的人生体验。

5.人格完整和谐

心理健康的人,其人格结构各方面能协调发展。人格作为整体的精神风貌能够完整、协调、和谐地表现出来。

6.能协调与控制情绪,心境良好

心理健康的人,愉快、乐观、开朗、满意等积极情绪体验总是占优势,虽然也会有悲、忧、愁、怒等消极的情绪体验,但一般不会长久;同时能适度地表达和控制自己的情绪,喜不狂,忧不绝。

7.心理行为符合年龄特征

心理健康的人,其认知、情感、言行举止都应符合其所处年龄段的要求。心理健康的学生表现为精力充沛、勤学好问、反应敏捷、喜欢探索,而过于老成、过于幼稚、过于依赖都是心理不健康的表现。

正确理解大学生心理健康标准

由于标准的概括性和主观性,使得确定大学生心理健康标准的可操作性较差,在正确地理解大学生心理健康标准时,应该注意:第一,标准具有相对性。事实上大学生心理健康与不健康也并无明显界限,而是一个连续化的过程,如将正常比作白色,将不正常比作黑色,那么在白色与黑色之间存在着一个巨大的缓冲区域——灰色区,世间大多数人都散落在这一区域内。对大学生群体而言,在人生的发展过程中面临心理问题是正常的。

第二，个体的整体协调性如何。把握心理健康的标准，应以心理活动为本，考察其内外关系的整体协调性。从心理过程看，健康的人的心理活动是一个完整统一的协调过程，这种整体协调保证了个体在反映客观世界的过程中的高度准确性和有效性。心理健康的大学生不仅仅只是符合标准，还要具有良好的整体协调性。第三，要发展地看待心理健康标准。事实证明，很多心理问题可能是人的发展中不可避免的发展性问题，其症状会随着发展而自行消失。也有一些不健康的状态在于产生了某种心理障碍，但这并不意味着永远保持这种状态。大学生心理障碍和心理疾病可能会消失，也可能会加重，它会随着人的发展而变化。因而，大学生心理健康的标准也并非凝固不变的。

《百度百科》

民航大学生是大学生中的特殊群体，与普通大学生相比，其心理特征具有普遍性，但同时也表现出其特殊性。普遍性表现在与大学生群体有共同、普遍的心理发展规律可循，特殊性表现在相关职业(比如飞行、空管和机务等)，飞行学院特殊训练环境、训练方式所要求的特殊心理品质。比如，罗晓利等研究认为飞行学员的心理健康标准有以下几个方面：(1)良好的自我认知与自我完善；(2)情绪健康；(3)良好的意志品质；(4)适应能力；(5)完整和谐与飞行职业要求相吻合的个性；(6)良好的飞行职业道德与美德；(7)对未来职业的满意度。

四、身体健康与心理健康的关系

在美国，无论是医师还是心理咨询师，都普遍承认心理、身体、精神和情绪之间存在着错综复杂的关系。美国最近的研究显示，心理压力和疾病之间存在着直接的因果关系。受心理因素影响的疾病种类几乎无法计算，包括疱疹、痔疮、感冒、肠胃疾病、高血压，甚至癌症等。中国古代的《黄帝内经》中说："喜伤心、怒伤肝、忧伤肺、思伤脾、恐伤肾。"《三国演义》中诸葛亮抓住了周瑜心理上的致命弱点，巧设计谋，断送了他风华正茂的生命。

 扩展阅读

关于猴子的实验

将两只猴子同时关在笼子里，一只被捆住了，不能动；另一只可以在笼子里活动。实验者每隔20秒钟就对猴子进行一次电击。每次放电前5秒钟，笼子里的红灯就会亮起来。……实验不间断地进行，有一只猴子先死了（如图1-3所示）。

请问：哪只猴子先死了？为什么？

图1-3 关于猴子的实验

第三节 ◉ 大学生的心理特征及常见问题

一、大学生的心理特征

在2016年年底举行的全国高校思想政治工作会议上,习近平总书记第一次点评了"95后"大学生群体——朝气蓬勃、好学上进、视野宽广、开放自信。"可爱、自信、可为"的新一代青年大学生,有着诸如勤于思考、独立自主的人格和批判性思维、情感世界敏感而丰富等鲜明特点。他们的知识结构、人生价值、学习目标、兴趣爱好等也在个体、家庭、学校和社会多方面作用的影响下呈现出独特的积极态势。

大学生处于青年后期,即霍尔(Hall)提出的"疾风怒涛"状态向"相对稳定"状态的过渡时期,是人的"第二次诞生"。在这一时期,大学生的人格形成、自我意识蓬勃发展、社会生活领域迅速扩大。大学生虽然脱离了孩子的群体,但暂时不能履行成人的责任和义务,处于"边缘人"的状态,因此,这一时期又被称为"心理的延续偿付期",即大学生可以暂时合法地延缓偿付必须承担的社会责任和义务。

青年人对周围发生的事极其敏感,会不断调整以期适应。对大学生来说,环境由高中到大学,再到多元的社会,其中的每一次经历都会激起一连串的心理变化。从人脑发育的角度来看,大学生已发展到青年中期,神经形成过程趋于平衡,由于性激素分泌旺盛,提高了大脑皮层的兴奋性,使他们精力充沛,易激动甚至于失眠,情绪丰富但不稳定,有强烈的两极性,有强烈的求知欲,但鉴别能力不强,总把较新鲜或者符合自己观点的理论视为真理。另外,第二信号系统发展到高峰期而引起的高级神经活动,使大学生逻辑思维、抽象思维能力大大提高。他们开始关心社会发展,有独立的见解和意向,但又由于阅历浅,对事物认识具有轻率性、片面性的特点。从总体上看,当代大学生的心理特征可以概括为以下六点:

1.思想开放,个性张扬,受传统观念及社会习俗制约较少

从当代大学生的衣着打扮,就可以看出其思想的开放性,五颜六色的头发、千疮百孔的衣服出现在大学生身上已经是见怪不怪了。追求与众不同,充分表现自己几乎是大学生思想上的共识。可见,传统观念对大学生的束缚越来越小。

2.思维活跃,接受新生事物较快,但适应能力差,受挫后易出现自我封闭心理

当代大学生的思维很活跃,创新能力较强,对新生事物的接受与学习也很快。但是很多人因为从小到大都是一帆风顺,在家里被宠爱,在学校被重视,很少经历过失败,所以经不起挫折。一旦遭遇失败,便不思进取,甚至就此沉沦,同时不爱与别人交往,容易产生社

交障碍,久而久之就会出现自闭状态。

3.注重文化知识的学习,注重发展自己的特长

随着知识经济的到来,竞争日趋激烈,大学生都充分意识到"知识改变命运",并努力追求更高的学历,意图在将来的职业竞争中占据有利的位置。

4.讲究实际,强调个人需要和价值的实现

市场经济年代,传统的奉献精神虽被人们所推崇,但大众心理和社会价值观念并不再要求每个人都去无私奉献。付出了就要有回报,或以最小的投入获得最大效益的价值取向被大众所认可,同时也被当代大学生所认可。注重个人自我价值的实现,讲究个人生活的享受成为当代大学生的显著特征之一。

5.急功近利,缺乏执着的奋斗精神

当前社会上的拜金主义、享乐主义和极端个人主义的思潮在一定程度上的滋生和蔓延,使得社会价值导向失衡。媒体宣传中的"造星运动"成就了许多人一夜成名的神话,而却很少宣传成功人士的奋斗史,对青少年的影响与日俱增。这便导致很多大学生梦想着一夜暴富,缺乏执着奋斗的精神。

6.盲目攀比,学校中的弱势群体压力更为突出

同学间的盲目比较,尤其是物质生活条件的攀比,让学校中出现了以贫困生和残疾学生为代表的弱势群体。进入大学的自豪、庆幸又与感觉处处不如别人的自卑使得他们内心有着强烈的冲突,而过去经验很少带来成就感,用理想中的大学来审视现实的学校,又平添了许多失落,所以,在未来的就业压力下,弱势大学生的心理健康问题尤其显著,更加值得关注。

二、大学生常见心理问题

大学阶段是心理与行为问题高发的阶段,也是个体人格发展、完善的关键阶段。近年来,大学生心理问题越发突出,呈现出逐年上升的趋势,1989年原国家教委(现教育部)对全国12.6万大学生的抽样调查中,发现心理疾病的患病率达20.23%(《心理健康咨询报》,1989年9月3日)。1992年北京市16所高校中因心理障碍导致休学、退学的人数占因病休学、退学人数的37.9%和64.4%。17个死亡的大学生中有9个是因为患有重性精神病而自杀,占52.9%。目前,国内各高校对大学生心理健康调查使用较多的量表主要是"大学生人格问卷"(简称UPI)和"心理健康症状自评量表"(简称SCL-90)。这两种量表从不同的角度反映出大学生的心理健康状况,而存在心理问题学生的检出率基本在10%~20%之间。可见,我国大学生的心理健康状况令人担忧。

综合大学生心理健康状况调查结论和高校心理咨询中所反映出来的问题,2018年,某民航院校心理咨询室共进行心理咨询166人次,超过320课时,其中民航类学生占总咨询量

的83.44%。

从全国大学生的情况来看,常见的心理问题主要表现在以下几个方面:

1. 新生适应问题

(1)对新的生活环境不能很好适应。生活环境的变化对大学新生有直接的重要影响。

(2)对大学的学习方式不适应。与中学相比,由于大学学习具有专业性、自主性、实践性和探索性的特点,在学习要求、学习内容、学习方法等诸多方面有所不同,使新生一时无所适从。

2. 学习心理问题

从中学阶段到大学阶段的学习不是简单地从一个门槛跨入另一个门槛,而是攀上了一个更高的台阶。大学学习有它自己的特点,只有对其特点和规律有所认识和把握,并不断地进行调整,才能适应大学的学习生活;反之,则会产生学业困难问题。许多大学生还不能把学习提升为自身的一种需要,更多时候是为了考试而学习,对学习采取一种应付的态度,不求深,不求精,只求能通过考试,这是学习动机不足导致的。静下心来的时候又会感到很苦恼,导致自我意识的冲突。这种突击式的学习,往往产生生理和心理上的疲劳,引起眼球发疼发胀、腰酸背痛、肢体麻木、注意力涣散、思维迟钝、情绪躁动等生理和心理的不适反应。另外,每到考试来临时,很多大学生都面临着不同程度的焦虑感,过度的考试焦虑会引起心跳加速、想上厕所、呕吐等生理反应,造成考试的发挥失常。

3. 情绪管理问题

具有旺盛的精力、强烈的个性、高度的自尊特点的大学生很容易情绪失控,尤其是自尊心受到伤害或是遇到挫折时,负面情绪就会随之而来。一旦长时间内未得到有效的调整,就会影响大学生的学习与生活,产生心理问题。一项关于调查高校自杀大学生心理状况的结果表明,大学生自杀行为与长期的抑郁情绪相关联。而高校的暴力犯罪事件一般都是在愤怒情绪下发生的。可见,情绪的管理问题关系到大学生的顺利成长成才,也关系到和谐校园的建设、和谐社会的发展。

4. 人际交往问题

人际关系是影响大学生心理健康的重要因素之一。据统计,在各高校心理咨询来访案例中,有关人际交往问题的占第一位。人际关系不良,孤立于集体之外,没有归属感,可使人产生孤独、自卑、抑郁、恐怖等不良情绪,不利于心理健康。许多大学生越来越强烈地认识到,人际交往是现代社会对人的素质的基本要求,这方面的欠缺将会影响自己未来的发展,因此更加重了对人际交往的焦虑。有的学生性格内向,不愿与人交往;有的大学生为交际而交际,不惜牺牲原则而随波逐流。自卑、闭锁、羞怯、敏感和冲动,都使大学生在人际交往过程中不可避免地遇到各种困难,从而产生困惑、焦虑等心理问题,这些问题都会严重影响大学生的健康成长。

5. 人格缺陷问题

人格缺陷是介于正常人格与人格障碍之间的一种人格状态,是一种人格发展的不良倾向,或者可以认为是人格的弱点。大学生中常见的人格缺陷主要有:懒惰、拖拉、粗心、鲁莽、怯懦、急躁、悲观、孤僻、狭隘、冷漠、虚荣、以自我为中心、敌对、冲动、脆弱等。事实上,几乎每个大学生身上都存在一种或几种人格缺陷。人格大多是在中学和大学中形成和巩固起来的,所以大学生的人格缺陷问题具有很强的重塑性。在有效的指导下,积极地进行改正和调整,可以使大学生的个性心理得到进一步的完善。反之,听之任之,必然会阻碍大学生的发展,甚至产生人格障碍。

6. 恋爱与性问题

大学生恋爱早已成为一个比较普遍的现象,然而,现阶段我国各高校在对大学生恋爱问题放宽制度的同时,却缺乏正确的引导。因此,许多大学生盲目地去谈恋爱,为了恋爱而恋爱。有些学生重过程轻结果,把"不求天长地久,只求曾经拥有"当成恋爱格言;有些学生恋爱反应过为强烈,不能处理好学业与爱情的关系;还有些学生在恋爱的时候"惊天动地",失恋后便寻死觅活。

7. 社会适应问题

各种调查数据表明,大学生中存在着不同程度的适应问题,尤其以大学新生最为突出。由于中学和大学在生活环境、学校管理、学习方式等方面的变化,许多大学新生表现出生活自理能力差、心理承受能力差、人际交往能力差等问题。这些适应性障碍经过一段时间的调整,大多数学生会自行克服,但也有一些学生很长时间也无法适应新生活,产生自卑感,感到生活没有目标,从而迷恋网络游戏,放弃学业,出现网络成瘾、学业困难等新的心理问题。

8. 特殊群体问题

(1) 独生子女问题

独生子女群体已成为当前大学生的主体。由于家庭教育不当,他们的独立生活能力、自立能力不足,进取意识不强,而对生活质量的期待与要求则较高。有的独生子女坚持"在家靠父母,在校靠保姆",连从事与自身有关的简单劳动(如洗衣服)都懒得动,有的家长甚至千里迢迢赶到学校,只为了给孩子洗衣缝被。成长过程中的孤独以及来自长辈过多的宠爱,极易诱发他们任性、自私、偏执、对集体生活不适、以自我为中心等心理问题,严重者还会引起社会问题。

(2) 贫困学生问题

作为大学校园里的一个特殊群体,贫困学生既要承受家庭经济压力,又要承受学习压力,他们不同程度地存在着这样或那样的心理问题。尤其是"双困生",家庭经济很困难,学业成绩不理想,对心理健康带来更严重的影响。面对现状,部分学生自卑、自责,不能走出家庭经济条件困难的阴影。

另外,由于行业和专业的特殊性,民航特色专业学生心理问题突出表现在适应性、焦虑、情绪失调、心理承受力和抑郁等方面。大学生正处于自我意识不断完善的阶段,他们的社会经验不足,适应能力相对较差,面对复杂的人际关系、两性情感、学习压力、升学就业、远大理想与严峻现实的巨大落差等方面的问题时往往会表现出焦虑、抑郁、情绪失调等症状,心理健康状况不容乐观。民航特色专业心理健康指导研究课题组在2004年对空管学生的心理素质进行了调查,发现空管学生在情绪稳定性、性格特征等方面都还不满足空管这个职业的要求,其素质还需要不断提高。这些都说明民航专业的大学生在心理问题上与普通大学生有相似性,也有其突出特点,需要有针对性地进行心理健康教育。

第四节 ◉ 大学生心理健康的影响因素

大学生的心理健康水平要受许多因素的综合影响。对大学生开展心理健康教育,必须探讨影响大学生心理健康的原因,以便具体问题具体分析,对症下药,因人疏导,因人调适,标本兼治。一般而言,影响大学生心理健康的因素,既有个人生理和心理等方面的内在因素,又有社会环境中的不良因素等外在因素。

一、内在因素

(一)生理因素

许多研究表明,一个人的心理健康水平要受其先天遗传、生物化学物质、脑损伤、性别、年龄、神经活动类型等生理因素的影响。

1.先天遗传因素

有些心理疾病是受先天遗传因素影响的。例如,智力落后或者有智力障碍,神经症和精神分裂症等,常常是由遗传因素决定的。有人曾研究过45对双生子(其中,17对为同卵双生子,28对为异卵双生子),结果发现:同卵双生子同患焦虑症的比例为41%,而异卵双生子同患焦虑症的比例为4%;这表明,焦虑症至少是部分决定于遗传因素。还有人研究过精神分裂症对同卵双生子的影响,结果发现:同症率达到40%。据《新英格兰医学杂志》报道,母亲患有精神分裂症者,其子女患此病的可能性是常人的9.3倍;若父亲患此病,则子女患此病的可能性是常人的7.2倍。另据美国学者研究,患癫痫病症的人中的43%与遗传有关。

2.生物化学物质

神经系统的生物化学物质也是影响心理健康的重要因素。研究发现,精神病人脑组织、血液或尿液中含有的一些化学物质,如果注入健康人体内,便会产生相应的精神症状。对神经递质的研究表明,不同的神经递质会对人的精神状态和精神疾病产生不同的影响。例如,肾上腺素会使大脑皮层兴奋,过多的肾上腺素能转化为一种致幻剂,影响神经传递,进而引起狂躁型精神病症状;如果脑干中缝核受损而不能释放5-羟色胺,就会造成漫波睡眠障碍;如果脑干蓝斑核与中缝核都受损伤,就会患失眠症,整夜失眠;患帕金森氏症的病人,肌肉僵硬,手颤抖,不能动作,是因为大脑合成的多巴胺太少所致,而一些精神分裂症病人的症状又与多巴胺过多有关。现代科学还发现,缺少微量元素也会严重影响人的心理健康。例如,缺碘会严重影响身体和智力的发展;缺乏锌元素会影响记忆的功能,因为锌是构成与记忆力有关蛋白质核酸不可缺少的微量元素;钙有健脑的功效,缺钙不但会引起佝偻病,还会影响脑和神经的功能,引起记忆力和思维力的衰退;铁是人体合成血液的重要元素,缺铁不但会引起贫血,还可导致脑神经系统异常,表现为疲倦、记忆力和学习能力降低等。

3.脑损伤

脑组织损伤会损害人的智力,造成记忆力缺损、注意力不能集中,甚至影响进行正常的思维。例如,人的抽象思维功能主要在脑左半球颞叶相连的部位,如果这个部位受损,人就不能思维;言语运动的部位在中央前回的下部分,这个部位受损的人,虽然能听懂别人说话,能看书,但却不会说话,即患失语症。脑损伤造成的精神病患者还会产生情感障碍。例如,表现出过度的快乐或者悲痛,或者容易激怒发怒;有的人原来脾气很好,脑损伤后却变得暴躁无比;有的患者在发生脑损伤后,还会产生幻觉和妄想。

此外,神经系统的类型特点对个体的心理健康也有影响。人的高级神经活动过程具有强度、平衡性和灵活性三个基本特征,这三个基本特征的不同组合构成四种神经类型:活泼型、安静型、兴奋型和弱型。四种神经类型又对应四种气质类型:多血质、黏液质、胆汁质和抑郁质。虽然气质类型并不会直接导致心理障碍,但不同气质类型的人患某种心理疾病的概率不同。例如,胆汁质的大学生容易发生冲动性、激惹性等方面的心理障碍,而抑郁质的大学生则容易发生孤独、自卑等方面的心理障碍。

(二)心理因素

大学生的心理健康与其心理素质和心理承受力有着正相关,同样的生活事件对于不同的大学生往往具有不同的意义,因而对心理健康的影响也是不同的。例如,失恋对于某些大学生可能会构成严重的打击,甚至造成精神失常或者产生心理障碍;而对有的大学生可能只是小事一桩。一般而言,个人的认知态度、自我意识、性格特点等方面的差异,会使不同的大学生对同一事物采取不同的评价态度,从而对心理健康产生不同的影响。

1.认知态度

人的心理健康特别容易受情绪的影响。情绪愉快,心理就健康;情绪不愉快,心理就不健康。而情绪又受人的认知态度所支配。不同的学生,由于家庭出身和教养不同,所受的学校教育与生活经历不同,形成了不同的认知态度与价值观,就会对同一事物采取不同的评价态度,产生不同的情感体验,从而会对心理健康产生不同的影响。

2.自我意识

外界事物和生活事件对心理健康的影响,都要通过个人的自我意识做中介和调节。当人们对自我的力量有充分的估计、对自我怀有信心时,便会沉着冷静地面对现实,凭借自我的力量去战胜困难和挫折;如果个人对自我失去信心,畏缩恐惧,就会无力面对现实的挑战和打击。国内外的许多研究都证明:客观的自我评价、积极的自我悦纳、健康的自我形象是心理健康的重要标志之一。新近的一项研究表明:大学生如何看待自己的现状,以及是否对现实自我满意或接纳与心理疾病(尤其是抑郁)有关;面对成功和失败,如何积极控制自我、调节自我,成为预防抑郁和人际关系敏感的重要因素;大学生对生理自我的认识接纳程度,以及生理疾病等都会影响心理健康。这说明,正确引导大学生客观地评价自己,积极悦纳自己,不断提高自我调节能力等,是促进大学生心理健康,预防和减少心理疾病发生的有效途径和方法。许多事实表明,有些大学生无力应付学习上的困难和生活事件的打击,并非是智力或能力低下,而是由于自卑、对自我丧失信心所致。

案 例

小丽进大学时刚满16岁,年龄偏小,生活自理能力较差,为此受到同学的白眼,因而感到自卑。由于小丽在高中学习的是理科,入大学后学习的专业又是文科性质的,而她对学习方法和应试技巧都没有很好的调整和适应,以致第一学期期末考试就有三门功课不及格。于是,她就更加自卑和自暴自弃,进而对学习不感兴趣而去经商、打工,经过几个月的起早贪黑,不仅没挣到一分钱,反而倒亏了3 000多元。到了二年级时,寝室里的其他同学都有了中意的男朋友,而她却只有一个自考生追求者……这一连串的不如意,使她更加沉默寡言了。最后,小丽发展到行为失态、精神失常,被迫休学。

在大学生中,自感"适应能力太差""不会随机应变,也没有什么创造性",终致"对生活感到灰心,对自己感到灰心"而自杀的案例,在全国各地高校中都有出现。这说明,大学生的自我意识障碍也是导致心理疾病的因素之一。

3.性格特征

医学心理学的研究表明,A型血性格的人,具有争强好胜、脾气急躁、事业心强、时间感紧迫、对自己要求高、办事行动快等性格特征,他们在事业上往往获得好评,但却容易患冠心病。据调查,A型血性格中具有敌意性和激怒性特征的人,70%有明显的冠状动脉梗死。而情绪内向、把怨气和怒气压抑在心中不发泄的人则容易罹患癌症。有的调查也表明,大学生的自杀意念、孤独感、失眠等,都与性格特征有密切关系。研究还表明,依赖性强、循规蹈矩、保守、退缩、急躁、骄傲、嫉妒、内向、孤僻、压抑、多疑、固执、偏激等性格特征对心理健康发展不利;反之,外向、豁达、谦虚、情绪稳定等个性特征有利于心理健康发展。

此外,大学生心理发展中的内在矛盾也常常成为其心理障碍的动因。例如,独立性与依赖性的矛盾、自信与自卑的矛盾、理想与现实的矛盾、情感与理智的矛盾、知与行的矛盾、开放性与闭锁性的矛盾、性的生物性与社会性的矛盾,等等。这些矛盾使他们经常处在情感波涛中,长期的内心矛盾或者内心矛盾冲突强度过大,使他们心理平衡遭到破坏而引起心理与生理上的疾病。

二、外在因素

大学生心理健康水平,除了受到个人内在的生理和心理因素影响外,还要受到外在的社会环境因素的制约。家庭、学校、社会环境,以及不幸的生活事件等,都会对大学生心理健康状况产生影响。

(一)家庭因素与早期经历

一个人最早接触的社会环境就是家庭。家庭对一个人的性格形成和思想成长、心理发展等会起到至关重要的作用。从弗洛伊德强调的"0~6岁决定人的一生",到现在的依恋理论,原生家庭和早年成长经历及关系的重要性一直被强调,这其中的首要元素就是父母或代替父母功能的养育者。父母的人格、语言、情绪、教养态度等对孩子的个性塑造、生活习惯和行为的养成都有直接或间接的影响。同样,家庭对一个人的心理健康的影响也较大。虽然大学生远离父母,但是与家庭在经济和情感等方面的联系仍然十分密切。调查发现,家庭关系不良或家庭结构不健全往往会使大学生与家庭在情感等方面难以正常沟通,不能满足大学生正常的归属感和爱的需要,产生极大的心理压力,由此带来心理障碍。也有研究表明,如果家庭的心理气氛亲密、和谐、有序,家庭成员之间彼此尊重、支持、宽容,那么对子女心理健康发展是十分有利的;相反,如果家庭的心理气氛紧张敌对、冷淡、疏远,家庭生活混乱无序,家庭成员之间互相指责、拆台、怀疑、挑剔,父母对子女的教养方式武断、专横或对孩子放纵、溺爱,那么在这种家庭中成长的孩子容易出现焦虑,对他人缺乏信任、自卑、粗暴等心理健康问题。从经济角度看,家庭经济水平较低的贫困大学生心理上容易产生自卑、信心不足。进大学前在家庭里受到过分溺爱和保护的大学生,常常表现出自立能力差、依赖性强,在新环境中适应能力不足等不良心理。可见,家庭因素在大学生心理健康发展中的作用仍不可低估。

扩展阅读

原生家庭的概念

"人们常说,幸运的人,一生都在被原生家庭治愈;不幸的人,一生都在治愈原生家庭。"

近些年来,随着家庭教育的普及,原生家庭的概念逐渐进入大学生的视角,常常出现在日常的谈话中,那么,什么是原生家庭呢?

想一想,你的家庭里有哪些成员?有爸爸妈妈,或者爷爷奶奶和姥姥姥爷,甚至还有姑姑和舅舅,表妹和堂兄……他们都是家庭成员,但并不是通常所指的原生家庭。原生家庭特指父母和未婚的子女住在一起组成的家庭,即每个人出生和成长的地方。我们和我们的父母组成我们的原生家庭,父母和他们各自的父母,组成他们各自的原生家庭。作为每个人出生和成长的地方,原生家庭不断刻画和塑造着每个人。

"童年决定了我们生命最初的样子,但成长却是我们自己要去完成的事情。"

(二)学校因素

大学生的成长与发展同学校教育和管理是分不开的。由于大学生与学校的关系密切,因此,大学生的心理健康不可避免地会受到学校因素的影响。例如,大学生的教育内容和方法、学校的管理制度和奖惩措施,以及大学生在学习上的成就与挫折、人际关系的变化与矛盾、恋爱上的成功与失败等,都会影响大学生的心理健康。当前,在大学生活中影响大学生心理健康的主要因素表现在教学方式和方法简单,不能适应大学生学习生活的要求;大学生缺乏良好的人际交往环境,不能与同学和老师进行适当的交往;业余生活单调枯燥等,这些都对学生心理健康发展形成一定的影响。

(三)社会环境与社会变革

社会环境对于生活在其中的个体有着巨大的影响。人们必须根据从社会中所获得的信息不断地调节自己的心理和生理功能,调节自己的行为,使之适应社会的要求。然而这种适应性反应有时会出现某种程度的失调,从而在人们的心理上造成不良影响,引起心理上的矛盾和冲突,带来情绪体验上的巨大变化,严重持久的心理平衡失调就会导致心理失常。

大学生是社会上最活跃、最敏感的有知识的人,他们常常最先敏锐地感觉到社会变化和冲击,但由于他们正处在人格和观念的形成期,生理和心理在迅速变化,成熟与不成熟并存,因而那种变化和冲击在他们心灵中引起的波涛也最为明显、强烈。经济危机、政治活动、民族冲突、重大的社会犯罪、国家之间的战争,乃至环境中废气和废水的严重污染、噪声等,都会对大学生的心理健康产生影响。当前社会处于变革之中,强烈的社会变迁和快节奏的社会生活方式,无时无刻不在冲击着当代大学生;新旧生活习惯、新旧思想观念的矛盾冲突,使大学生内心深处产生困惑,致使一部分不太适应社会的大学生产生焦虑、忧郁等心理障碍。据有关调查,当代大学生中不少人感到社会变化太大、太快,自己与社会隔离太远,不少学生对就业、学习都有一种无所适从感。此外,社会变革带来的一些负面效应也对大学生心理健康带来了不可忽视的消极影响。例如,不良的社会风尚、不健康的思想意识、不文明的大众传播等,都会对大学生心理产生不良影响。而大学生由于自身知识、经验、修养等方面的局限,他们不能很好地面对和消除这些影响,一方面主动抵抗,另一方面又被动接受。这些因素同他们原有的观念、道德、价值体系产生冲突,从而造成他们极大的心理困扰。

思考题

1. 心理现象包含哪些方面?
2. 你怎样看待自己的心理健康状况?

心理活动

1.大学初印象

初入大学,大学给你印象最深刻的是什么?是镌刻在石壁上的校训,还是学校的大门、林荫大道?是某一位老师、同学,还是图书馆或者你的宿舍,抑或是一棵树、一座亭、一池水?试着拿起你的笔写下来或者画下来,它一定会成为你记忆深处最美的风景!

2.相逢是缘

本次课程拟安排在团体活动室进行。活动的目的在于让初次在一个班级上课的学生，通过活动相识，为建立团体奠定基础。

活动的组织：要求同学们安排的顺序，"1、2、3、4"报数，并记住自己所报的数。然后将同学们划分为两部分，报数为"1"的同学站在左边，围成圈，面向内。报数为"3"的同学站在圈内，面向外，即报数"1、3"的同学围成内外圈。报数为"2、4"的同学以此类推。外圈同学不动，内圈同学沿顺时针方向走动。2分钟后停止，内圈与外圈相对应的同学先友好地握手（握手礼节：男士和女士握手，要女士先伸手；同性别的，年龄大的、地位高的先伸手，握手要稍用力，表示尊重），再相互介绍自己，力求对方能够记住你的名字及特点。如果是彼此非常熟悉的人，如同班级、同宿舍的同学，可以赞美对方，要求真诚、客观地赞美对方的优秀品质。

介绍6分钟后，再走动，2分钟之后停下，重复上面内容。

教师选1~2名同学讲一下认识的新同学的名字、特点并指出他是谁。

总结：通过"相逢是缘"这个活动，同学们肯定或多或少都会有所收获，至少每名同学都认识了几名新同学，以后就可能成为好朋友。另外，通过这个活动，同学们也重新审视了一下自己，对自己的特点进行了认识。遇到熟人的同学可能还学会了一项很重要的本领——赞美别人。

阅读推荐

1.《心理学改变生活》（第9版），[美]卡伦·达菲、伊斯特伍德·阿特沃特著，邹丹、张莹等译.北京：世界图书出版公司，2011.

推荐理由：本书写给那些有兴趣在生活中应用心理学知识和原理，更好地认识自己，更好地生活的读者。心理学看似神秘，实则有迹可循。人作为个体参与社会，从小到大、从恋爱到结婚、从职场到生活，无数碰撞与烦恼，无数自省与调节，都有心理学的踪影。心理学渗透在生活的各个领域，影响和改变着我们的人生。

2.《心理学与生活》，[美]理查德·格里格、菲利普·津巴多著，王垒、王甦等译.北京：人民邮电出版社，2012.

推荐理由：该书是美国斯坦福大学多年来使用的教材，也是在美国许多大学里推广使用的经典教材，被ETS推荐为GRE心理学专项考试的主要参考用书，还是被许多国家大学的"普通心理学"课程选用的教材。这本教科书写作流畅，通俗易懂，深入生活，把心理学理论与知识同人们的日常生活与工作相联系，使它同样也成为一般大众了解心理学与自己的极好读物。

心理资源推荐

"哈佛大学公开课之幸福课"由哈佛大学著名讲师泰勒·本-沙哈尔(TalBen Shahar)讲授,他坚定地认为:幸福感是衡量人生唯一的标准,是所有目标的最终目标。

视频推荐

1.《25个常见的心理健康误区》

https://www.bilibili.com/video/BV1qV411b79U?from=search&seid=671034853354699843

2.《重视你的心理健康,这并不矫情》

https://www.bilibili.com/video/BV1KJ411c7bD/?spm_id_from=333.788.recommend_more_video.5

附表 心理健康自测表

● 对下列各题做出"是"或"否"的回答,可大致看出你的心理健康状况。

1. 每当考试或提问时,会紧张和出汗。

2. 看见不熟悉的人时,会手足无措。

3. 心理紧张时,头脑会不清醒。

4. 常因处境艰难而沮丧气馁。

5. 身体经常会发抖。

6. 会因突然的声响而跳起来,全身发抖。

7. 别人做错了事,自己也会感到不安。

8. 经常做噩梦。

9. 经常有恐怖的景象浮现在眼前。

10. 经常会胆怯和害怕。

11. 常常稍不如意就会怒气冲冲。

12. 当被别人批评时就会暴跳如雷。

13. 别人请求帮助时,会感到不耐烦。

14. 做任何事都感到松松垮垮,没有条理。

15. 你的脾气暴躁焦急。

16. 一点也不能宽容他人,甚至对自己的朋友也是这样。

17. 你被别人认为是个好挑剔的人。

18. 你总是会被别人误解。

19. 常常犹豫不决,下不了决心。
20. 经常把别人交办的事搞错。
21. 会因不愉快的事缠身,一直忧忧郁郁,解脱不开。
22. 有些奇怪的念头老是浮现于脑海,自己虽知其无聊,却又无法摆脱。
23. 尽管四周的人在快乐地取闹,自己却感觉孤独。
24. 常常自言自语或独自发笑。
25. 总觉得父母或朋友对自己缺少爱。
26. 你的情绪极其不稳定,很善变。
27. 常有生不如死的想法或感觉。
28. 半夜里经常听到声响,难以入睡。
29. 你是一个感情很容易冲动的人。

- 评分规则:每题回答"是"计1分,回答"否"计0分,各题得分相加,统计总分。
- 回答的总分:

　　　　　1~5 分：　可算一般正常的人。

　　　　　6~15 分：　说明你的精神有些疲倦了,最好能合理安排学习,劳逸结合,让神经得到放松。

　　　　　16~30 分：你的心理极其不健康,有必要请精神科医生或心理治疗专家给予指导或诊治,相信你会很快从烦恼中走出来。

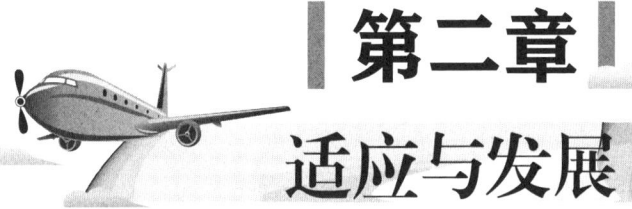

第二章 适应与发展

既然不能驾驭外界,我就驾驭自我;如果外界不适应我,那么我就去适应它们。

——法国思想家蒙田(Michel de Montaigne)

 **案例导读**

小敏的孤独

小敏是今年的大一新生,怀着激动不已的心情,她展开了自己的大学生活。可来到新环境后的她却显得有些不习惯。她时常挂念着高中时代那些熟悉的同学、朋友,因此,每当有空,她就会拿起手机和高中的老朋友聊天,这使得她特别开心,同时也缓解了在新环境中的孤独感。可是时间过去了一个月,她却慢慢发觉,身边的同学开始和大家都熟悉起来了,唯独自己,似乎总是被排斥在外,难以找到朋友,周围的同学时常结伴到处游玩,甚至结伴吃饭、自习、上课,可自己却很少收到这样的邀请。小敏不禁伤感起来,这是因为自己不讨人喜欢,还是因为自己不主动?由于在大学中缺乏朋友的关怀和帮助,大学生活给小敏带来的压力越来越大,导致了她学业成绩的不断下降,也引发了一系列的情绪问题。在孤独、痛苦地度过了一学期后,小敏决定离开学校,放弃她的大学生活。

案例中的小敏遇到的是大学生尤其是新生中常见的一个适应性问题。每个人在进入一个新环境后都会表现出不适应,因此需要积极调整自己以适应环境。案例中的小敏面对新环境更多地选择的是一种被动的方式,她不主动在新环境中寻找并建立新的社会支持,也很少与新环境中的人进行互动,这样的方式使得她难以适应这个环境。

第一节 ● 认识适应

适应是人类基本的生存能力，适应的问题也是每个人成长中都必须面对的问题，良好的适应性不仅是一个人心理健康的重要标志，而且是其立足于社会、获得自我价值实现的基本前提。大学时代，是年轻人发现自我、重塑自我的一个重要阶段。当你步入大学，突然面对周围陌生的一切，出现不适应心理是人之常情，也是在所难免的。可以说，这是整个大学最困难的时期。如果不采取措施及时进行心理调节，尽快建立新的生活模式，心理不适应就会积累而由量变到质变，产生心理危机，影响今后的大学生活。因此，作为大学生的你应积极面对问题，及时调整自己，快速适应大学生活。

大学一年级又是关键时期，而从高中向大学生活的转换就是人生中一次重大的适应调节阶段。它是一个人人生的新起点，也是大学生从中学向大学过渡的重要阶段。处在这个转折关头的大一学生，不仅面临着人生的诸多课题，同时也会产生心理的诸多困扰和矛盾。如何把握好这一人生的新起点，顺利完成从中学到大学的转变，迅速适应大学生活，关键在于尽快走出心理误区，以良好的心态去迎接新的生活与挑战。学会调整自己以适应新的大学生活，对自身四年的发展起着至关重要的作用。值得注意的是，适应这个问题伴随着人的一生，小至区间的转换，大至文化间的转换都是适应问题。民航职业是令人向往的职业，然而人们只看到飞机冲入云霄的雄姿和飞行员潇洒的身影，却看不见承担着巨大安全责任的幕后英雄们的紧张工作；人们只看到空中乘务员在蓝天上的美丽笑容，却看不见他们心中别样的酸甜苦辣……而这些都需要个体有着良好的适应能力。适应能力需要在大学阶段就开始逐渐培养。

一、适应的阶段

什么是适应？适应是个人与环境的互动关系。个体在与环境相互作用的过程中，通过不断调整自我身心状态，使身心与现实环境保持和谐一致，从而达到认识环境、改造环境、发展自我的目的。

依据不同的标准，可以将适应分为不同的类型。根据适应的对象，可以将其分为对自然环境的适应和对社会环境的适应；根据适应的基础，可以分为生理适应和心理适应；根据适应的程度，可以分为浅层适应和深层适应；根据适应过程中是否有意识的参与，可以分为有意识的适应和无意识的适应；根据训练过程中态度的积极或消极，可以分为主动适应与被动适应；根据实际的效果，可以分为消极适应和积极适应；根据适应表现的方式，又可以分为内部性适应与外部性适应。

适应的过程因人而异,但一般可以把适应的过程分为四个阶段,分别是蜜月期、危机期、恢复期及适应期。

(一)蜜月期

适应的蜜月阶段一般指的是个体刚进入新环境的初期阶段。这个时候,个体会被新环境中的种种新异事物吸引,对新文化中的事物表现出陶醉甚至狂热的态度。在蜜月期中一般遇到的适应问题相对较少,由适应带来的压力也相对偏低。

(二)危机期

在新环境中经过短暂的蜜月期以后,个体就会进入适应的危机阶段。这个阶段中,他们会体验到极大的适应压力,一般表现为屡屡受挫、感觉自己能力不足并且存在极大的焦虑感。适应的危机期是适应过程中问题集中表现的阶段。

(三)恢复期

危机期以后,个体将会进入适应的恢复期,在这个时候他们开始解决在新环境中的各类问题,主动调整自己以应对适应中的问题。

(四)适应期

在恢复期中顺利解决适应所带来的问题以后,个体将会进入适应的最后阶段,即适应期。由新环境所带来的心理压力及其他负面体验都将恢复到正常水平。

二、大学生常见的适应问题

刚刚结束高中生活,顺利地通过高考并金榜题名的大学生们,带着几分欣喜,带着对神秘殿堂的梦幻,带着对美好未来的无限憧憬踏入了向往已久的大学校园。此时此刻,不少同学还沉浸在胜利者的自豪和兴奋之中,理想主义色彩比较浓厚。但是当经历一段时间的大学生活之后,原来的梦幻逐渐破灭和消失,现实的环境使缺少心理准备的新生们感到一种失落、惘然和空虚、无聊,有的甚至产生心理的矛盾冲突。特别是处在转变期的大一学生,总的心理倾向是积极、乐观、热情、充满信心和希望的。但是,生活环境、学习目的、师生关系的改变带来的不适应,也会导致大学生产生诸多的心理困扰,甚至冲突,主要表现在以下几个方面:

(一)期望值过高引起的失落心理

人是有期望的,正是因为人的期望产生的效应才使个人不断成长,社会不断进步。没有了期望,也就没有了一切。对于顺利地通过高考、手捧大学录取通知书的大学生来说,期望值常常过高,往往把大学想得过于理想化,对自己未来生活的设计也过于理想化,对自己的前途也估计过高,有的学生甚至沉浸在一种飘飘然的心理氛围之中。由于对大学生活的现实缺乏了解和心理准备,进入大学后,就会发现大学的现实情况与自己原来的想象相差甚远,有的同学便会有一种被欺骗的感觉,失望、痛苦随之产生。如有的同学讲道:"高中时想象的大学生活是多么的浪漫、美好,充满着神秘感和崇拜感,令人神往。但是到了大学后,美梦破灭了。漫长的'三点一线'(教室—宿舍—食堂)生活,不太体面的'课桌文学''墙头文学''厕所文学'现象,不太文明的举止言行和嘈杂的校园环境与自己原来想象中的大学相去甚远。原以为个个是口齿伶俐、幽默诙谐、文明礼貌的人中龙凤,其实并非如此;自私、孤傲、偏执好强、懒惰、玩世不恭,各色人等应有尽有,失落中不免有几分无奈。"

(二)环境生疏诱发的防范心理

进入大学,对于多数大学生来说,是第一次远离父母来到一个陌生的环境、新的天地,面对的是一些口音不同、性格不同、生活习惯不同、兴趣爱好也不尽相同的新同学。由于彼此之间的不了解和怕吃亏上当的自我保护意识的作用,起初不少同学之间都有一种相互设防的防范心理,习惯于用假面具把自己伪装起来。因而,在一定程度上影响了人与人之间的正常交往和人际关系的健康发展。

(三)目标失落导致的困惑心理

能考上大学的同学,一般来讲在高中时目标是非常明确的,那就是一心想考上大学。由于有明确的目标,也就有了学习动力,再苦再累也能忍受。一旦进入大学,好比船到码头、车到站,多年的愿望和理想终于实现了。对于不少同学来说,大学梦的实现就意味着理想目标的失落,由此而感到迷惘、困惑,不知道上大学究竟是为了什么,失去了努力的方向,对读书有什么用、将来能干什么感到茫然。如有的同学说道:"大一开始时,由于高中的惯性,自然做着高考前紧张复杂的噩梦,一旦噩梦醒来,觉得无所事事,现在又不肯用功,不求上进,上课时总听不进去,可下课后却又为没有听好课而遗憾,精神总在这一无所获中受着折磨。"

(四)地位变化产生的自卑心理

能进入大学的学生,一般来说在高中成绩都比较好,并受到老师和同学的肯定与关注。可到了大学,大家都是来自各地的尖子生,都有很强的竞争力,在新的班级中,原有的优势不复存在,自我的良好感觉也逐渐消失,一种新的竞争力使不少学生产生心理失衡,转向自卑。如有的同学讲道:"在高中时自己是佼佼者,老师夸,同学也很佩服,可到了强手如林的大学,原有的优越感消失了,但害怕失去尖子地位的思想使自己精神压力很大,害怕老师不器重,同学瞧不起,有时自己很自卑。由于自卑和失落感使自己学习无动力,经常逃课,学习成绩不佳而非常痛苦。"

（五）怀旧依赖带来的孤独心理

一些同学由于对新环境的不适应，和同学关系的不协调，转而怀念过去的中学时代，甚至有一种大学不如中学的感觉，进而把情感投向旧时的同学、朋友和老师，而对现在的班集体漠不关心，因而产生孤独心理而陷入痛苦之中。如有的同学感叹道："大学的生活乏味，大学的师生关系不如中学，这使我常常怀旧。"

（六）盲目乐观造成的受挫心理

由于高考时对大学知之甚少，使一些同学盲目乐观；又由于思想准备不足，一旦遇到不如意的现实问题，就感到遭受了很大的挫折和打击。有的同学因此一蹶不振，产生消极悲观情绪，甚至感到前途无望，心灰意冷，精神涣散。以上是大一学生由于转换期的不适应而产生的主要心理困扰，这些困扰对于多数学生来说是不可避免的。产生这些问题后应积极主动地寻求咨询或进行自我调整，否则会转化为心理的冲突和障碍，一直影响学习和生活，严重的会导致轻生。

适应性障碍

适应性障碍（Adjustment Disorder）是应激相关精神障碍的一种。应激源发生后的3个月之内，出现与应激源明确相关的情感或行为症状，这些症状引起显著的痛苦(超过应激源所导致的应有的反应)，或明显影响社会、工作或学习能力。可伴随抑郁心境、焦虑情绪或行为紊乱等，对于青少年可出现品行问题，儿童则可表现为退化现象。病程不超过6个月。可用心理治疗，或结合药物治疗改善抑郁、焦虑情绪（《精神障碍诊断与统计手册，第五版》）。引起适应性障碍的精神应激性事件强度较弱，多为日常生活中常见的事件。如青少年最常见的事件有父母不和或离婚、迁居外地、学习环境的改变（如从农村中学升入城市大学）；成年人中最常见的有婚姻冲突、经济问题或残疾子女出生等；老年人最常见的是退休、社会地位的变迁及丧失子女等。面对这些需要适应的应激性事件，多数人能很好地适应，适应能力差的个体可能会出现适应性障碍。

三、适应大学

由于在培养目标、教育内容和方法、环境条件等许多方面大学与中学相比都有很大不同，原来中学的那套学习、生活方式已不能适应大学生活的要求，因此，刚进入大学的学生要适应大学新的学习和生活环境，必须进行全方位的调整。调整的过程就是从中学到大学的转变过程,调整时的强弱和速度的快慢决定了适应周期的长短。起步越早,调整得越快,转变得也就越好,在高一层次的竞争中也就越占有优势。适应转变的关键在于首先必须克服和消除上节所讲的诸多心理困扰,走出心理误区,以轻松自如、积极健康的心情面对新的生活。在心理的不适应期,接受他人的帮助是十分必要的,但关键是要自我调整。增强调整意识,学习有关知识,领悟一定的道理,积极投身实践都是心理调适的有效措施。如何更好地适应大学呢?具体说来,应该从以下几个方面做起:

(一)适应大学环境

对大多数学生而言,上大学意味着离开熟悉的环境,到一个陌生的地方求学。由于环境的变化,来自四面八方的同学面临着适应全新的校园环境、饮食、生活习惯、作息时间、语言等方面的挑战。对于第一次住校的学生来说,所要面临的压力可能会更大:要住集体宿舍,要排队洗澡,要自己洗衣服,等等。大学赋予了你责任,你需要独立生活。自主、自理、自律是大学生活的主旋律。大学生应适应这种生活方式的变化,自主而合理地处理好个人的衣食住行、学习和生活问题,培养独立生活的能力。

(二)建立良好的人际关系

人是以他人为镜、在与别人的比较中认识自己的。离开了交际对象或供比较的对象,就失去了衡量自己的尺子和照鉴自己的镜子。友伴交往,能使我们从别人的个性中找到与自己的相似之处,发现别人身上好或不好的东西。"以人为镜",调整和改进自己。

人类的心理适应,最主要的就是对人际关系的适应。所以人类的心理病态,主要是由于人际关系失调而来,由交往障碍而引起的。人际交往可以使我们有一种归属感、安全感。一生中,你认识的人可能很多,但只有朋友才能在你的心里留下烙印。朋友可以让你更加了解自己,朋友可以告诉你许多被你忽视的地方,朋友就像镜子一样可以反射出你的人生。

(三)消除盲目心态,确立理想目标

高考成功的盲目乐观,目标达到的理想失落,会导致大一学生对未来四年的大学生活缺乏应有的系统周密的考虑和安排,会缺乏前进的动力,会阻碍和影响大学生的成长进步。我们切不可掉以轻心,要克服这一心理状况,消除盲目乐观心态,明确上大学的目的和自己肩负的责任。大学生一进校就应确立明确的目标,包括长远目标和阶段性目标。长远目标应是为祖国、为"四化"、为共产主义;阶段性目标如成绩优秀,思想表现积极,或者是通过英语四级、六级考试,考研,当三好学生等,既远大又具体。除此之外,还要有切实可行的措施。这样,一步一个脚印地走下去,你就会有充实感、满足感,就不会因盲目悲观和目标失落而无所事事和空虚无聊。

（四）调整学习方法

中学和大学是两个不同的学习阶段，它们之间既有联系又有区别。大学是中学教育的发展和延续，中学是大学教育的基础和前提，它们的共同之处在于都是系统的、规范的、有目的的、有计划的学校教育。但是，大学生更应了解和把握大学学习与中学学习的不同特点，从而掌握大学的学习方法。它们的不同之处是：首先，培养目的不同。中学学习的目的是掌握基本技能和基本知识，为进一步深造做好准备，同时也为从事生产劳动提供人力资源；大学则是为社会培养高级专门人才。其次，教学内容不同。中学的内容重在基础，而且课程门数也少，主要有数学、物理、化学、语文、外语、政治、历史、地理、生物等。而大学的内容则宽、深。"宽"指所学的课程门数比中学要多五六倍，一般达四十门之多，涉及的领域十分广泛；"深"指所学的内容比起中学要深得多。最后，教学形式不同。由于大学的学习内容远比中学复杂得多，学习要求也高得多，因此，决定了大学的教育和学习形式也比中学要多。总的来讲，中学是封闭式教学，尤其是"应试教育"，对学生的影响颇深，学生比较适应教师的"满堂灌"，学习依赖性强，习惯于死记硬背，学习比较被动和缺乏自主性；而大学主要是开放式教育，教师大多只讲观点和思路，学生有更多的自由支配时间和学习自主权。这样一来，学生的自觉性尤显重要。如果还采取中学时的那套学习方法，如果还是被动依赖，那么就完全无法适应大学的学习生活。因此，大一学生要充分了解大学生学习上的特点和规律，尽快调整自己的学习方法，以适应大学的学习生活。

（五）培养独立能力

中学时代，无论住校还是居家的学生，基本没有脱离父母的怀抱，除了有父母的照料外，还有班主任和课任老师的管理。加之高考前的学习负担过重，几乎所有家务都由父母做，因而使不少学生独立生活能力较差，有的甚至连衣服都不会洗。进入大学后，一切都得自己做，这就要求大学生应全面培养自己的能力。一是培养生活自理能力。学会安排好自己的生活，管好自己，包括经济开支也要有计划地、合理地安排，不能入不敷出，要学会精打细算，千万不可拿父母的血汗钱挥霍浪费。二是培养人际交往能力。人际交往能力、环境适应能力是一个人能否成功的关键因素。在人际交往中要做到与人坦诚相待，友好相处，广交朋友，但是也要坚持原则，分清是非界限，择善而从。比如，新生刚入校时，就有老乡、高年级学生相邀参加一些活动。对此，新生一定要把握自己，弄清情况，不可贸然从事，以免上当受骗，或不自觉地受到某种错误倾向的影响，形成不良习气，阻碍自己健康成长。

（六）修养个性品质

大一学生还面临着一个个性心理品质的修养和塑造的问题。中学生由于成长经历、生活阅历、受教育的条件等原因，由于受从小到大的主要生活空间是家庭、学校，主要生活内容就是读书等局限性的影响，形成了比较特殊单一的个性品质和人格特征。比如爱好学习、好动脑筋、有朝气、讲文明、懂礼貌、团结友善、助人为乐等，但是也有其不足的一面，比如视野不开阔、看问题片面偏激、感情容易冲动，有的甚至极端自私和以自我为中心等。这些中学生的人格弱点，也是阻碍一个人成长进步的大忌。大一学生应该努力克服中学生的弱点，塑造完美的人格和大学生形象，修养良好的个性品质。只有做到了以上这些，才能适应大学一年级生活，顺利完成从中学向大学的转变，为今后的大学生活打下良好的基础。

（七）做好职业生涯规划

职业生涯规划，通俗地讲，就是对自己的未来职业进行规划，并为之努力。大学生要对自己的未来负责，进行职业规划。《礼记·中庸》有云："凡事预则立，不预则废。"对于很多大学生而言，在中小学阶段很多时候是在父母、老师的指导下确立发展目标，甚至连填报高考志愿也具有浓厚的指导色彩。大学生需要树立自我负责和自主决定的理念。

（八）良好的时间管理

在大学的适应问题上，时间管理是一个关键策略，有效的时间管理有助于大学生更好地适应大学生活。时间管理，通俗地讲，就是提高时间的利用率，它反映一个人对待时间的态度和价值观念，是一个人在运用时间方式上所表现出来的心理特征和行为特征。叔本华说："普通人只想到如何度过时间，有才能的人设法利用时间。"在我们焦虑、不知所措的时候，溜掉的不仅仅是好心情，还有时间。

画一画自己的"时间馅饼"图

在你的日记本上，画一张你自己的"时间馅饼"图。看一看，你的时间都花在什么地方了？花在每个地方的比例各是多少？看看你的"时间馅饼"图，想一想，你把宝贵的时间用在重要的事情上了吗？在接下来的大学生活中，你将如何完善你的"时间馅饼"图？

第二节 ◉ 大学生学习心理

发展是个体的生物系统、环境系统、原有的心理系统和调节系统在个体实践活动中的相互作用，是个体的身心机能和品质随着个体的成长而相应地起着积极变化的过程。大学生发展的主要途径就是不断地学习，从一个目标走向另一个目标，这是发展的适应。那么大学生应该怎样认识大学学习，在学习中不断自我发展呢？

 心理训练

关于大学……

请根据自己的真实想法回答以下问题：

（1）什么是大学？

_____

（2）进入大学前，你理想中的大学是什么样的？

_____

（3）你为什么来到大学？

_____

（4）你希望在大学获得什么？

_____

（5）你打算如何度过大学生活？

_____

思考一下：大学对你来说意味着什么呢？诚然，大学是人生的美好阶段，意味着我们要学习更多的文化知识，结交更多的知心朋友，有更多的自由时间，甚至可以品尝甜美的爱情。然而，大学又不仅仅是这些。要适应大学生活，就让我们从了解大学开始。

一、大学的概念

（一）什么是大学

蔡元培先生在北京大学1918年的开学典礼演讲词中说："大学为纯粹研究学问之机关，不可视为养成资格之所，亦不可视为贩卖知识之所。""大学者，研究高深学问者也。""大学者，囊括大典，网罗众家之学府也。"也就是说，大学最根本的，是用人类积累起来的文化成果，浇灌人的智慧，培植人的德行，促进、保护和增强社会的文化价值观念，不断对社会变革进行分析，运用自己的批判和前瞻功能引导社会发展，促进人类与时俱进，日新月异。刘伟章在《大学的精神》一文中谈道，"大学教育是塑造灵魂的教育"。在大学里，大学生的任务绝不仅仅是学习书本知识，更要塑造自己的灵魂，也就是培养高尚的品格，树立伟大的理想，积淀人生的智慧。在大学里，一方面，大学生需要在广泛阅读的基础上，培养自己的独立思想，使自己具有独立判断能力和创造性思维能力；另一方面，大学生要塑造自己完善的品性，使自己具有博大、宽容的胸怀，能够与自己、与他人、与周围的环境和谐相处，能自主决定和承担责任。

 扩展阅读

大学之道

大学之道,在明明德,在亲民,在止于至善。 ——《大学》

明明德,即净化和升华心灵的德行品格,达到心中的礼德明亮、光明磊落、大的修养状态。

所谓明,即太阳和月亮的光明,要学习太阳无私地自燃,为万物照明;学习月亮无欲地返照,为万物照明。做到"明"的关键,是要像太阳和月亮那样无私无欲地献能量而不求回报。人能做到无私无欲,则必然会心明而释放出光明!

所谓德,即心灵的德行,仁德、义德、礼德、智德、信德这五种德行最能养着我们的精神和灵魂。教育的灵魂是道德、心明!礼德明亮,这才是真正的学问。礼德明亮即心中要既能照亮自己的人生之旅,又能用此光明帮助别人造福于社会。

所谓亲,即仁爱、慈爱、博爱,亲民即对人心存慈悲和博爱。

止于至善,大学之道的基础和根基,就是修养至善。何为至善?大公无私、仁爱唯德就是至善。至善,也就是老子《道德经》所阐释的上善,其根本是指修十善之心。要求修养道德者,一心一意去实践并且做到十善的忠孝心、好善心、慈悲心、平等心、博爱心、教化心、忠恕心、和蔼心、忍耐心、勇猛心。

(二)大学的目标

联合国教科文组织对21世纪青少年教育提出要"学会认知,学会做事,学会共同生活,学会生存"的教育目标,这些对你的大学生活是不是有一些启示?

1. 学会做人

大学生首先要学会做人。适应与发展的目的在于:使人日臻完善;使人格成熟,不断增强自主性、判断力和个人的责任感;使人拥有正确的人生观、价值观,拥有明确的伦理道德和是非观,能够遵守社会公德,使自己的各项行为符合新时期大学生的行为规范。

2. 学会做事

大学生要有敬业精神和社会责任感,要有独立的生活管理能力,独立选择、独立决断、独立处理问题的能力,以及应付各种情况和各种环境的适应能力,只有这样才能够不断积累做事的相关经验,使工作富有成效。

3. 学会与人和谐相处

在现代社会中,与人和谐相处既是一种人际交往的能力,也是人生成功的人际资源。大学生应当对他人尊重、真诚,能够接纳他人的长处与不足,能够与他人进行良好的沟通,在沟通中建立亲密的合作关系,在相互交流与分享中促进自我和他人的成长与发展。

4.学会学习

学习是一个终生任务。大学生应当热爱学习,不断用新的知识充实自己;不但要学好本专业的知识,而且要学习与之相关的各种人文和自然科学知识;要拥有跨学科的交融能力,拥有综合分析问题、解决问题以及在复杂的信息环境下检索和判断的能力,拥有不断创新的能力。学会学习,不仅仅是未来获得相关知识,更重要的是获得一种认识世界的手段和能力。

二、大学生的学习心理

案 例

小周是一名来自山区、家庭经济困难的大学生。他高中学业成绩一直非常优异,上大学后,他忽然感到迷茫,学习没有动力,生活没有目标。有时候一想到辍学在家的妹妹和年迈的父母,他也恨自己不争气,可他的确找不到奋斗的目标与学习的动力,学习上得过且过,生活上马马虎虎,上课打不起精神,不是因为喜欢上网而荒废了学业,而是因为实在没劲才去上网聊天打游戏。小周想知道自己为什么会这样?如何才能摆脱这种状态?你能帮助他吗?

学习作为大学的一项重要内容,是众多学生关注的焦点,但面对学习,一些学生又充满了困惑。例如:不喜欢自己的专业怎么办?怎么学习才能不落后?找不到学习的兴趣怎么办?我们要知道,大学生在大学学习多多少少都会遇到一些困境,最常见的问题如下:

(一)目标缺失

好好学习,拿奖学金?或者是争取考研、保研,以后找个好工作?这些都是令大学生经常困惑和茫然的,从而导致了目标不明确。不仅大学学习的难度增大,而且大学的宽松自由的氛围也非常容易让人迷失。案例中的小周是典型的缺乏目标,学习动机不足的表现。因此,确立目标显得非常重要。目标的制定可以分为以下几个步骤:

1. 了解自己的内心愿望、兴趣所在;
2. 参与实践活动,到所向往的单位实习,与老师、学长交谈等,了解与体验自己所追求的目标是否真是自己想要的;
3. 对照自身条件与客观环境,查找需要努力的方向;
4. 最后将目标做长期和短期的划分,使自己能在现有条件下一步步地迈向自己的理想目标。

（二）完美主义

 案 例

晓丹，一位大三女生，学习成绩中等偏上，是班级的生活委员，同时还是学校话剧社的社长。在外人看来，晓丹的大学生活过得还不错，不仅人缘好，工作积极，成绩也不错，但是晓丹自己却不满意，她觉得自己的学习成绩应该还有很大的提升空间，学生工作也应该做得更好。为此，她将自己的时间安排得满满的，几乎没有休闲娱乐时间。

完美主义是大学生中容易出现的一种心理倾向，在过往的成长经历中，多数学生是老师、同学心目中的佼佼者，对自己也充满了肯定，但是大学是一个人才济济的地方，大家都有各自的优势。如果希望样样都名列前茅，而看不到自己的局限性，在高期待的作用下，人会体验到巨大的压力，而当压力超过了承受限度，就会导致个体紧张、焦虑、失望甚至产生崩溃的情绪体验，不利于身心健康。只有找到理想与现实的契合点，才能体验到发展的快乐。

 扩展阅读

完美主义

Hollender（1978）是最早定义完美主义的研究者之一，称"完美主义是要求自己或他人达到高于情境实际所需的表现"，认为完美主义是一种消极人格特质。主要体现在：

（1）竭力追求极端的高标准（对自己或他人）。通常，在外人看来，这些标准在现有条件下是不切实际的。在接下来的文章里，我们将这个标准称为"严苛的标准"。

（2）对自我价值的判断，很大程度上取决于自己竭力追求和实现这些严苛标准的能力。

（3）即便经受了设定严苛标准而带来的负面后果，依然不顾巨大代价、持续追求这些目标。

通常来讲，有高标准是一件好事。设定目标，能帮助你在生命中获得成就。但是，当这些目标是无法企及的，或是必须付出巨大代价才能达到的，那么这些目标就很难让人感觉良好。这就是完美主义会带来的问题。正如伏尔泰所说："完美是优秀的敌人。追求卓越没有错，但是苛求完美就会带来麻烦，消耗精力，浪费时间。关键是找到平衡点。"

（三）过度的压力

 **案 例**

小文，一名大四男生，工科专业，性格内向，不善言谈，来自偏远农村，是家族里第一个大学生。刚入大学时，他对自己充满了期望，一心想好好学习，希望以后考上研究生，找到好工作，为家人改善生活条件。但是他发现，实现这样的理想并不容易。最初的一年他边读书边打工，虽然自己的生活费解决了，但是却发现时间用得太多，学习上有些吃力；于是他开始专心学习，想努力提高成绩，但也就是中下水平。眼看大四了，其他同学不是在积极准备考研，就是在实习找工作，而自己学习成绩不突出，又没有什么特长，想着父母期待的目光，小文感到自责、内疚又失望、无助。

如果你是小文的朋友，你会给他什么建议呢？

成绩在许多大学生眼里十分重要，对不同的人有不同的意义。不同的大学生有着不同的学习目标和动机。有的是为了就业，有的是为了回报父母的养育之恩，有的是不甘落后，为了获取荣誉感。在当前竞争日益激烈的就业趋势下，在校的大学生自然也感到几分压力，有人选择考研来增加自己的优势，但是光有知识也不能保证会有一份理想的工作，用人单位选择人才时更加看重运用知识解决问题的能力。对于一些家庭困难的大学生来说，他们更希望能以自己的学习成绩来回报父母，找到一份好工作来改善家庭条件。这些想法都无可厚非，但是现实不一定如想象的那么简单。因此压力就会增加，从而诱发紧张、焦虑、自卑等不良情绪，如果调整不好，甚至会造成消极的自我否定。如果遇到这些情况，一定要寻求帮助，疏导不良的情绪，减缓压力。

 **扩展阅读**

动机强度与学习效率

学习动机会推动学习活动，但并不是学习动机越强烈，学习效果就越好。著名的耶克斯-多德森定律说明了动机强度与学习效果之间的关系（如图2-1所示）。这个法则指出：动机的最佳水平随课题的性质不同而不同。在较容易的课题中，工作效率随动机的提高而上升；随着课题难度的增加，动机的最佳水平呈逐渐下降的趋势。动机强度与学习效率之间的关系不是一种线性关系，而是倒"U"形曲线。中等强度的动机最有利于任务的完成。学习动机过强和学习动机缺乏都会影响学习效果。学习动机过强经常使人处于一种高度紧张、焦虑的状态，而学习动机缺乏又会使人缺少动力、无精打采、拖拖拉拉、随波逐流。

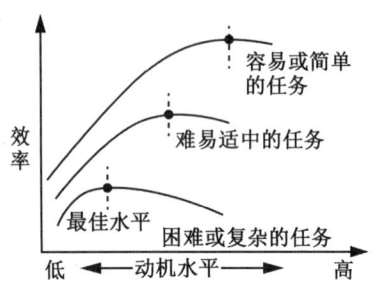

图 2-1 耶克斯-多德森定律示意图

三、大学学习的新特点

（一）广博性

步入大学后，大学生普遍觉得知识浩瀚如海，为每个人的发展都提供了广阔的天地。大学生的求知欲、好奇心促使他们广泛涉猎各门学科知识，他们渴望在较短的时间内能有效地掌握各种知识和技能。加上大学较好的学习环境和学习资源，大学生可以通过多种渠道广泛学习各种知识，使大学的学习体现出广博的特点。

（二）专精性

大学生的学习活动是一种以掌握专业知识和技能为特征的社会活动，围绕着如何使学生尽快成为高技能专门人才而进行。其学习是在确定了基本的专业方向后进行的，因此学习的职业定向性较为明确，即为将来走上工作岗位，适应社会需要；专业与学科群的划分也与未来职业生涯紧密联系在一起，而专业学习要求大学生既要了解本专业的前沿知识与经典理论，又要掌握与专业相关的基础知识与专业技能。基于这个特点，高职院校的学习更多地体现了专而精的特点。

（三）自主性

大学的学习无论是学习内容、学习时间还是学习方式，都更加强调个体在学习活动中承担角色，强调学习的自觉性与能动性。

大学生学习的自主能动性主要表现在两个方面：第一，大学生对学习内容具有较大的选择性，特别是随着高等教育改革的深化，大学的课程安排更加科学合理，既有公共必修课、专业基础课，也有辅修课程及大量选修课，学生可以根据自己的专长、爱好、兴趣自由选择。第二，大学生可以合理安排自己的学习时间、学习方法与学习内容。大学的学习虽然也是按照教师的要求进行，但是不像中学那样绝大部分时间是被动地完成教师布置的任务,而是有相当大的自主性。教师课堂教授一般是少而精,更多的内容需要学生通过课外自学去扩展、去充实,使得学生对于学习内容的选择有了更多的自主性。此外,大学生自由支配的时间较多,这就使得大学生可以根据自己的专业、兴趣和爱好自主安排学习时间。不仅如此,大学生还可以根据自身特点自主选择适合自己的学习方法。大学生自主学习的能力已经成为衡量大学生学业拓展能力的重要指标。

(四)创新性

大学学习已具有一定的探索性,即对书本之外的新观点、新理论进行深入的钻研与探索。大学学习不仅在于掌握知识,更在于探究知识的形成过程与科学的研究方法,了解学科发展前沿、存在的问题及解决的思路。目前,高等学校普遍加强大学生创新能力的培养,在课程设置、课程安排、课程衔接上突出学生的主体地位,体现创新,加大了学生实践环节的培养,旨在提高大学生的探索能力与创新能力。

四、学会学习

> 有这样一个故事:一个老渔夫知道自己即将离开人世,但是他没有利用捕鱼的旺季为几个未成年的孩子准备更多的食物(鱼),而是利用人生最后的那段时间教孩子们捕鱼的方法。他留给人们的最后的话是:"授之以鱼,不如授之以渔。""鱼与渔"的故事告诉我们这样一个道理:给予别人现成的东西不如教给别人获得这种东西的方法。

法国物理学家朗之万在总结读书的经验与教训时深有体会地说:"方法的得当与否往往会主宰整个读书过程,它能将你托到成功的彼岸,也能将你拉入失败的深谷。"英国著名美学家博克说:"有了正确的方法,你就能在茫茫的书海中采撷到斑斓多姿的贝壳。否则,就常会像盲人一样,在黑暗中摸索一番之后仍然空手而回。"人本主义心理学家,来访者中心心理疗法创始人罗杰斯说:"学习不是将无助的个体牢牢绑在凳子上,再往他们脑子里塞满那些没有实际用处的、得不到结果的、愚蠢的、很快就会被忘记的东西。真正的学习,是学习者在源源不断的好奇心的驱使下,不知疲倦地吸收自己听到、看到、读到的一切有意义的东西。真正在'学'的学生是从真实生活中有所发现,然后把这些发现变成自己财富的人。"古往今来,无论是科学家还是普通百姓,都深刻体会到方法的重要。学生的学习也是一样,知识是无限的,而人生是有限的,因此学会学习、掌握一定的学习方法是更多地获取知识、有效地运用知识的途径。

（一）树立明确的学习目标

德国哲学家康德说："没有目标而生活,恰如没有罗盘而航行。"目标是一个人前进的方向,没有目标,就会庸庸碌碌,无所事事。列夫·托尔斯泰说："要有生活目标,一辈子的目标,一段时期的目标,一个阶段的目标,一年的目标,一个月的目标,一个星期的目标,一天的目标,一个小时的目标,一分钟的目标。"他把目标具体到每一小时、每一分钟。学习也一样,只有树立了明确的目标,学习才能有动力,才能有条不紊;学生才能在遇到困难和挫折的时候不气馁、不退缩,才能有战胜困难的勇气和决心。

（二）激发适度的学习动机

学习动机是指激发个体进行学习活动、维持已引起的学习活动,并使学习行为朝向一定目标的一种内在过程或内部心理状态。前面我们已经提到,学习动机和学习效果之间是倒"U"形曲线关系。因此要想提高学习效率,必须使学习动机保持一定的水平。激发学习动机,可以从以下几个方面进行：

1. 激发成就动机

成就动机是指个体力求完成自己认为有价值或重要的工作,以达到某种理想地步的内在推动力量。成就动机在人们从事某种活动中起着重要的推动作用。心理学家研究表明：成就动机高的学生,其学习的劲头较足,学习效果较好。成就动机与学生的学习毅力、学习效率和学习成绩呈正相关。因此,激发学生的学习动机可以通过激发学生的成就动机来实现。

2. 培养对学习的兴趣

爱因斯坦说"兴趣是最好的老师"。兴趣也是影响学习动机的重要因素之一。兴趣是指一个人积极探究某种事物的认识倾向,是一种内在动力。学习兴趣是推动学生学习的一种很重要的内在驱动力。在学习中,培养学生对学习长期、稳定的兴趣,有利于使学生的学习动机保持在一个适当的水平。

3. 刺激好奇心

好奇心是对于某种事物的好奇心态,是一种不期望获得外部奖励与强化而激励着某种探索性活动的内在动力。好奇心会促使人们对于这种事物进行某种探索活动。对新知识的好奇,可以推动学生进行学习活动。因此好奇心也是影响大学生学习动机的一种重要因素。

4. 适当运用强化

强化是指对一种行为的肯定或否定的结果,至少在一定程度上决定该行为在今后重复发生的情况。强化在学习中同样具有重要作用。美国心理学家桑代克提出的"效果规律"

表明:带来满足的行为会重现,导致不安的行为则会消失。我们可以通过奖赏与惩罚的方式对行为进行强化。在学习行为中,能带来愉悦后果的学习行为会激发学习动机;反之,则会使人的学习积极性降低。在学习中,有意识地给自己的学习行为增加一些奖赏,就会增加学习兴趣,从而提高学习效率。

(三)制订具体可行的学习、生活计划

马克思说过,"没有规划的学习简直是荒唐的",这说明了计划在学习中的重要作用。实际上,无论是生活还是学习,都需要有具体可行的计划。现实生活中,没有计划的大学生,要么总是忙忙碌碌、行色匆匆,似乎总有忙不完的事情,总有要紧的事情必须去做;要么就无所事事、空虚寂寞,有的沉迷于网络,有的则在大睡懒觉中度日。进入大学后,没有了老师和家长的监督,没有了老师主动的指导,没有了定期的考试、测验,属于自己支配的时间较多,学习氛围相对较为轻松,这就需要大学生根据专业目标和自身特点制订学习、生活计划,安排好学习、生活时间。只有这样,才能在几年的大学生活中,既能充分享受丰富多彩的大学生活,又能学有所成。如果缺少具体的学习、生活计划,学生就会感到学习生活无章可循,时间长了不仅会在许多方面落伍,而且还会因此产生心理问题。因此,制订具体的切实可行的学习、生活计划,并且监督自己按计划执行,可以使学习生活有条不紊,进而预防和减少由于学习产生的焦虑、抑郁等问题的发生。

(四)研究适合自己的学习方法

最好的学习方法就是适合自己的方法。在中学里以教师为主导的教学模式,到了大学变成了以学生为主导的自学模式。在教师讲授知识后,学生不仅要消化理解上课所学的内容,而且还要大量阅读相关的书籍和资料。自学能力的强弱是影响大学生学业成绩的重要因素,同时培养自学能力也有助于提高学生思考、分析、判断、概括等多方面的能力和素质。前文我们介绍了几种现在较为流行的学习方法和一般意义上的学习策略,在这里,我们再介绍几种常用的学习方法,以利于同学们根据自己的学习实际研究出适合自己的学习方法。

1.整体与部分学习法

整体学习法是指将学习材料作为整体来学习。在学习过程中,将材料从头至尾反复学习,以获得对材料的总体印象和了解,进而了解一些较为具体的内容。

部分学习法是指将材料分成几个部分或几个具体的概念,每次集中学习其中一部分或一个具体的概念。对每个具体的部分或概念要根据其难易程度的不同,具体安排学习时间或次数。整体学习法和部分学习法使用起来各有利弊。整体学习法使人较容易把握学习材料的全貌,但对具体的材料内容就可能掌握不好;而部分学习法能使学习者较好地掌握每一个具体部分,但却难以对材料形成一个总体印象,从而使具体学习的各部分内容不能

很好地融会贯通起来。实践证明,采用整体—部分—整体的方法,将二者相互结合比分别采用某一种方法更有效。

2.集中与分散学习法

集中学习法是指较长时间地进行学习活动,学习的次数相对少一些。一次学习时间的长短取决于学习材料的性质及其他因素。

分散学习法是指将学习时间分成几个阶段,每学习一段时间就稍事休息。一般来讲,比较复杂难懂的材料,用集中学习法较为合适,不仅可以保证学习者在一定时间内集中注意力,也有利于理解并掌握那些抽象难懂的材料。但集中学习时间不宜过长,否则容易引起学习疲劳,降低学习效率。而分散学习的时间如果不是太短的话,分散学习的方法较为有效。

3.过度学习

过度学习是指对知识达到勉强可以回忆的地步后,继续进行学习。也就是说,在对知识技能全部学会以后再继续学习一段时间,以达到巩固学习成果的目的。美国心理学家克鲁格曾做过一项实验,他让被测试者识记一组序列词汇。第一组学习到全部能回答就停止学习;第二组则继续学习,进行50%的过度学习;第三组则进行100%的过度学习。其结果发现:过度学习对材料的保持率起着很重要的作用。过度学习越多,保持率就越高,但过度学习超过50%之后,对内容的记忆效果有下降趋势。因此,并非过度学习越多,保持率就越高,它有一个限度,在这个限度之内,过度学习的效果较好。一般来讲,中等程度的过度学习效果最佳。

4.迁移学习

迁移学习是指先前学习或训练的内容对后来的类似学习或训练内容的影响。学习迁移中有正迁移和负迁移之分。为了获得迁移学习的成功,尽可能地促进正迁移,避开负迁移,在学习中就要注意掌握最基本的知识,这样就可以形成基本知识对一些具体知识与应用的正迁移。另外,还要注意使新学习材料与原有知识由近至远的安排,使新学习的材料尽可能接近原有的知识,然后逐渐扩展到新知识的范围,这样也有助于形成正迁移。

(五)持之以恒的学习实践

阿拉伯有句谚语,"不付诸行动的希望,有如不结果实的大树";菲律宾也有句谚语,"只有希望而没有实践,只能在梦里收获",这些谚语意在说明实践的重要作用。学习也一样,有了学习目标和学习计划,如果不付诸实践,不落实到学习行动中,那么再高远的目标,再科学的计划,也只是纸上谈兵,毫无实际意义可言。因此,要想真正提高学习效率,就必须把目标具体化,把计划实践化,通过每天的学习去实现。毛泽东同志说:"苟有恒,何必三更起五更眠;最无益,只怕一日曝十日寒。"这句话充分说明了学习要持之以恒的意义。我国著名的史学家班固也有句名言:"一日一钱,十日十钱。绳锯木断,水滴石穿。"这句话说明了日积月累、持之以恒产生的奇迹般的效果。大学生的学习也是如此,俗话说"冰冻三尺,非一日之寒",任何人也不可能一口吃成个胖子,提高学习效率,取得良好的学习成绩,也并非一日之功,需要始终如一,坚持不懈地把计划落实到行动中。

(六)保持良好心态,使自己处于最佳的学习状态

保持最佳学习状态就是要减少压力,保持良好的心态。我们知道,心态对于人的身心健康有着很大的影响,不良心态不仅使人容易疲劳,而且容易引起身心疾病,而良好的心态却可以使人提高工作和生活效率,健康高效地生活。因此,大学生需要学习一些情绪调控和缓解压力的理论和方法,学会调控情绪,缓解压力,从而保持良好的心态,使自己的学习经常处于最佳状态,为提高学习效率提供心理保障。

学习是大学生活中最重要的内容,树立新型的学习理念,了解有关的学习理论,探索有效的学习方法,最大限度地提高学习效率,学会学习,是大学学习的重要课题。大学生要学会自觉运用有关学习的理论,指导自己的实践活动,要学会借鉴前人的经验,为己所用,这样就可以少走弯路,从而高效率、高质量地学习、生活,圆满地完成大学学业。

第三节 ● 职业生涯规划与发展

案 例

小琪这个学期在学校就业中心实习,她要帮助中心的老师整理毕业生简历和布置面试会场,因此有机会见识很多简历。她看到每次面试结束后被淘汰的一大堆简历,很有感慨,虽然简历上标准的求职照还在微笑,但照片主人的内心可能是很郁闷的。虽然竞争激烈,但还是有个别的毕业生获得了多家单位的青睐。小琪看了其简历,觉得简历写得诚实朴素,实习经验也并不是很亮眼,那到底是什么帮助其获得成功的呢?我们在大学应该培养何种能力呢?

"生"就是活着,"涯"就是边界,"生涯"就是人从来到这个世界到离开这个世界的过程,也就是人的一生。大多数人的一生可以分为三个阶段:学业阶段、职业阶段和退休生活阶段。职业生涯就是职业阶段,职业阶段也是生涯的最重要阶段,而学业阶段是为职业生涯打下基础的阶段。从生涯发展理论来说,人的职业生涯分成五个时期,包括:成长期、探索期、确立期、维持期和衰退期。

随着教育体制改革的深入发展,高校毕业生就业制度已全面实行"双向选择、自主择业"的新机制。对于一名即将毕业的大学生来说,在择业过程中调整好择业心态,做好充分的心理准备,积极参与竞争,勇敢地迎接挑战是非常重要的。良好的择业心态是实现人生理想的前提,择业是人生的关键一步,它直接影响个人的前途和幸福,如果处理不好,将会在人生道路上出现波折。著名作家柳青认为,人生道路是漫长的,但关键的地方往往只有几步。择业就是这关键几步中的一步。人生绝大部分精力都会用在工作上。如果所从事的职业与自己的兴趣相投,与自己的爱好相吻合,与自己的能力相符合,就会乐此不疲,不断努力,创造佳绩,实现自己的人生价值。如果对自己从事的职业毫无兴趣,与自己的爱好相悖,与自己的能力相差悬殊,就会感到厌烦,日坐愁城,那将给人生带来很大的痛苦和折磨,对国家、对自己都无益处。即将毕业的大学生,每个人都有自己的理想、抱负和追求,每个人都在心里描绘自己的美好蓝图。面对着知识爆炸、经济飞速发展、社会不断更新、充满竞争的时代,如何建立良好的择业心态,充分认识自我、了解社会、把握机遇、寻找理想和现实的最佳结合点、谋得理想职业、实现自身价值呢?在这里,我们需要了解社会需要什么样的大学生,以及了解大学生择业的一般心理,如何建立良好的择业心态。

一、什么样的大学生受社会欢迎

大学生就业市场是个晴雨表,反映社会对人才的需求状况,它能改变人才布局和内部结构不合理造成的人才积压浪费与相对紧缺并存的问题,有效地运用市场调节的手段,让人才在动态流动中找到最佳位置,充分挖掘社会人才资源。随着"双包"改"双自"招生就业制度的改革及就业市场的建立和发展,大学生在就业过程中实行"双向选择""自主择业",用人单位有了选人的自主权,大学毕业生有了挑选工作单位的机会。大学生在踏入就业市场之前,要使自己具有竞争力,就必须对市场有一定的预见性,根据社会对人才的需要来锻炼自己的能力,形成合理的知识结构,使自己在毕业时有更多机会选择理想的用人单位。一般认为社会欢迎具有如下素质的大学生。

(一)思想品德高、政治素质好

从多年来的毕业生就业情况看,优秀毕业生、优秀学生干部、学生党员备受用人单位青睐。这样的学生具有坚定正确的政治方向,对社会、对祖国、对人民有高度的责任感;有高尚的思想道德素质和精神境界,有正确的世界观和人生观。对于这样的毕业生,用人单位会大胆接受,放心使用。

(二)专业知识扎实,知识面广

从现在的科技发展趋势来看,知识更新快,而知识的更新除了主观努力外,还依赖于扎实宽广的基础知识。有了扎实的基础知识,才能有较强的应变能力和自导能力;有了宽广的知识面,才能触类旁通,很快地吸收新知识,获得创造力。

(三)兴趣广泛,全面发展

全面发展的学生主要表现为思维敏捷,有较强的事业心和责任感,自控能力强,学习成绩优良;有一定的外语水平和计算机应用能力;有较强的口头表达能力和组织管理能力;有良好的人际关系和广泛的兴趣。

(四)实践能力强

实践能力强的学生在掌握理论知识的同时,注意理论联系实际,注重动手能力的锻炼。在毕业实习、毕业设计中表现突出,甚至有的还有了发明创造和专利。他们在就业市场中成了用人单位关注的焦点。用人单位,特别是国有大中型企业和三资企业,愿意接收这样的学生是因为他们具有刻苦精神和解决实际问题的能力,在工作中能独当一面,很快成为业务上的骨干。

(五)了解社会,服务社会,社会意识强

在某种意义上,社会更是一所大学,要获得这所"大学"的毕业证难度很大。大学毕业生跨进社会之前对它有充分的认识,有利于自己的成长进步。对历史知识的掌握,对国情的了解,会使大学生明白自己肩上的重担;对社会现实的了解,会使大学生了解社会的需要,用自己的聪明才智为社会做贡献;对社会人际关系的了解,会使大学生能很好地为人处世,在工作中建立良好的人际关系,为事业的成功打下良好的基础。

扩展阅读

2016 感动中国十大人物事迹:屠呦呦

屠呦呦获得了诺贝尔生理学或医学奖,填补了我国无诺贝尔科学奖的空白。 她将中医中药推向了世界,她将民族的变成世界的。 过去,包括很多中国人在内的国内外学者专家,都批评中医中药为伪科学。 屠呦呦用诺贝尔医学奖粉碎了他们对中医中药的攻击,奠定了中医中药在世界医学领域的地位。 屠呦呦是民族的功臣、开拓者,她对科学的贡献是卓著的。

40 年前的科研条件和环境可想而知,屠呦呦要从医药中寻找抗疟新药谈何容易? 屠呦呦和她的团队,克服重重困难,可谓历经千辛万苦。 失败了,推掉重来,经历了无数次的实验。 在失败面前,他们不言弃,始终执着地追求。 屠呦呦被称是"三无教授",她毫不在乎,兢兢业业,对科学执着追求,锲而不舍。 为了检验药物的效果,屠呦呦甚至亲自口服药物,尝试药物在自己身上的反应,以做到保证药物的万无一失,屠呦呦的肝脏因此受到了损伤,牺牲了自己的健康,目的就是换来大家的健康,换来人类的科学

进步。

屠呦呦与青蒿素之间充满了精彩传奇的故事，表现了科学家的态度、品质和精神，屠呦呦的精彩故事是一本极好的励志书。必须用好这本书，教育我们的下一代，学习现代科学家的精神特质，"攻城不怕坚，攻书莫畏难。科学有险阻，苦战能过关。"在困难面前不低头，在荣誉待遇面前不伸手，为祖国的科学事业默默无闻、无私奉献。今天，在大众创业、万众创新的时代，更需要讲好屠呦呦与青蒿素的故事，用屠呦呦的故事、屠呦呦的精神鼓舞大众、振奋精神。

二、就业中常见的不适心理

面对就业，大学生的心理也是复杂多变的。通过几年大学生活，同学们在知识、能力与人格方面有了积极的显著发展，有着强烈的就业意愿和积极的就业动机，为能尽快实现自己的人生价值而感到由衷的欢欣；而就业岗位和就业方式的多样化也为大学生就业提供了更多的机遇和更大的自由度，许多大学生都摩拳擦掌、跃跃欲试，准备在所学专业领域一显身手。但是在就业过程中，又难免出现种种心理矛盾、心理误区和心理障碍。

（一）从众心理

毕业生处在择业洪流中，其期望会受到其他择业者的影响。虚荣心、侥幸心理会使他们改变原有自我期望，而采取不切合实际的从众行为。学成从业，服务社会，实现自身价值是每一个大学毕业生的美好愿望。但是，如果毕业生在择业过程中，不是从自身的特点、自身的能力和社会需要出发，而是跟着感觉走，盲目从众，好像只有热门的工作单位才是实现自身价值的最佳去处。到头来，只求得一时的心理平衡，却不利于自身价值的实现和长远发展。

（二）自卑怯懦心理

自卑是轻视自己，缺乏正确的自我认知，缺乏信心和勇气。有自卑心理的毕业生不敢竞争，一到谈判桌前就面红耳赤、手足无措、反应迟钝，甚至语无伦次、措辞不当，最终导致择业的失败。这些毕业生主要是没有发现自己的优点，拿别人的长处与自己的缺陷做比较，导致心理失衡。因此，在面试前要进行心理调适，坚信"天生我材必有用"才能找到识我人。

（三）期望过高心理

有些求职者富于幻想，对待社会往往主观的东西多一些，对社会和周围事物缺乏深刻认识，看社会过于理想化，不能正确地评估自己与周围的条件，常常对自己期望过高，自恃智力和学识水平高,更多地看到自己的长处,不能客观地认识和评价自己。克服期望过高心理的办法是:有意识地参与社会活动,拉近自己与现实生活的距离,提高自己的自我评价能力与适应社会能力。这种心理在高才生与名牌学校的毕业生中较为普遍。

(四)求全心理

一方面,毕业生希望自己选择的工作单位待遇高、福利好,工作舒服;另一方面,又希望能专业对口,能发挥自己的特长,能得到领导的重用。由于这种心理的支配,相当多的毕业生都把注意力放在城市和党政机关上。但现实是城市和党政机关的需求总是有限的,更多的是基层要人,而关注基层、愿意去基层的人却不多,这就造成了供求关系的矛盾。

(五)求成心理

求成心理,即希望自己看中的单位马上就能拍板成功。在这种心理的指导下,一些学生选择职业时容易急躁,不愿做更多的努力,一旦碰了钉子,很快就丧失信心,感叹命运不佳。择业只有在充分了解自己的兴趣、爱好、个性、能力大小的情况下,才能确定好择业的目标。但是,一个人要全面、客观地了解自己并不是件容易的事。心理学告诉我们,人在自我觉知时,有一种无意识的自我防御机制,处处在为自己辩解,干扰自我认识。因此,只有排除求成心理的障碍,对自己做全面、客观的评价,才能在就业竞争中处于主动地位。

三、生涯规划

(一)什么是生涯规划

美国生涯理论专家萨伯把职业与其他生活如休闲、退休等发展相统一,将生涯定义为"生活中各种事件的演变方向和历程,包括人一生中的各种职业和生活角色,以及由此表现出个人独特的自我发展类型"。从生涯的角度看自己的职业发展,职业生涯是有意义的相关工作经验的系列组合,指职业、职位的变动及工作理想实现的整个过程。由此可见,生涯更像是人一生的发展过程,正因为工作占据了我们大部分的时间,所以职业生涯是生涯的重要组成部分。

萨伯的生涯发展理论把人们的生涯分为成长(0~14岁)、探索(15~24岁)、建立(25~44岁)、维持(45~64岁)和衰退(65岁以上)五个阶段,每个阶段具有不同的发展任务。大学生正处于生涯的探索期,需要在学习、休闲活动甚至一些工作经验中进行自我探索和职业探索,并做出最初的职业选择。大学生在高中阶段只是粗浅地接触生涯教育,大学时期是生涯建立的关键期,大学生不用被繁重的工作、复杂的关系和家庭的责任所累,是进行思考、探索的黄金期。

 心理训练

生涯之旅

请跟着我开始一段时光穿梭的冥想,看看未来的你。

请你尽量想象 10 年后的情境,越仔细越好。

(1) 分享 10 年后的自己,在冥想中你看到或者听到了什么? 有什么感受?

(2) 你最喜欢 10 年后生活的哪个部分? 为什么?

(3) 在冥想中,你想到的可能是什么职业? 跟你现在的学习有什么关系? 你可以通过什么途径获得那样的生活?

(二) 生涯规划的基本步骤

生涯规划的基本流程包括:(1)明确个人生涯愿景;(2)自我探索与评估;(3)职业探索与评估(考虑眼前机遇与制约因素);(4)确立发展目标;(5)设定生涯发展路径;(6)制定行动方案;(7)实施、评估、反馈和调整。如图 2-2 所示。

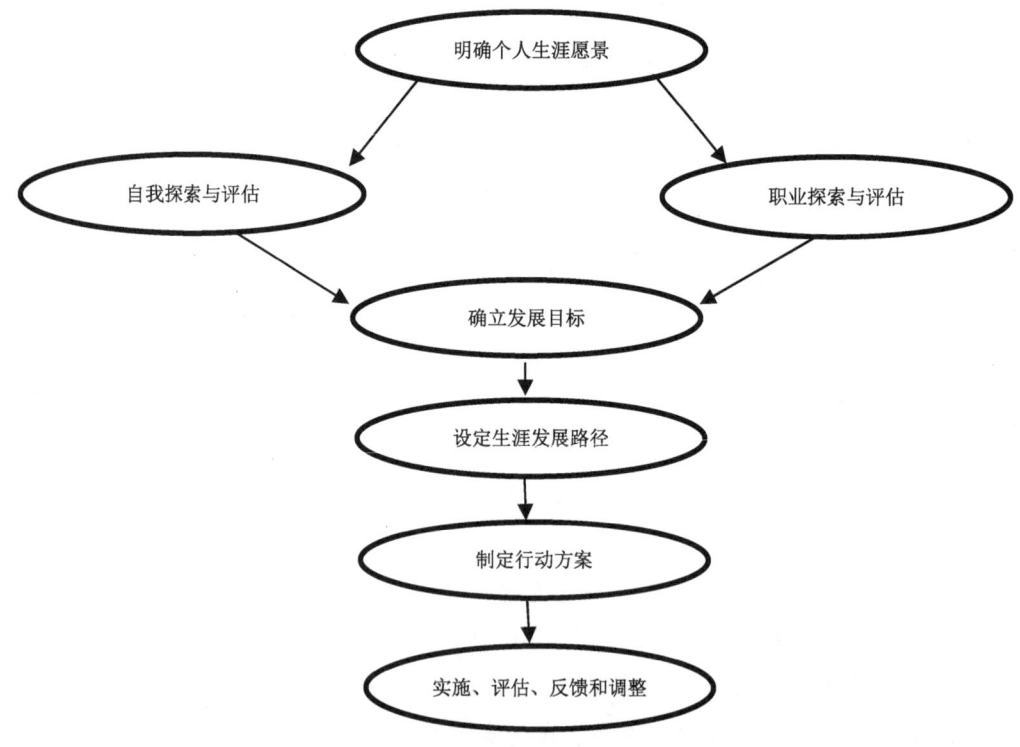

图 2-2 生涯规划的基本流程

生涯规划的基本流程最大的特点就是"循环",当情况发生变化或者方案经过评估并不适合自己的需求时,就要重新考虑自己的愿景,再次启动整个规划过程。需要提醒的是,在

当前多变的社会环境中,人们明确生涯发展路径变得越来越难,在整个生涯规划过程中,越来越容易受到机遇和社会大系统的影响,所以大学生在做生涯规划的时候,不是制定一个明确的发展路径,而是充分地探索,发展自己的生涯能力。

扩展阅读

民用航空人员的分类及其工作职责

民用航空人员即从事民用航空活动的空勤人员和地面人员,虽然通过具体职责的不同已经很具体地进行了分类,可是通过其他学科学到的知识,民用航空人员还可以具体细分为机组人员、地面人员、后勤人员和相关管制人员。虽然在地面人员和后勤人员中有部分职能是重叠的,但是其中地面人员绝大部分涵盖了后勤人员,可是也有少数并不涵盖,所以做了如下分类:

(1)飞行员

工作地点:驾驶舱。工作职责:负责驾驶飞机,将旅客安全地送达目的地。

(2)乘务员

工作地点:客舱。工作职责:负责在飞行途中为旅客提供安全舒适的服务,及时处理旅途中的各种突发事件,并且承担在紧急情况下的旅客安全撤离工作。

(3)安全员

工作地点:客舱。工作职责:负责保障飞行过程中的安全,应对和处置一切机上扰乱航空安全的事件。部分兼职安全员还要承担客舱服务工作,航空安全员必须在机长的领导下进行工作,安全员也许还会以普通乘客的身份出现。

(4)机务员

工作地点:机坪。工作职责:负责对飞机进行检查、维护和修理,排查飞机存在的安全隐患。按飞机设备保养手册和设备说明书制订保养计划和建议,并按计划实施保养工作;根据库存情况提交备件采购申购表,负责备件的验收与急购件的提交;做好日常设备的巡视检查工作,及时发现问题,处理隐患;做好预防性保养、维修工作,降低本区域停机工时及设备原因造成的材料报废量。

(5)签派员

工作地点:航空公司营运中心(AOC)大厅。工作职责:负责制订和申请飞行计划,对航班进行放行并持续监控航班执行情况。与机长共同放行每个航班。根据情况推迟、调配甚至取消航班。每个航班都需要签派员签字放行,还需要为飞行机组提供相应的飞行计划、天气实况和预报、航情通报,并对其正确性负责,对放行的航班负责。

(6)管制员

工作地点:空管站。工作职责:空中管制员负责指挥飞机的起飞和降落,监控飞机在空中的飞行情况。

（7）值机员

工作地点：航站楼—值机柜台。 工作职责：负责根据客舱座位分配方案为旅客安排座位、打印登机牌。

（8）安检员

工作地点：航站楼—安检口。 工作职责：负责对进入航站楼隔离区的人、货物进行安全检查，验证人员身份，确保航空安全。

（9）地勤员

工作地点：航站楼—登机口。 工作职责：负责处理和应对航班延误时的对客解释和保障工作。

思考题

1.心理故事：

1992年，我大学毕业后做了一名见习管制员，我是抱着海阔凭鱼跃、天高任鸟飞的理想走上工作岗位的。此前，民航给我的印象不外乎空姐如花的笑颜和空中自由翱翔的飞机，我不知道民航还有这样的一种职业，还有这样一群人默默无闻地存在着。上班的第一天，当领导领着我熟悉环境时，我几乎被出乎意料的巨大反差和失落击垮。这是一个狭小的空间。一张笨重的工作台，占了近1/3的地方，几把陈旧的椅子，一台老式的拨号电话，还有一个灰不溜秋的话筒。我几乎不敢相信自己的眼睛，这里也是能干事业的地方？简单的设备和寒酸的环境令我满腔的热情像阳光下的冰块在悄悄融化。日子就这样一天天过去了，我的心境一直是灰灰的，干什么都心不在焉，提不起劲儿，领导同事的忠告于我如同夏蝉鸣噪、清风过耳……

——管制员 某某

请问：主人公的心理困扰是什么？你能否给予一些建议来解决这些困扰？

2.评估你对大学的适应情况，谈谈你打算如何更好地适应大学生活。

3.你如何认识大学的学习？对于大学生而言，应该学什么以及如何学？

(1)大学生应从哪些方面注意自己学习方法的培养？

(2)常见的学习方法有哪些？适合你自己的方法是什么？

(3)常见的学习问题有哪些？如何调适？

心理活动

主题：认清什么才是最重要的。

目标：了解自己的追求，并进一步认清自己的价值取向，认清生活中最有价值的东西。

活动过程：

（1）6~8人一组，座位围成一圈。

（2）指导教师宣布游戏规则：每个人都是即将破产的商人，有一些很重要的东西需要拍卖。这些财产是：亲情、友情、爱情、知识、智慧、荣誉。

（3）学生认真思考，做出自己的选择。

（4）以小组为单位，统计学生选择的情况，并通过讨论给出一组共同的选择。

（5）通过讨论，你发现人生中什么才是最重要的。

阅读推荐

1.《要事第一》，作者：[美] 史蒂芬·柯维、罗杰·梅里尔、丽贝卡·梅里尔著，刘宗亚译.北京：中国青年出版社，2010.

推荐理由：《要事第一》是《高效能人士的七个习惯》的延伸与加强版，是柯维思想的核心精髓之一。本书不是给读者提供另外一个时钟，而是给读者一个罗盘——因为比速度更重要的是前进方向。全书更多地强调一个人自我意识的觉醒，并以此为发端，唤醒良知；并以想象力勾画蓝图，以自由意志完成实践。它打破了我们原有的时间管理观念，提出了以原则为中心的方法，超越了推崇更快捷、更努力、更机灵的传统方法。世界500强企业都在运用这一全新的时间管理方法，鼓舞每个人追求诚信、勇敢和乐于奉献的生活。

2.《你的降落伞是什么颜色》，[美] 理查德·尼尔森·鲍利斯著，李春雨、王鹏程、陈雁译.北京：中国华侨出版社，2014.

本书以霍兰德职业兴趣理论为基础，结合当下求职市场的最新形势，解答了求职者面临的诸多问题，提供了实用有效的职业规划方案和求职技巧。特别是推出了"降落伞行动手册"——花朵图，传授将职业规划融入人生规划的做法——发现个人最擅长的可迁移技能，找到职业目标和理想工作，用激情和努力点亮人生梦想，追逐幸福和美好生活。

电影推荐

《当幸福来敲门》：本片描述了主人公克里斯如何寻找梦想、实现梦想的过程。就算住在救济所，就算成功机会只有百分之五，他仍努力奋斗。

视频推荐

1.《别让任何人打乱你的人生节奏》

https://www.bilibili.com/video/BV1WW411F7Hx/？spm_id_from=333.788.recommend_more_video.1

2.《职业生涯规划》

https://www.icourse163.org/learn/DUFE-1206459842？tid=1463712501#/learn/content

心理测试

一、社会适应能力量表

(一)指导语:下面的问题能帮助你进行社会适应能力的自我判别(把答案填在括号内)
(A.是   B.无法肯定   C.不是)

1. 我最怕转学或转班级,每到一个新环境,我总要经过很长一段时间才能适应。(   )
2. 每到一个新地方,我很容易同别人接近。(   )
3. 在陌生人面前,我常无话可说,以至感到尴尬。(   )
4. 我最喜欢学习新知识或新学科,它给我一种新鲜感,能调动我的积极性。(   )
5. 每到一个新地方,我第一天总是睡不好,就是在家里,只要换一张床,有时也会失眠。(   )
6. 不管生活条件有多大变化,我都能很快适应。(   )
7. 越是人多的地方,我越感到紧张。(   )
8. 在正式比赛或考试时,我的成绩会比平时练习差。(   )
9. 我最怕在班上发言,全班同学都看着我,心都快跳出来了。(   )
10. 即使有的同学对我有看法,我也仍能同他交往。(   )
11. 老师在场的时候,我做事情总有些不自在。(   )
12. 和同学、家人相处,我很少固执己见,乐于采纳别人的看法。(   )
13. 同别人争论时,我常常感到语塞,事后才想起该怎样反驳对方,可惜已经太迟了。(   )
14. 我对生活条件要求不高,即使生活条件很艰苦,我也能过得很愉快。(   )
15. 有时自己明明把课文背得滚瓜烂熟,可在课堂上背的时候,还是会出差错。(   )
16. 在决定胜负成败的关键时刻,我虽然很紧张,但总能很快使自己镇定下来。(   )
17. 我不喜欢的东西,不管怎么学也学不会。(   )
18. 在嘈杂混乱的环境里,我仍然能集中精力学习,并且效率较高。(   )
19. 我不喜欢陌生人来家里做客,每逢这种情况,我就有意回避。(   )
20. 我很喜欢参加社交活动,我感到这是交朋友的好机会。(   )

(二)评分方法

1. 凡是单数号题,(1,3,5,7…) 是:-2分;无法肯定:0分;不是:2分。
2. 凡是双数号题,(2,4,6,8…) 是:2分;无法肯定:0分;不是:-2分。

将各题的得分相加,即得总分。

(三)得分解释

36~40分:社会适应能力很强,能很快地适应新的学习、生活环境,与人交往轻松、大方,给人的印象极好,无论进入什么样的环境,都能应付自如,左右逢源。

30~34分:社会适应能力良好。

18~28分:社会适应能力一般,当进入一个新环境,经过一段时间的努力,基本上能适应。

6~16分:社会适应能力较差,依赖于较好的学习、生活环境,一旦遇到困难则易怨天尤人,甚至消沉。

4分以下:社会适应能力很差,在各种新环境中,即使经过一段长时间的努力,也不一定能适应。常常因与周围事物格格不入而十分苦恼。在与他人交往中,总是显得拘谨、羞怯、手足无措。

二、学习动机测试

(一)指导语

下面是一份学习心理状况调查问卷,可以让大家对自己的学习心理状况有个大概的了解,从而对自己的不良学习状态做出恰当的调整。请对下面的题目做出"是"或"否"的回答。

(1)如果别人不监督我,我极少主动学习。(　　)
(2)我读书时,需要很长时间才能提起精神。(　　)
(3)我一读书就觉得疲劳与厌倦,只想睡觉。(　　)
(4)除了老师指定的作业外,我不想多看书。(　　)
(5)如果有不懂的地方,我根本不想弄懂它。(　　)
(6)我常想自己不用花太多的时间,成绩也会超过别人。(　　)
(7)我迫切希望在短时间内就大幅度提高自己的学习成绩。(　　)
(8)我常为短时间内成绩没有提高而烦恼不已。(　　)
(9)为了及时完成某项作业,我宁愿废寝忘食,通宵达旦。(　　)
(10)为了学好功课,我放弃了许多感兴趣的活动,如体育锻炼、看电影与郊游等。(　　)
(11)我觉得读书没有意思,想去找个工作。(　　)
(12)我认为书本上的基础知识没啥好学的,只有高深的理论,读大部头作品才带劲。(　　)
(13)我只在喜欢的科目上狠下功夫,而对不喜欢的科目放任自流。(　　)
(14)我花在课外读物上的时间比花在教科书上的时间要多得多。(　　)
(15)我把自己的时间平均分配在各科上。(　　)
(16)我给自己定下的学习目标,多数因做不到而不得不放弃。(　　)
(17)我几乎毫不费力就能实现自己的学习目标。(　　)
(18)我总是为同时实现几个学习目标忙得焦头烂额。(　　)
(19)为了完成每天的学习任务,我已经感到力不从心了。(　　)

(20)为了实现一个大目标,我不再给自己制定循序渐进的小目标。(　　)

(二)评分标准

选"是"计1分,选"否"计0分,将各题得分相加,算出总分。

答案:

总分在14~20分:说明学习动机上有严重问题和困扰,需调整。

总分在6~13分:说明学习动机上有一定问题和困扰,可调整。

总分在0~5分:说明学习动机上有少许问题,必要时可调整。

第三章 自我意识与心理健康

"我们的决定,决定了我们。"

——法国存在主义大师萨特

案例导读

小雅是张帅的同学,她在大一时参加了学校和系里的各类学生干部、干事的竞选,都失败了。长这么大,小雅第一次受到如此沉重的打击,一向争强好胜的她陷入了自我否定的泥潭。小雅的情绪往往会因为一件很小的事情而大起大落、反复无常。她在寝室好与人争执,很少忍让。大二班部竞选时她因一票之差又与学生干部擦肩而过,再度陷入失败感的折磨中。有一次,她站在寝室门外无意中听到了同学的议论:"争强好胜,能力不怎么样,还总觉得谁都不如她……"从那以后,小雅变了,变得不爱说话,不和人交往,对每个室友都充满敌意。每当看到别人高兴地在一起玩或学习时,小雅内心便充满了孤独感,晚上常常做噩梦,睡眠出现问题,精神状态不佳,没有胃口,自己常常不知道为什么就发脾气,很难控制自己的消极情绪,变成了同学眼中的另类。

讨论:

小雅的自我意识可能存在什么偏差?如果你是小雅,你要如何调整自己?如果你是她的同学,可以怎样帮助她?

在古希腊的神话中,一个叫斯芬克斯的狮身人面的怪兽,坐在忒拜城附近的悬崖上,她每天守着那条过往行人必经之路,让人猜一个谜语:"什么东西早晨用四条腿走路,中午用两条腿走路,晚上用三条腿走路?"路人如果猜不中就会被她吃掉,无数人因此而丧生。终于有一天,一个叫俄狄浦斯的年轻人破了这个谜语,指出这个神奇的东西就是——"人"。因为人在婴儿时期,牙牙学语,匍匐前行,似用四条腿走路;慢慢长大,少年英俊,青年潇洒,中年如日中天,只用两条腿走路;而到了年迈体衰,老态龙钟,需拄杖而行,似用三条腿走路。斯芬克斯因谜语被破,羞愧地投崖而死。这个以"人"为谜底的谜语,就是被认为天下最难解的斯芬克斯之谜。尔后,这个谜被凝聚成"认识你自己"——成为镌刻在德尔菲神庙的古老名言。换句话说就是:"人是什么?""我是谁?"

有人说,人是最复杂的生物,世界上最难的事情就是了解自我。自我意识是一个相当复杂的研究领域,是心理学的古老课题。"我是谁?""我从哪里来?""我要到哪里去?"……带着这些疑问去探索和发展自我意识,是每个人心理成长的必经之路。大学生正处在自我意识成长的关键期,是关注自己成为一个独特人的敏感期,大学生是否有着健康的自我形象和健全的自我意识,对其心理发展、人格形成以及行为方式至关重要。认识并修正自我意识,促进自我意识的发展,成就自我实现的人生之路是大学阶段的重要任务。

第一节 自我意识概述

一、自我意识的概念与特征

(一)自我意识的概念

自我意识(Self-awareness)是意识的一种形式。意识是人脑对客观事物的主观认识,既是一种过程,也是这种过程的形成物。当人把自己作为主体与所要认识的对象区分开来,把这一对象放在客观事物的联系中去感知、观察,从而认识到这一客体的意义,每当主体和客体出现这样的认识关系时,人的意识就产生了。意识通过认识过程所获得的客观内容始终是作为主体自己的反映、主体自己的一定体验而存在着,这种体验与人的活动相联系着,人在自己活动中所接触的客体一般情况下都是与人类社会历史发展的成就相联系着,因此人的活动就充满着客观的、社会的内容,而通过人的活动,这种内容又会扩展到人的全部生活中,从而也就促进了人的意识的形成和发展。

> **扩展阅读**

意识和潜意识

潜意识(也称为无意识)为精神分析学派的基本概念。弗洛伊德认为潜意识包括各种原始的冲动、本能、欲望,是心理活动的基本动力。它决定人的全部生活,是人的动机、意图等的源泉。在弗洛伊德后期理论中被分为被压抑的无意识和潜伏的无意识(又称"前意识")。意识是人们能觉知到的部分,潜意识是人们未能觉知到的部分。

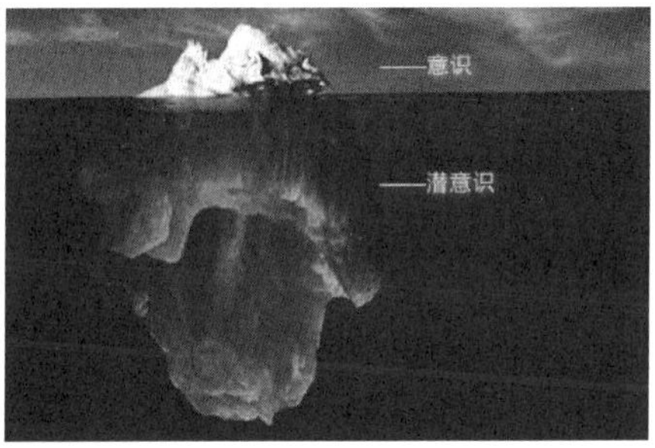

人的心理犹如大海中漂浮的冰山,露出水面的一小部分是意识(如图3-1所示),隐没在水面之下的大部分则是潜意识。潜意识是意识的基础。不仅个人的行为动机,而且整个人类的活动和文明的发展,都可以在潜意识中找到根源。

图 3-1 意识和潜意识

《辞海》(第七版)

自我意识是人在与自己相联系的客观事物和关系中对自己进行注意、觉察、体验、观察、评价,从而形成对自己的认识。大学生正处在关注自我的重要阶段,在成长中注意自己的言谈举止给别人的印象,关注异性评价,从各种活动和关系中思考并认识自己是一个什么样的人,常常会出现这样的语句:"我觉得我观察问题有点粗心大意""我觉得我很认真""我觉得我能发现问题,但不善于解决问题""我觉得我有远大理想""我觉得我好幻想""我觉得我脾气有点暴躁""我是个慢性子的人""我是个缺乏勇气的人""我身体比以前强壮多了""我觉得自己比以前漂亮了""我好像更有生活情趣了""我很喜欢浪漫"。这些对自己的感知觉、思维、情感、意志等心理活动的意识,对自己和客观世界的关系,尤其是人我关系的意识,对自身机体状态的意识都属于自我意识之列。

主我(The self as subject)与客我(The self as object),这是詹姆斯关于自我的概念。前者是认识的主体,是主动的自我,后者是认识的对象及被观察者,它包含一个人所持有的关于他自己的所有的知识与信念。主我是客我的动力成分,是活动的过程;客我是主我的活动结果,是被观察的对象。

镜我(Looking-glass self),这是查尔斯·霍顿·库利(Charles Horton Cooley)对自我的概念。他认为个体对自我察觉来源于社会互动,随着儿童的成长,他们获得了了解别人如何看待他们的能力,他们会想象出别人对他们的看法和态度。镜我反映的是别人对自己的评价,具有以下三个特点:第一,我们会想象自己在别人心目中的形象;第二,我们会想象别人对我们行为的评判;第三,在别人对我们的看法和评判的基础上,我们对自己会体验到的情感如自豪和害羞等。库利认为我们只对那些我们认为的别人的态度起反应,而不是对别人实际的态度起反应,尽管我们所认为的别人的态度未必精确,但决定我们自我情感的是我们对别人态度的知觉,而不是态度本身。

(二)自我意识的内容

从自我意识的定义来看,自我意识包含三个方面的内容:生理自我、心理自我、社会自我,三者是密切联系、相互影响的,如图3-2所示。

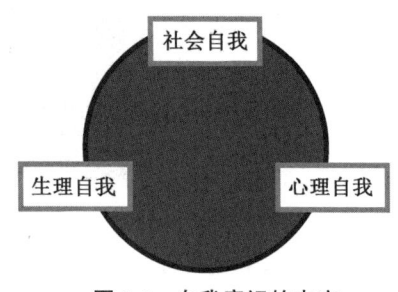

图3-2 自我意识的内容

1.生理自我

生理自我是个体对自己身体、生理状态(如身高、体重、容貌)的认识和体验。它是一个人在与他人交往的过程中通过学习而逐渐形成的,它使一个人把自我和非我区别开来,意识到自己的生存是依托于自己躯体的。生理自我是与生俱来的,我们只能接受它而不能改变它。随着自我意识的成长,我们逐渐对生理自我有一个明晰的看法与正确的认识,但由于青年时期的不确定性,有的学生对生理自我产生较高的心理关注,女生关注自己是不是漂亮、迷人、有吸引力、胖瘦高矮甚至脸上的雀斑;男生关注自己的体形与身体高度,甚至生理器官、声音的吸引力等,这些都是因为大学生正处于青春期,生理自我处于高度关注时期。当稳定的生理自我受到外来重要人物评价或认识的挑战,以及在重要活动中个人表现反馈与原有观念存在显著差异时,自我意识由于生理自我的不同而发生冲突。

2.心理自我

心理自我是个体对自己的心理活动、个性特点、心理品质的认识、体验和愿望,包括对自己的感知、记忆、思维、智力、能力、性格、气质、爱好、兴趣等的认识和体验。伴随着心理自我的成长,我们的情感、智力、能力、兴趣、情绪等都与日俱增,学会了评价心理自我、体验心理自我。一名沉溺于网络的大学生这样写道:"我的理想是做一个有抱负、有成就、成功、非凡的人,在大学我要为将来的成就奠定基础,我的理想自我是一个优秀大学生,可在现实中,我却发现自己意志薄弱、缺乏奋斗精神而且比较懒散,约束不好自己。当我第一次为上网逃课时,我对自己说'仅这一次',但每次的决心都在网络巨大的诱惑面前败下阵来。我越来越觉得现实自我距离理想自我越来越遥远,甚至有时都不敢正视自己。"这个例子中的大学生原以为自己有良好的自我控制能力,但实际上却发现自己无法自控,导致自我意识发生冲突。随着自我意识的发展,个体的社会角色渐渐浮出水面并占据重要位置,与此相应的责任感、义务感、角色感都在增长。

3.社会自我

社会自我是个体对自身与外界客观事物关系的认识、体验和愿望,包括个体对自己在客观环境及各种社会关系中的角色、地位、权利、义务、责任、力量等的意识。青年男女常用"我已经长大了"来表达自己的社会自我,期望社会给予积极的肯定与认可。当遇到不被认可的"幼稚"行为时,产生对社会自我认知的冲突。

 心理训练

如果让你写下"我是……",你会写下什么? 现在尝试着写一下,随便写什么都行。

我是_____。
我是_____。
我是_____。
我是_____。
我是_____。
我是_____。
我是_____。
我是_____。
我是_____。
我是_____。
我是_____。
我是_____。
我是_____。
我是_____。
我是_____。
我是_____。
我是_____。
我是_____。
我是_____。
我是_____。

(三)自我意识的特征

1.自我意识具有社会性

从个体发展来看,自我意识的发生和发展是一个社会化的过程,初生婴儿还没有把自

己从环境中区分出来,他们完全在成人照料下生活和成长,随着年龄的增长,在与周围人们的交往中,观察别人的态度,关注别人对自己的评价和判断,并把这些信息内化、整合为自己的心理模式,此后就以此为评价和改善自己行为的标准,这也就是个体自我意识的形成过程,是个体社会化过程中的自我意识。

2.自我意识具有能动性

自我意识是人认识自己的过程,也是认识自己的结果,在认识中人具有体验性,因此是人调节自己的工具。人所具有的自我意识成为人自身心理活动和行为的调控系统,在认识中作用于人的行为,使行为符合自我意识的观念。自我意识因为内在体验调整行动而具有能动性。

3.自我意识具有同一性

具有自我意识的个体总是在发展、在变化,但个体对自身的本质特点、自己的信仰、一生中的行动及其他身心重要方面的基本态度,始终保持一贯性,自我意识的同一性标志着个体内部状态与外部环境的协调一致,同一性不稳定是自我意识不成熟的表现,如果已建立起来的同一性发生紊乱,将出现人格障碍。

扩展阅读

自我同一性

自我同一性(Identity Achievement),即青少年同一性的人格化,是指青少年的需要、情感、能力、目标、价值观等特质整合为统一的人格框架,即具有自我一致的情感与态度,自我贯通的需要和能力,自我恒定的目标和信仰。

"自我同一性"本意是证明身份,指个体尝试着把与自己有关的各方面结合起来,形成一个自己决定协调一致不同于他人的独具"统一风格"的自我。简单理解,大概就是把自己"众多的人格"统一起来,形成一个比较稳定的人格。它是指个体在寻求自我的发展中,对自我的确认和对有关自我发展的一些重大问题,诸如理想、职业、价值观、人生观等的思考和选择。在这一过程中必然要涉及个体的过去、现在和将来这一发展的时间维度。而自我同一性的确立,就意味着对个体和自身有充分的了解,能够将自我的过去、现在和将来组合成一个有机的整体,确立自己的理想与价值观念,并对未来自我的发展做出自己的思考。

自我同一性混乱又称自我同一性危机,是埃里克森在其心理社会发展理论中提出的重要概念。埃里克森指出个人在青年期主要发展任务是解决自我同一性对自我同一性混乱的冲突。在这一过程中,个人可能出现自我同一性危机。简单来说,自我同一性混乱就是不知道自己是谁、自己要做什么,不能认清自己的发展方向,没有一个完整的自我。

《百度百科》

二、自我意识的结构

自我意识由自我认知、自我体验和自我控制组成,其结构如图 3-3 所示。大学生对自我的认识和体验与自我调控具有与自己年龄阶段相适应的特点。

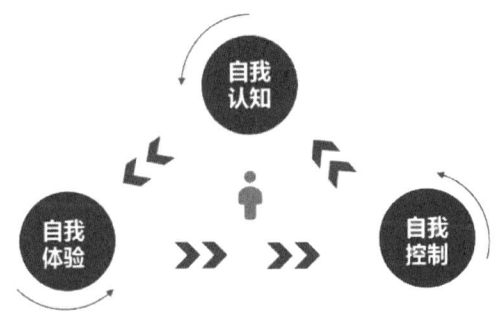

图 3-3　自我意识的结构

(一) 自我认知

自我认知是对自己的洞察和理解,是产生自我体验与对自己的心理和行为活动调控的前提,包括自我察觉以及与自我观察相关的自我评价。

自我察觉是指个体对真实自己的一种关注状态,即把注意力集中在自我实际状况的关注上的一种心理状态。它分为私我察觉和公我察觉。私我察觉指个体察觉到自我中不被外人了解的方面,如个体的真实想法、情感、态度、动机、愿望、欲求等。公我察觉是指个体察觉到自己可被其他人观察到的方面,如个体的外表,公共场合的言语和行为,个体对情绪的表达等。自我观察是个体把自身心理活动、身体、行为当作认知的对象,通过观察而得到的对自己的认识。如果说自我察觉更多地体现对自己变化的内在视角,那么自我观察更多地体现对自己变化的外在视角。这些是主我(I)对客我(Me)的观察,是从外在表现对自我的意识,在体验中形成对自己的自我概念。人们通过在交往与互动中自我察觉和自我观察,在相互比较中不断完善对自己的认识,进而形成自我意识。自我意识是人对自己身心状态及对自己同客观世界的关系的意识。自我意识包括三个层次:对自己及其状态的认识;对自己肢体活动状态的认识;对自己思维、情感、意志等心理活动的认识。自我意识不仅是人脑对主体自身的意识与反映,而且人的发展离不开周围环境,特别是人与人之间关系的制约和影响,所以自我意识也反映人与周围现实之间的关系。自我意识是人类特有的反映形式,是人的心理区别于动物心理的一大特征。

(二) 自我体验

自我体验是自我意识在情感上的表现,是伴随自我认识对自我世界的一种特殊的反映形式,是认识到的自我是否符合理想自我而产生的内心体验。它有消极自我体验和积极自我体验两类。积极自我体验强化自我品质,对行为起引导和维持作用,而消极自我体验对自己行为有制止作用。人们常常会由于认识到自己的某些特点,产生对自己的认可而形成自信、自满、自尊的积极自我体验,或对自己不满而形成的失望、自卑、自怜、自苦的消极自我体验。自我体验的内容很丰富,主要有自尊感、自信感、成功感和自卑感等。所谓的自尊感,也称自尊心,是指人们希望在群体中占有一定的地位、享有一定的声誉、获得良好的评价等需要得到满足时产生的自我体验;自信感是对自己的能力是否适合所承担的任务进行判断时而产生的自我体验;成功感是在实现目标过程中获得成就时产生的自我体验;而自卑感是个体过低评价自己、对自己的价值产生怀疑时的自我体验。

(三)自我控制

自我控制是个人对自己心身内外的调节和控制。对内是指自我对心理与行为的主动表现、暴露和监控的掌握,对外是个体自觉地选择目标,在没有外部限制的情况下,克服困难,排除干扰,采取某种方式控制自己的情绪、行为,以保证目标的实现。自我控制表现为人在对自我认识和体验的基础上对自我的协调、组织、监督、校正、调节的作用,使自己的整个心理活动系统作为一个能动的主体与客观现实相互作用。自我调控对内主要表现在自我监控、自我表现和自我暴露上。对外主要表现在情绪控制、行为控制和坚持性上。自我控制能力是随着认知的发展和教育的影响而不断形成和发展起来的。

三、自我意识的发展阶段

心理训练

回忆你在6岁之前生活中的突出实践,尤其回忆你在家庭中的地位、家人对你的反应以及你对每个家人的反应。在你看来,你儿时在家庭中的感受与你现在在社会中的感受有什么联系?你认为家庭对你有什么样的影响?对你现在的个性,这些早期经验又有着怎样的影响效果?

_____
_____
_____
_____
_____

自我意识并不是生来就有的。自我意识是一种复杂的心理现象,它有一个萌芽、发生和发展的过程。刚出生的新生儿并没有意识,也没有自我意识,只有一些简单、片断的感觉、动作和本能的反射,因而和一般的小动物没有多大区别。他们认识不到自己的存在,分不清自己的身体与外界有什么区别,吮吸自己的指头和吮吸母亲的乳头或奶嘴一样。只是在以后的生活中,由于不断与外界事物接触,身体器官、神经系统随之不断发展、完善,到1岁左右,产生了自我感觉,这是自我意识最原始、最初级的形态。这时,儿童逐渐能将自己和自己的动作区别开来,将自己的动作和动作对象区别开来。这就认识到自身是一个独立实体,是动作的主体,体验到了自我的存在和力量,产生了最初的自豪感和自信心,从而形成了自我感觉。

当儿童在3岁左右,会用人称代词"我"来表示自己,用别的词表示其他事物时,说明他开始意识到了自己心理活动的过程和内容,开始从把自己当作客体转化为把自己当作一个主体的人来认识。这是自我意识的萌芽阶段,也是自我意识发展中的一次质变和飞跃,人的自我意识从此萌生。

初中时期(少年期)的自我意识发展逐渐清晰、自觉了,开始意识到自己与他人、与集体的关系,意识到自己的内心活动,开始想到自己,开始"发现"了自己。开始关注人物的内心体验、动机、想法、个性特点等,而不是像小学生那样,只注意作品的情节和人物的外部动作。但这时自我意识的水平还不高,对自己的内心世界了解也不深。

人的自我意识的全新发展和最后成熟,是从青年初期(高中阶段)开始的,并在青年期内基本完成。它的显著特征是把原来主要朝向外部的认识活动,转向自己的内心世界,探索自己的内心活动。比如,这时的青年会提出一系列的问题要自己回答:我是一个什么样的人?我要成为一个什么样的人?我的长相如何?我的脾气、性格怎样?我有什么样的特长和才能?我能成就什么样的事业?我在别人心目中的形象如何?我怎样走人生之路?等等。这是在个体生理、心理趋向成熟,社会化程度不断增强的过程中实现的,大学阶段正是自我意识成熟的关键时期,但也随时面临着自我意识的分化与统一。自我意识的分化,就是自我意识在青年期由一个完整的自我一分为二,成为两个不同的"我",一个是"理想的我",即关于自己未来的总观点和总设想;另一个是"现实的我",即自己当前的形象和实际水平。

自我发展的八个阶段

埃里克森认为人的一生要经历八个阶段,每个阶段都有一个自己独特的发展任务,这种任务以"危机"的形式出现。危机并不是灾难性的,而是一个人变得脆弱或增强潜力的转折点。

(1)信任 VS 不信任(Trust VS Mistrust)。该阶段出现在人生的第一个年头。信任的培养需要温暖的、慈爱的养育。其积极后果是愉快的和最低限度的恐惧。当儿童受到虐待或遭到冷落时，就会产生不信任的感觉。

（2）自主 VS 羞愧怀疑（Autonomy VS Shame and Doubt）。该阶段出现在婴儿后期和幼儿期。对养育者产生信任后，婴儿开始发现自己可以控制行为。他们主张独立并按照自己的意愿行事。如果婴儿期受到过多的限制或过于严厉的惩罚，婴儿会羞愧和怀疑。

（3）主动 VS 内疚（Initiative VS Guilt）。对应于3~5岁。面对生活中越来越多的挑战，儿童需要主动地、有目的地采取行为。在这个阶段，成人希望儿童承担的责任更加重大，能够照顾自己的物品，照顾自己。如果儿童缺乏责任感或外界使其过于焦虑，他们就会产生令自己难受的内疚感。

（4）勤奋 VS 自卑（Industry VS Inferiority）。该阶段大约出现在小学阶段，从6岁到青春期或青春期早期。儿童的主动性引领他们尝试大量的全新的体验。在童年早期结束的时候，儿童的想象力开始扩展，表现出前所未有的学习热情。但这个阶段同样存在产生自卑感、挫败感和对自身能力缺乏自信的危险。

（5）自我认同 VS 角色混乱（Identity VS Identity Confusion）。该阶段对应青春期。这时青少年开始尝试发现自己是谁、自身的特点以及人生目标。这个时期，应当允许他们探索获得健康的自我认同的不同途径。

（6）亲密 VS 孤独（Intimacy VS Isolation）。对应于20~40岁，即成年早期。此阶段的发展任务是与他人建立有利的亲密关系。埃里克森将亲密描述为"发现自我，却在另一个人中失去自我"。这个阶段，遇到的最大困难在于一个人无法与爱人或友人建立亲密关系，从而与社会疏离，对个人而言，孤独可能成为生活中的最大阴影。

（7）繁殖 VS 停滞（Generativity VS Stagnation）。对应于40~60岁。此阶段的任务在于把某些正确、有意义的东西传递给下一代。这里包括养育和教育的角色。埃里克森将停滞描述为"感觉自己对于栽培后代无所作为"。

（8）完善 VS 失望（Integrity VS Despair）。对应成年晚期，从60岁直到死亡。老人回首一生走过的日子，反思过去，对自己进行评价。

（《百度百科》）

第二节 ⊙ 大学生自我意识的特点

案例

佳佳是典型的学霸，也是典型的不愿比别人差的倔强女孩。她大部分时间都在埋头苦学，本以为期末考试可以拿个好成绩，没想到还没跻身全班前10

名。佳佳接受不了这个结果,向好朋友哭诉:"我在高中的时候成绩一直很好,也有很多的好朋友,怎么到了大学之后一切都变了?我现在觉得自己一点儿也不优秀,周围的同学各个都比我强,他们不仅学习好,而且能歌善舞,各方面都很优秀。大家忙社团的忙社团,忙学习的忙学习,而我感觉没有方向,异常迷茫,只能是别人做什么我就跟风做什么,到头来忙忙碌碌却没有收获。"

好朋友劝道:"别着急,这才是第一个学期。大学和高中不一样,生活、学习各方面都丰富了很多,上大学不能像高中那样读死书了,不是学习好就行,要有自己的方向,别看别人做什么自己就做什么,慢慢你就有感觉了。"

佳佳刚进入大学不久,便遇到了很多大学生都会面临的有关"自我"的问题,她对自己产生了怀疑:我究竟是一个什么样的人?我的方向是什么?面对这些问题,她的好朋友比她淡定很多。我们一起来看看大学生自我意识的发展有哪些特点。

一、自我意识的矛盾性

青春期是个人自我意识迅速发展并趋向成熟的关键时期,大学生正处于这一时期。大学生在此阶段会经历一个特别典型的矛盾和整合过程。由于从高中到大学,学习、人际关系和生活环境都发生了巨大变化,大学生的自我意识也发生了巨大变化,会显示出强烈的矛盾性特点,主要体现在"理想我"和"现实我"之间的矛盾。

"理想我"是个人在自己头脑中塑造的自己所期望的自我形象,即"我希望我是什么样的人"。"现实我"是个人通过实践塑造的真实的自我形象,即"我是一个什么样的人"。大学生富于理想、抱负高、成就动机强,对自己的未来充满了信心,通常会在脑海中构想一个"理想我",并将这个"理想我"和"现实我"加以对照比较,一旦发现两个形象不一致时,便产生很大的苦恼。对于这种矛盾,大学生通常会出现三种不同的情况:第一种是积极实现"理想我";第二种是大学生发现"现实我"和"理想我"差距太大,经过努力仍无法接近目标或距离虽不大,但主观上缺乏自我调控的能力,无法实现"理想我",在这种情况下大学生调整"理想我",比如重新评估自己,调整自己的期待和要求,使"理想我"和"现实我"和谐统一;第三种是大学生发现"理想我"和"现实我"差距太大,无法调和二者的关系,进而出现心理问题。

二、自我体验的情绪化

自我体验的情绪化是人对于客观事物是否符合自己的需求而产生的心理体验。处于青春期晚期的大学生情绪常常表现出短暂、起伏、易变等特点,这些特点也表现在大学生自我意识的各个方面,大学生的自我评价常常发生矛盾,对自我态度常常是波动的。大学生当情绪好时对自我认同度高,对自我评价也高,对自己充满信心;当情绪低落尤其是遇到挫折时自我认同度骤然下降,自我判断失准,认为自己什么都不会,大学生对自我的肯定与否定时常随着情绪的变化而变化。另外,大学生还容易走极端,考虑问题时易受到各种社会思潮与其外部环境的影响,容易偏激、冲动,面对"理想我""现实我"时易产生自我肯定、自我否定等矛盾,常常表现出心理的不平衡,情绪体验较强烈,易振奋,也易波动。

三、自我调节的中心化

大学生强烈地关注自我,他们从自己的角度和自我的标准去认识评价事物和他人,并采取行动,因而很容易出现自我中心倾向。大学生由于自我意识的发展、能力的提高、活动范围的扩大、思维水平的提高以及知识经验的不断积累,因此对社会、对人生的理解形成了自己的体系。但是,大学生的社会经验不足,对社会现象的认识往往失之偏颇。对事物的评价往往只拘泥于个人的某一个观点、立场,而不善于从他人的立场、不同的角度来分析问题,不善于理解别人,特别是父母、师长等,再加上他们情绪体验的深刻性和极端性,就表现出了强烈的自我中心倾向。

四、自我意识发展的阶段性

大学阶段大学生自我意识的发展非常丰富,大学生已开始逐渐探索自我,建立自我同一性。在这个过程中并非所有人都一帆风顺,很多人都经历过怀疑自己,找不到方向,感到迷茫的过程。一旦能够从这种怀疑和迷茫中重新找到自己,便会经历从"旧我"破碎到"新我"重建的过程。国内有研究表明:大学生自我同一性的发展呈现明显的年级特点,从一年级到三年级存在逐渐增强的趋势,基本上可以说明大学生的自我同一性从低级的自我同一性向高级的自我同一性转变的趋势,但到四年级又重新进入自我同一性危机的趋势。

第三节 ● 大学生自我意识的完善

自我意识对人的心理健康起着很重要的作用,它制约着人格的形成发展,在人格的优化中发挥着强大的动力作用。一个人的心理发展历程一般都要经历从幼稚到成熟的过程。形成和谐的自我意识是心理成熟的标志。

一、完善自我意识的重要意义

(一)促进社会适应,和谐人际关系

大量的心理学实践证明,许多人社会适应不良及人际关系不协调是由于自我意识不健

全造成的。如果一个人对生理自我、心理自我和社会自我认识、体验不正确,尤其是在自我评价及自我概念上与客观的现实差距太大时,就可能造成社会适应不良和人际关系不协调,从而影响人的心理健康。正确的自我意识通过正确的自我评价产生合理的理想自我,并且通过正确认识自己与他人、个体与群体双方不同的地位和需要,采取不同的策略,主动调节人际关系。对己、对人能够知己知彼,从而保持良好的社会适应和人际关系,维护心理健康。

(二)促进自我实现,提高心理素质

健全的自我意识通过合理的自我认知、良好的自我体验、自觉的自我调节和控制,从而促进自我实现,最大限度地挖掘自身心理潜力,提高心理素质。按照美国心理学家马斯洛的观点,即自我实现是心理最健康和心理质量最佳的标志。

(三)有助于自我教育和自我完善

当现实自我和理想自我不能统一,或在理想自我实现过程中受到挫折时,有健全自我意识的人能够自省,自觉地寻找原因。一方面通过自我调节、控制,纠正心理偏差,努力缩小理想自我与现实自我的差距;另一方面重新调整认知,形成新的理想自我内容,使自己的心理行为个体化与社会化协调、平衡、完善发展。

二、大学生健全自我意识的标准

健全的自我意识是心理健康的重要标准,是人类自身内在的一种成功机制。健全的自我意识有如下标准:

(1)自我意识健全的人,应该是一个有自知之明的人,既知道自己的优势,也知道自己的劣势,能正确评价自我并引导自我健康发展。

(2)自我意识健全的人,应该是自我认知、自我体验和自我控制相协调一致的人。

(3)自我意识健全的人,应该是积极自我肯定的、独立的并与外界保持一致的人。

(4)自我意识健全的人,应该是理想自我与现实自我统一的人,有积极的目标意识和内省意识,积极进取、永无止境。

三、自我意识完善的途径

自我意识是心理健康的重要指标,没有健康的自我意识,就不会有健康的人格和心理,因此健全大学生自我意识非常重要。健全大学生自我意识的途径有:提高大学生自我认识的水平,增强大学生自我体验的程度,提高大学生的自我控制能力。

（一）正确认识自我（Self-cognition）

 案 例

"我是一个内向、坚强、上进、自信、有理想、懂事、好学、乐于助人、疾恶如仇、争强好胜、渴望成功与优秀、有一点自私、妒忌心强、自制力弱、说些小谎的大学男生。在父母眼中，我是一个懂事、有些害羞、不用父母操心、上进的、不乱花钱、有些懒惰的大男孩；在兄弟姐妹眼中（只有一个妹妹），我是妹妹心中可以依靠与信赖的大哥，是一个诚实守信、爱护妹妹的好哥哥；在同学眼中，我是一个大方、乐于助人、受人尊敬、好人缘、有些懒散、追求自由的人；在老师眼中，我是一个默默无闻、成绩优秀、自律、品学兼优的学生；在恋人眼中，我是一个懂得爱、有责任感、守时守信、有幽默感、坚强的好男人。"

这是一个学生的自我描述，也是自我认知的一部分，当自己将这些描述清晰地整理出来时，你可以与你的同学、家人、朋友、恋人沟通，听取他们对你自己评价的认同度，这也是自我过滤的过程。先将自己的优点列出，并得到大家的认同，再写出自己的弱点，请大家帮助分析，这些澄清的过程也是自我认知不断深化的过程。没有正确的自我认知，就不会产生适度的自我体验。那么大学生如何提高自我认识水平呢？不妨尝试如下做法：

1.学会自我观察

有一个方法是非常有效的，就是每天睡觉前回顾自己一天的经历，并回答几个问题："我今天都做了什么事情？我是怎么表现的？同学们支持我的做法吗？"……经常坚持去做，就可以学会全面地观察自己。

2.学会自我分析

教育者可以就学生的某一具体表现给学生做分析示范，让学生学会如何正确地分析自己。

3.学会自我评价

具体方法有：①通过分析他人对自己的评价来调整自我评价。②通过与他人比较来认识自己，正确评价自己。③通过自己的活动成果和表现来认识自己，正确评价自己。

一个人必须建立在正确的自我认知基础上，才能积极地自我悦纳、良好地自我体验、有效地自我控制。自我悦纳是自我意识健康发展的关键所在。自我悦纳首先要接纳自己、喜欢自己、欣赏自己，体会自我的独特性，在此基础上体验价值感、幸福感、愉快感与满足感；其次是理智与客观地对待自己的长处与不足，冷静地看待得与失。在生活中注重自我，自我意识是将注意力集中在自我的一种状态。积极的策略是：关注自我的成功，并将优势积

累,每个人身上都有着无数的闪光点,重点在于寻找自我的闪光点并将其构成亮丽的人生风景线。"人贵有自知之明",全面而正确的自我认知是培养健全的自我意识的基础。自我认知是从多方位建立的,既有自己的认识与评价,也有他人的评价。如何形成正确的自我认知可采用下列方法:第一步用尽量多的形容词描述自己,要忠实于自己的内心。在此基础上,进行第二步他观自我的描述,描述父母眼中的我、同学眼中的我、老师眼中的我、恋人眼中的我、兄弟姐妹眼中的我,再寻找这些描述中共同的品质,并将其归类。描述的维度越多,越会找到比较正确的自我。

实现自我之旅

(1) 活动材料:画笔,白纸。

(2) 活动时间:20分钟。

(3) 活动程序

①四个同学为一组,按照次序排列,排序第一的学生画一张自己的画像,无须过分修饰,只需表现出自己真实的形象,其余三人根据自己对这名同学的了解,共同为他画一张像。按照之前的排序依次画像,每次只画五官中的一种或是装饰品,共画五轮。画像完成后,三个人分别在画像背面为排序第一的同学写一句话。

②按照上述规则,在排序第二、第三、第四的同学为自己画像的时候,其余三名同学也为其画像。

③待八张画均完成后,每人拿到属于自己的两张画像进行比较。思考并分享下面几个问题。

A. 自己对自己的认识同他人对自己的认识是否相同?

B. 有哪些是自己认为不好的,别人却没有这种感觉?

C. 有哪些优点是自己没有发现,别人却知道的?

D. 自己是否对自我形象过于自卑或自信?

(二)积极悦纳自我(Self-acceptance)

丑女孩的光芒

尽管妈妈说我小时候十分可爱,每个人都爱抱抱我;尽管爸爸对我说我现在依然"不难看",是他最喜欢的女孩子,可我还是知道自己的丑,我从小就因为自己相貌平平而自卑,上了大学后,这种自卑心理更加严重,我总是找各种理由不参加班级活动，我感觉舍友在背后议论我的相貌。每当我苦恼的时候，就独自一人在无人的地方弹吉他。

有一次，学校要举办艺术展示大赛，班长号召大家积极参与，有一名同学突然大声说："你吉他弹得那么好，快报名啊。"我还没来得及反应，班长就把我的名字写进了报名表中。在同学们的鼓励下，我参加了这个比赛，并取得了年级第一名。同学们纷纷向我表示祝贺，舍友更是天天围着我，向我学习如何弹吉他。自此，学校、班级只要有文艺会演，我都会上台展示。走在校园中，每当听到有人叫我"吉他女孩"，我就更加自信。现在的我已经不在乎自己的相貌，我认为后天的努力可以让自己重塑另一个"外貌"，丑女孩的光芒就在于自信，丑女孩不会让人一见倾心，但丑女孩或许是一首很耐读的诗，是一段很动听的吉他乐声。

我们能在多大程度上接纳自己的价值，就能在多大程度上以一种友好的方式对待自己的行为并在需要的时候去改变它。我们不是要去攻击自己的行为，而是要去肯定自身的价值。只有这样做，我们才能获得引导和改变自身行为的机会和动力。

可能你会怀疑："我现在有这么多不足，这么多令人不满意的地方，我怎么接纳自己呢？而且我还担心，我接纳了一个这样的自己，就是降低了对自己的要求，就甘愿这样平庸下去，会让我更堕落，我是不是再也实现不了我想要的成功了？"没错，这是许多人面对自我接纳时的困惑和迟疑：我们回到成长的长河中寻找一下这种熟悉的声音可能来自哪里。当我们成绩有点进步时，我们渴望获得父母（或成长过程中的重要他人）的鼓励和夸奖，但是获得的信息可能更多的是："不能肯定他了，否则，他岂不是会得意，再也不努力学习了？"年幼时，父母在我们需要肯定时的迟疑，被我们作为一个规则内化成自我的一部分，慢慢地代替父母来管束我们的生活。但是，想象一下，当你取得哪怕一点点进步时，父母的肯定和赞赏是让你更努力、更投入，取得更大的进步，还是让你沾沾自喜、止步不前呢？父母的批评和指责是更让你沮丧还是更给你力量？答案不言而喻。年幼时父母不肯定我们是认为我们还没达到他们的要求。长大后，我们不能自我肯定和接纳是因为我们认为自己没有达到自己理想的要求，而理想通常会高于现实，于是我们就可能陷入无休止的沮丧中，自信却无处可寻。比如，有的同学表示，别人对自己的否定一定是真实的，因而特别沮丧。但是，别人对自己的肯定，总觉得只是客气，不是真的，没有自信，做事情就像手脚被捆绑的囚徒，又怎么可能全情投入生活，去为自己的理想打拼呢？

1.悦纳自我的概念

悦纳自我，或许在成长过程中你并不熟悉这样的想法。悦纳自己，简单而言就是无条件地爱自己、喜欢自己，认可自己的价值与存在，往往是因为自感有很多不足和不满意的地方。通常的逻辑是，只有自己做得完美了，才可以悦纳自己，因为如果要悦纳一个不完美的自己,就是降低了对自己的要求。其实不然,悦纳自己恰恰是真正走向不平凡的起点。

悦纳自我包括三方面:第一,接受自己的全部,无论优点还是缺点,无论成功还是失败;第二,无条件地接受自己,接受自己的程度不以自己是否做错事而有所改变;第三,喜欢自己,肯定自己的价值,有愉快感和满足感。只有能够真正地做到如此,我们才能真正地悦纳、认识自我。

2.大学生积极悦纳自我的策略

(1)体验真正的自尊感

自我实现理论是心理学"第三思潮"人本主义心理学的主要理论之一。按照美国心理学家马斯洛的理论,人的需要由低到高有五个层次,即生理需要、安全需要、爱和归属的需要、尊重的需要、自我实现的需要,其中尊重的需要是人的较高层次的需要(如图3-4所示)。从人的发展的角度来说,要促使学生在低层次的需要基本得到满足的情况下产生较高层次的需要,这样人才能不断前进,最后实现自己人生的价值。人只有在产生了自尊的需要,而且自尊的需要得到了满足的情况下才能体验到自尊感。但是,在促使学生产生自尊需要、体验自尊感的时候,大学生应该知道,只有当自己的能力、品行、人格特点等被群体所认可时,才能在群体中获得一定的地位、良好的声誉和评价,才能体验到真正的自尊,而因为偶然的成功或自以为是所带来的沾沾自喜不是自尊感。

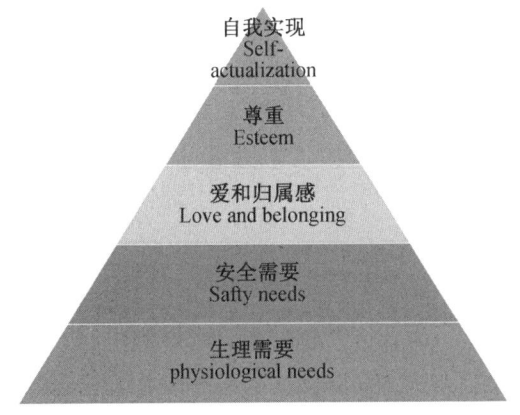

图3-4 马斯洛的需要层次理论

(2)增强自信,走出自卑

相信很多人心中都曾"住着"一个漫威英雄,我们曾经梦想着要成为一代伟人,要成就一番大事业,幻想着要拯救世界,改变人类文明。然而,理想很丰满,现实很骨感,在生活面前我们终将败给现实,不得不向现实低头。什么是自卑?自卑是指个人自我评价低、自愧无能而丧失自信,并伴有自怨自艾、悲观失望等情绪体验的消极心理倾向。自卑的人习惯用放大镜看自己的缺点和别人的优点。谈到悦纳自我,有必要先了解自信和自卑的心理过程。

想想你身边是否有这样的人?他们有哪些特点?他虽然没有出众的容貌,却可以自信地接受异性偷瞄的目光；他可能没有出色的口才，却可以在公众场合自信地发言；他可能来自偏远的山区，却可以自豪地谈论自己家乡和童年的趣事……有人或许会困惑，有的人没有优越的家庭背景和出众的才华，为什么那么自信呢？可能的答案是，一般来说，自卑者接纳自己是有条件的，自信者接纳自己则是无条件的。接下来，我们来看看自信和自卑的心理机制分析（如图3-5所示）。

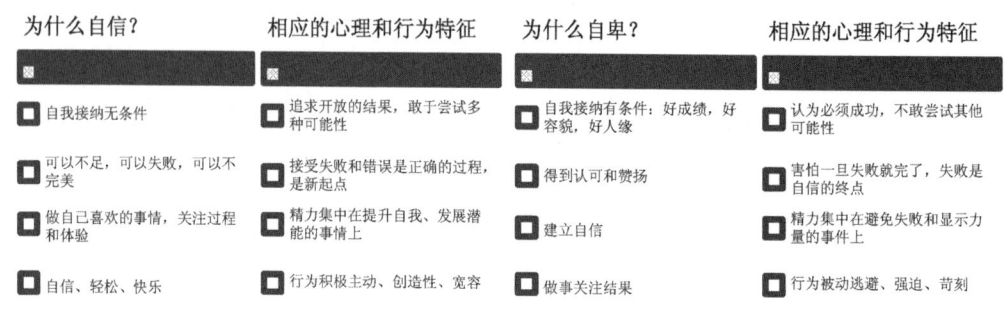

图3-5　自信和自卑的心理机制分析

那么应该采取什么办法来克服自卑的心理呢？一是通过积极的自我暗示，培养自信心；二是明白这样一个道理，人的价值是通过人的学识、品行、能力、人格魅力等内在的，经过自己的努力可以提高的素质中体现出来的，而不是通过自己无法改变的相貌、出身等来体现的。

这个世界上，没有谁重要到让你足以放弃自我，而那些真正被你吸引的人，是欣赏你的骄傲和真实，而不是谦卑和谄媚。只有靠人格吸引来的朋友才能长久，悦纳自我比取悦他人更有力量。

　扩展阅读

为什么"越长大，越自卑"？

1. 破窗效应（Broken Windows Theory）

"一扇窗户被打破，如果没有及时修复，不久后别的窗户就会相继被打破；一面墙被贴上小广告，如果没有及时清除，整面墙将全是小广告。"破窗效应指出，如果不良现象被放任存在，会诱使人们去效仿，甚至变本加厉。一条街道出现一块纸屑，如果没有及时扫除，很快这条街道就会丢满了垃圾。同样，一个人受到挫折，如果没有及时地修复内心，重新振作起来，很快就会被别的困难压身，导致一蹶不振，全身充满了负面能量，觉得自己什么事都做不成，产生自卑心理。

2. 习得性无助（Learned Helplessness）

"习得性无助是指因为重复的失败，或惩罚而造成的听任摆布，及对现实的无可奈何的行为和心理。"心理学家曾做过电击狗的实验，将狗关进铁笼里，并把门打开。只要

狗想逃跑就施以电击,狗当即被电趴倒在铁笼里。重复数次电击后,狗不再想逃跑,只好无奈地趴在原地不动。同样,当人频繁受到打击和重创,总是被现实击垮时,就产生了什么事都做不成的极度消极心理,导致一蹶不振。

3.热手效应(Hot-hand Effect)

"来源于篮球运动,如果一个球员连续命中,一般都会被大家认为'手感好',更愿意把球传给他,可他却不一定投进。仅凭一时的错觉,缺乏必要的分析判断就采取行动。"

同理,当我们运气好时,就觉得做什么事都会顺利;当我们不顺时,就觉得喝个凉水都塞牙缝;当我们连续成功时,就觉得还会成功;当我们连续遭到挫折和失败时,就会认为还会继续失败和倒霉下去,自卑心理油然而生。

(三)完善自我

完善自我是个体在认识自我、接纳自我的基础上,自觉规划行为目标,主动调节自身行为,积极改造自己使其全面发展以适应社会要求的过程。

1.正确的理想自我

确立理想自我,是指在认识自我、接纳自我的基础上,按照社会的需要和个人的特点来确定自我教育的发展目标。确立正确的理想自我的关键是熟悉和了解社会,认识社会发展的规律,树立正确的人生观,为理想的自我确立合适的社会坐标与人生坐标。

2.增强自我效能感

自我效能感是个体在一定情境下对自我完成某项工作的期望与预期。当人们期望自己成功时,他必然会尽自己最大的努力并且当面临挑战性任务时,会表现出更强的坚持力,从而增加了成功的可能性。自我效能感高的人一般学业期望较高,也就是说,自我效能感与成就动机呈正相关性。人的自我调控与行为是否符合标准,与自己能否改变行为的信念有关,这种信念与自我效能感密切相关。那么,如何提高自我效能感?

(1)设立合适的目标

大学生可以给自己设立切实可行的目标和任务,把这些目标和任务分解成为小的目标和任务,在持续的小的成功中提升自己的自我效能感。什么是合适的目标?合适的目标指个人经过一定的努力达到的目标,其中有两个关键词缺一不可:一是经过努力,二是能够达到。不经过努力就能达到的目标并不能提升自我效能感,不能完成的目标只能加深个人的挫败感。

(2)找到合适的比较对象

合适的比较对象可以帮助大学生更好地认识自己,既可以看到自己的优点,也可以正视自己的缺点,从而提升自己的自我效能感。

(3)合理归因

大学生在深入分析自己成功和失败的原因过程中可以提升自我效能感。大学生如果将失败归因于自己的能力,将成功归因于运气好,那么他很难有自我效能感,因为他认为再怎么努力都没用。合理的归因方式是个人在分析成功的原因时归因于自我的努力,在分析失败的原因时归因于自己不够努力,这样会让自己产生自我调控感,从而逐步建立自我效能感。

3.提高现实的自我

提高现实的自我,是指青少年不断地修正现实自我的行为和相应的心理活动,使之朝着正确理想的目标发展。其具体途径为:

(1)通过制订计划提高自己

按照计划办事情可以增强我们自身的执行力。想要完善自我,首先根据认识到的自我结合自己发展的方向制定一份科学的短期目标和长期目标。每天按照计划做事,并要做到持之以恒,这样慢慢就会或多或少地改掉自身一些缺点,使自己成为一个意志力坚强、富有执行力的人。

(2)通过自我报告调整自己

自我报告就是人向自己报告个人活动的过程和结果、个人的行为以及这些行为所表现出的个人品质。在自我报告之前对自己的行动、所达到的活动结果要有系统详细的记录,要全面而深刻地分析、判明行为与个性品质之间的因果依从性。

4.进行有效的自我调控

自我调控是指个体控制和指导自己的行动的方式。自我调控强调的是个体对自己的思维、情绪和行为进行监察、评价、控制和调节的过程。大学生有效控制自我的措施主要有:

(1)善于自我检查

行动之前要确立目标,并根据现有的条件制订合理的行动计划。一般来说,如果不是遇到意外的、无法克服的困难,行动应该按照预定的计划有条不紊地进行。在行动的进程中,要不断检查计划的执行情况,一旦发现行动偏离了计划,要及时调整行动。

(2)有效进行自我监督

大学生应该认真领会社会道德准则、规范的实质,并将其内化为个人的品德,确立个人内在的行为准则,以此来监督自己的行为。

(3)提高自我控制能力

自我控制能力和人的意志力关系密切,因此,大学生要自觉培养顽强的意志力,只有这样,才能在内心"道德法庭"的监督之下,自觉产生在当前情况下应该有的学习、助人、娱乐等行为,主动制止不正确的或在当前情况下不应该有的破坏公物、不讲卫生、大声喧哗、打闹等行为。

自我发展需要不断地自我反思、自我监控。但将成长作为一条线索贯穿于人的始终时,整理自己成长的轨迹显得尤为重要。依照过去、现在、未来进行清理,深刻了解与把握自己。要记住:自我体验永远是个体的,当我们在分享他人自我成长的硕果时,也在促进我们自己的成长。

思考题

1. 大学生如何做到真正的自主?
2. 面对未来,你是否有过一些梦想?你将如何去摘取梦想的星星?你要成为什么样的人?你要选择什么样的生活方式?

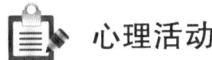
心理活动

1.活动:发现"每个人都是独一无二的"

【活动形式】画画,讨论,讲故事,游戏,唱歌。

【活动准备】A4 纸,彩笔,音乐,秒表,PPT。

【活动过程】我的手印

请同学们在 A4 纸上方(或笔记本空白处)写上自己的名字,画下自己的手印(把手按在纸上,用笔画出轮廓),并与小组里的每个同学进行对比,你们有什么发现呢?

小结:中国有句俗语"一母生九子,九子各不同";西方也有句格言"世界上没有完全相同的两片叶子"。从刚才的活动中,我们也可发现这一点:没有完全相同的两个手印!是啊,每个人都是独一无二的。那么,这个独一无二的"我"到底是怎么样的呢?我们了解自己吗?今天,就让我们一起来认识自己。本次活动的主题——这就是我。

2.心理故事:心灵的沃土

一位智者门下有许多弟子,他看到他们都即将成才,心中自是高兴,但他感到自己来日可数,便将他们招过来,露天设坛讲授最后一课。"你们看田野里长着什么?""杂草。"学生们不假思索地回答。"告诉我,该如何除掉这些杂草?"学生们愕然,这问题太简单了,学生 A 先开口:"我只要有一把锄头就足够了!"学生 B 接着说:"还不如用火烧";学生 C 反驳道:"要想让它永不再生,只有深挖才行。"智者站起来说:"这堂课就讲到这里,你们回去后按照各自的方法除一块杂草,一年后在此相聚。"

一年后学生们回来了,他们都很苦恼,因为无论采取什么方法,杂草除得总是没有明显效果,有的则更多了。他们急于请教,此时智者已经不在了。他只给弟子们留了一段话:"你们的办法是不能将杂草除尽的,因为杂草的生命力很强,除掉田野里的杂草最好的方法是,在上面种庄稼。有没有想过,你们的心灵也是一片田野。"

是的,每个人的心灵也是一片田野。因为世界的五光十色、五花八门,我们的心就生出了数不清的欲望。有些欲望是杂草,来自原始的生物本能,不用浇水施肥也能疯长,稍不留心就会荒芜,如果我们只一门心思除掉它会事倍功半;有些欲望是庄稼,需要栽种,需要精心呵护。庄稼越多,杂草的生存空间就越小,庄稼越茁壮,杂草就越孱弱,同时我们再清除杂草,田野就干净如初,这些庄稼的名字叫美德。其实人生就如一片田野,需要我们用心播种浇灌;人生如一本书,一本靠自己写与读的书;大学是一本书,一本靠自己读写的书;大学是机会,是用四年丰富自己的机遇;大学是选择,选择过一种自己想过的生活……

阅读推荐

1.《自我》,[美]乔纳森·布朗著,陈浩莺译.北京:人民邮电出版社,2004.

如果你想对自我心理有更深入的了解,这本书就一定要看。这本书综合了哲学、社会学和心理学知识的有关自我的思想。它的材料是新颖的,研究方法是严谨的,表达方式是引人入胜的。这部著作可以作为社会心理学或人格心理学的选读材料,或者是自我专修课的主要教科书。

2.《超越自卑》,[奥地利]阿尔弗雷德·阿德勒著,陈美锦译.上海:上海三联书店,2016.

本书是个体心理学的创始人、人本主义心理学的先驱、现代自我心理学之父——阿尔弗雷德·阿德勒之作。全书从个体心理学观点出发,用通俗生动的语言描写了自卑感形成的原因,它对个人行为的影响,以及个人是如何克服自卑感去争取优越感,从而获得成功的。

本书不但是心理学研究人员、教育工作者以及为人父母者必读的经典之作,对普通人来说,只要我们想克服自卑感,想在工作、学习、生活上获得成功,就需要仔细阅读。它可以让我们重新审视自己,引导我们在以后的人生中能更好地把握自己,树立信心,取得成功。

电影推荐

《楚门的世界》(*The Truman Show*)

黑色喜剧《楚门的世界》向我们展现了一个平凡的小人物是怎样在自己毫不知情的情况下被制造成闻名的电视明星,却完全被剥夺了自由、隐私乃至尊严,成为大众娱乐工业的牺牲品。该影片反映了人类的希望和焦虑,同时也因触及当今最敏感的社会问题而备受瞩目。作为一部经典且值得多次观看的影片,闪光之处不仅在于剧情中的故事,还在于思想的火花与剧情相碰撞所诞生的反思与启示。

视频推荐

1.《克服自卑,你已经很好了》

https://www.bilibili.com/video/BV1Sb41157hz/? spm_id_from = 333.788.recommend_more_video.-1

2.《地平线:寻找自我意识》

https://www.bilibili.com/bangumi/play/ep120518? from=search&seid=8388579917760406590

第四章 人格发展与心理健康

人的鲜明特征是他独有的。过去不曾有、将来也不会有一个人和他一模一样。

——高尔顿·奥尔波特(Gordon Willard Allport)

案例导读

自述我的"马甲"人生

我拥有很多马甲,每件马甲都是一层外衣,层层叠叠的外衣织成一个厚实的茧,我躲在其中,狭小、拥挤,但是安全。

与班上同学聊QQ,我时刻警惕,告诫自己要维持平日里树立的淑女形象。在同学眼中,我是老师的得力助手、永远微笑的班干部、矜持有礼的女生。一直以来,父母都不希望我过多地表现自己,他们希望我内敛一些,在他们眼中,要是你口若悬河、滔滔不绝,就要跟"扯""疯"沾上边。显然,父母理想中的女儿并不是真实的我,我是一个乐观开朗、率性直言的女孩子,我不想放弃自我去做另外一个人。父母却总是说:"现在你什么也不懂,等你长大就知道感激我们了。"在屡次表达自己的强烈不满并毫无例外地被无视之后,我学乖了。

那么,只要在熟悉的人面前装出一副父母所期待的样子,不就可以了吗?也就是说,使用真实姓名的时候保持谨慎,凡事三思而后行,说话前反复检查,确定符合父母、老师要求的"标准"再说。事实证明,如果谨言慎行,做到这些其实不难。

而在披小号马甲的世界里我就如鱼得水了。网络是我最好的保护伞。使用不同的ID、不同的语言风格、不同的习惯表情,我就不必担心被人认出来。跟驴友侃世界风景名胜，跟闲散人士聊明星八卦，嘲讽小心眼同学的卑鄙行径……小号使我可以逃离那些熟悉我假象的人，还可以跟不同爱好的人讨论各种话题。即使前一秒钟还在唾沫横飞地痛骂某人，换上一个马甲就可以发表完全相反的观点，这样也根本不会有人看出来。

然而，这种做法也有不可忽视的麻烦。比如，我现在像是得了"马甲强迫症"，现实生活中没有诸多马甲的庇护，我感到无依无靠，仿佛失去了坚固的保护膜。这种情绪无处抒发，于是又新建一个小号，抱怨"马甲强迫症"的各种悲催。

讨论：

"马甲强迫症"反映了现今大学生什么心理状态？你有同样的感受吗？

人格是人的心理面貌的集中反映，也是人的心理活动和行为的基础，它决定了人如何面对外界的刺激以及反应的性质、速度和程度。大学阶段是一个人走向社会的最后教育或准备阶段，不仅是学生学习文化知识的最后教育阶段，也是学生在精神、道德、人格方面逐步定型，进而走向社会的最后准备阶段。这是一段极其珍贵的人生经历。大学生应在德、智、体、美、劳等方面更高质量地全面发展自己。而人类健康幸福的生活越来越多地取决于人类自身的人格健康状况，而且人格的健康发展也是促进社会健康发展的一种力量。只有每个人的人格健康和谐，才有社会的和谐稳定。

不同人的人格特征，对职业的适应程度完全不同。例如，飞行职业的特殊性，对于飞行员这个特殊群体的心理健康及人格特征提出了更高的要求。飞行人员在其特殊的职业活动中承受着很大的心理压力，所以加强飞行人员的身心健康要从多方面入手，而人格特征是影响心理健康的重要因素之一，飞行员的人格特征和职业之间的相符性或适应性越高，事业成功的希望就越大。

第一节 ● 人格概述

一、人格的基本特征

（一）人格的定义

"personality"一词最初源于古希腊语"persona"，原意指古希腊、古罗马时代的戏剧中演员所戴的面具，而且随着人物角色的不同而变换，不同的面具体现了不同角色的特点和人物内在的性格。心理学沿用其含义，转义为人格。但这仅仅是人格概念的一种形象理解。"人格"即我国心理学中所谓的"个性"。在《简明不列颠百科全书》中，"人格"一词的解释是："每个人所特有的心理—生理性状（或特征）的有机结合，包括遗传的和后天获得的成分，人格使一个人区别于他人，并可通过他与环境和社会群体的关系表现出来。"

人格可以定义为源于个体身上的稳定的行为方式和内部过程。这个定义包括两部分内容：

第一部分是稳定的行为方式。即每一个人都有一套相对独特而持久的心理倾向性，表现在他与周围的各种社会环境（诸如家庭、学校和游戏场所等）相接触的过程中。我们可以跨时间、跨情境地来审查这些稳定的行为方式。可以预期，今天严谨内向的人，明天也是严谨内向的。在工作中喜欢竞争的人，在体育运动中很可能也喜欢竞争。当我们说"这就像是她干的事情""他就是他"的时候，就是在承认这种性格上的稳定性。当然，这不等于说，一个外向的人无论在什么时间，也无论是在庄重场合还是在个人聚会中都兴高采烈、情绪高涨，也不等于说人是一成不变的。但是，只要人格是存在的，而且行为不仅仅是对我们所处情境的某种反应的话，就可以预期，在人们的行为方式中有某种稳定性。

第二部分是内部过程。它是从人的内心发生，影响着人怎样行为，怎样感觉。它是所有情绪、动机和认知过程。例如，有的理论家认为，我们每个人体验焦虑时都有相似的感受力或相似的应对过程。但是，我们怎样利用这些过程，这些过程怎样与个体差异相互作用，这起着决定我们个人性格的作用。

（二）人格的特性

1. 独特性

人格是在遗传、环境、教育等因素的相互作用下形成的。不同的遗传、生存及教育环境，形成了各自独特的心理特点，世界上没有完全一样的人格，这就是人格的独特性。但是人格的独特性并不意味着人与人之间的个性毫无相同之处,人格的形成与发展过程中既有生物因素的制约作用,也有社会因素的影响作用。人格是共同性与差异性的统一,是生物性与社会性的统一。心理学家假定在儿童的成长过程中,遗传的生物因素和环境因素交互作用,其结果使儿童逐渐形成其特有的行为模式,即内在道德价值观、特质、习惯、认知结构和需要的外在表现。

2.稳定性

人格的稳定性是指那些经常表现出来的特点。偶尔表现出的特征不能称为人格。另外,一个人的某种人格特点一旦形成后,就相对稳定下来了,要想改变它,是较为困难的事情。俗话说:"江山易改,本性难移。"这种稳定性还表现为人格特征在不同时空下表现出一致性的特点,并且这些行为模式随着成熟水平的提高而变得越来越不易改变。

3.整体性

每个人的人格世界都不是由各种特征简单地堆积和组合起来的,而是如同宇宙、世界一样,是一个排列有序的系统结构。无论是看得见的人格还是看不见的人格,都会有规则地组合成一个有机整体,具有内在的一致性,受自我意识的调控。

4.功能性

人格决定一个人的生活方式,甚至有时会决定一个人的命运。人们经常会使用人格特征解释某人的言行。例如,面对挫折与失败,坚强者发奋拼搏,懦弱者一蹶不振。

(三)气质与性格

1.气质

在人格结构中,气质和性格是它的重要组成部分,气质与性格的特点构成了人们各不相同的个性心理特征。

心理学中,气质(Temperament)是一个人生来就具有的典型而稳定的心理活动的动力特征。气质不仅影响一个人性格的表现形式,而且在某些性格品质及能力的形成和发展中会起一定的促进或延缓作用。

最早对气质加以分类并给予细致描述的是古希腊医师希波克拉底。他提出人体有四种体液:血液、黄胆汁、黑胆汁和黏液,并根据某种体液在人体内所占的优势而将人的气质分为四种类型:多血质、胆汁质、黏液质和抑郁质(如图4-1所示)。

现代气质理论把气质看作人格结构中的先天因素,也沿用了这种分类方法。俄国心理学家巴甫洛夫的高级神经活动类型学说科学地解释了气质的产生。他通过动物实验研究发现,高级神经活动的兴奋和抑制过程的独特的、稳定的组合,构成高级神经活动类型。高级神经活动的兴奋和抑制过程具有强度、平衡性、灵活性三个基本特性。这三个特性的不同组合,构成四种高级神经活动类型:兴奋型(不可抑制型)、灵活型(活泼型)、安静型、抑制型(弱型),分别与四种气质类型相对应(如表4-1所示)。巴甫洛夫还预言,除了这四种类型外,还存在其他未知的神经系统特征和气质类型。现代心理学认为神经活动类型是气质的生理机制,因此,巴甫洛夫的高级神经活动类型学说是有关气质生理机制学说中最有影响、最重要的一种理论。

图 4-1 四种气质类型

表 4-1 高级神经活动类型与气质类型的对应关系

高级神经活动过程			高级神经活动类型	气质类型
强度	平衡性	灵活性		
强	不平衡		兴奋型(不可抑制型)	胆汁质
强	平衡	灵活	灵活型(活泼型)	多血质
强	平衡	不灵活	安静型	黏液质
弱			抑制型(弱型)	抑郁质

(1)胆汁质特征:有较高的反应性和主动性。表现:主动的、乐观的、冲动的、易兴奋的、好斗的、易怒的、不安定的。精力旺盛,能以很大的热情投入工作,并克服困难,但缺乏耐

心。当困难较大时,会意气消沉、心灰意冷。

(2)多血质特征:反应性高。表现:善交际的、健谈的、开朗的、易有反应的、平易近人的、活泼的、少忧虑的、善领导的。对一切吸引他注意的东西,做出生动的、兴致勃勃的反应。行动敏捷,可塑性强,容易适应新环境,善于结交新朋友。情感容易发生,姿态活泼、表情生动。言语具有表达力和感染力。但注意力容易转移,在平凡而持久的事情中,热情容易消退。

(3)黏液质特征:反应性低,情感不易发生,也不易外露。表现:安宁的、温和的、被动的、谨慎的、富于思维的、克制的、可靠的、镇定的。态度持重,交际适度,对自己的行为有较强的自制力。心理反应缓慢,遇事不慌不忙。可塑性差,不够灵活。这些特征一方面能使他们有条理地、冷静地、持久地工作,另一方面又使他们容易因循守旧、缺乏创新精神。

(4)抑郁质特征:感受性较高、敏捷性较低、反应比较慢,说话和动作都较慢。表现:不善交际的、情绪易波动的、文静的、严肃的、冷静的、保守的、富于想象的。多愁善感,情绪容易发生,且微弱而持久。不善与人交往,处世优柔寡断,在危险面前容易表现出恐惧和畏缩,受挫折后,常心神不安,不能迅速转向新的目标。

气质类型没有绝对的好坏之分。任何一种气质类型都有积极的一面,也都有消极的一面。在一定的程度上是积极的东西,若不适当地延伸,就会转化为消极的东西。某一气质特征在一些事情上可以起积极作用,但在另一些事情上则可能会起消极作用。例如,多血质的人待人热情,善与人处,但不够专一,热情容易转移;胆汁质的人精力旺盛、行动敏捷,但任性、暴躁、易感情用事;黏液质的人稳重、踏实、冷静、自制,但反应慢、冷淡、固执、缺乏生气;抑郁质的人敏锐、细致、稳重、情感体验深刻,但缺乏热情,容易多愁善感。任何一种气质类型的人都可以成为品德高尚的人,有益于社会的人,反之亦然。

人的神经活动类型是先天的,也就是说人的气质的主要特征来自先天,但是,气质的个别心理特征在一定限度上可随外部环境和机体情况的变化而变化,人的气质形成和发展也有可塑性。人的气质可以在生活实践和教育的影响下,尤其在个体的自我意识和意志的作用下发生改变。尽管这种改变很缓慢,但通过自身的努力,改变某些消极的气质因素仍有其积极意义。

由于气质具有某种程度的可调节性和可变性,因此飞行院校的大学生可以通过自我修养去改善气质,扬长避短,更好地促进心理的健康和发展。如胆汁质的学生,宜多自我鼓励,充分挖掘自己气质中积极的一面,不要轻易发怒,注意培养和磨炼自己的自制力,沉着冷静地对待事物,约束自己的任性行为;多血质的大学生,要适当给予自己更多的活动机会和任务,养成扎实、专一、坚持到底的作风,增强克服困难的毅力;黏液质的大学生,要多尊重自己的想法,注意果断和机智灵活;抑郁质的大学生,要多参加集体活动,主动与人交往,提高社交能力。飞行院校大学生应有意识地完善自己的气质,加强意志的培养,以顽强的意志驾驭自己的气质。在了解、悦纳自己气质的基础上,做气质的主人,不做气质的奴隶。

心理训练

某飞行院校准备举行一场航空公司模拟招聘会,现有以下准备工作需要分配:公关、宣传、接待、联络、选手签到、资料准备。

你如何将这些工作分配给具有多血质、胆汁质、黏液质、抑郁质等不同气质类型的工作者呢? 即如何分配才能人尽其才?

你的气质与性格如何? 你将如何努力使自己的气质和性格向更好的方向发展?

扩展阅读

自卑比狂妄更糟糕

——俞敏洪

曾经有这样一个男孩,在大学整整四年没有谈过一次恋爱,没有参加过一次学生会、班级的干部竞选活动。 这个男孩是谁呢? 他就是我。

在大学的时候,难道我不想谈恋爱吗? 那为什么没有呢? 因为我首先就把自己看扁了。 我在想,如果我去追一个女生,这个女生可能会说,你这头猪,居然敢追我,真是癞蛤蟆想吃天鹅肉。 要真出现这种情况,我除了上吊和挖个地洞跳进去,我还能干什么呢? 所以这种害怕阻挡了我所有本来应该在大学发生的各种感情上的美好。

其实现在想来,这是一件多么可笑的事情,你怎么知道就没有喜欢猪的女生呢? 就算你被女生拒绝了,那又怎么样呢? 这个世界会因为这件事情就改变了吗? 那种把自己看得太高的人我们说他狂妄,但是一个自卑的人,一定比一个狂妄的人更加糟糕。 因为狂妄的人也许还能抓到他生活中本来不是他的机会,但是自卑的人永远会失去本来就属于他的机会。 因为自卑,所以你就会害怕,你害怕失败,你害怕别人的眼光,你会觉得周围的人全是抱着讽刺、打击、侮辱你的眼神在看你,因此你不敢去做。 所以你用一个本来不应该贬低自己的元素贬低自己,使自己失去了勇气,也因此这个世界上的所有的门都被关上了。

当我从北大辞职出来以后,作为一个北大的快要成为教授的老师,马上换成穿着破军大衣,拎着糨糊桶,专门到北大里面去贴小广告的人,我刚开始内心充满了恐惧,我想这可都是我的学生啊,果不其然学生就过来了。"哎,俞老师,你在这贴广告啊。"我说:"是,我从北大出去自己办个培训班,自己贴广告。"学生说:"俞老师别着急,我来帮你贴。"我突然发现,原来学生并没有用一种贬低的眼神在看我,学生只是说:"俞老师我来帮你贴",而且说:"我不光帮你贴,我还在这看着,不让别人给它盖上。"逐渐我就意识到了, 这个世界上, 只有你克服了恐惧,不在乎别人的眼光,你才能成长。 也正是有了这样慢慢不断增加的勇气,我有了自己的事业,有了自己的生活。

当我们要跨出勇敢的第一步的时候,我们首先要克服内心的恐惧,因为这个世界上,只有你自己能够听见你往前走的脚步声。所以我希望同学们能够认真地问一下自己:我内心现在拥有什么样的恐惧,我内心现在拥有什么样的害怕,我是不是太在意别人的眼光,因为这些东西,我的生命质量是不是受到影响,是否因为这些东西,我不敢迈出我生命的第一步,以至于我生命之路再也走不远。如果是这样的话,请同学们勇敢地对你们的恐惧和勇敢地对别人的眼神,说一声:"No!"

2.性格

性格,是一个人对待现实的稳定的态度和习惯了的行为方式中所表现出来的人格特征。美国心理学家华生说过:"人格乃是我们各种习惯系统的最后产物,环境改变程度越高,则人格改变的程度也越高。"人的性格不仅表现在做什么、追求什么、拒绝什么的活动动机和目的上,而且也表现在怎样做、怎样实现自己的愿望或理想的活动方式上。在不同的时间和情况下,这种对待现实的态度和行为方式都会表现出来。

著名的瑞士心理学家荣格在1931年的国际精神分析协会会议上首次提出了内向性与外向性的人格类型。荣格根据心理活动的倾向性的不同,将性格划分为内向型和外向型。如果一个人的心理活动经常指向自己的内部世界,就是内向型性格;反之,如果一个人的心理活动经常指向外部世界,就是外向型性格。

内向型的主要特点是,其行为是由个人的思想、情感和主观愿望决定,内心体验深刻,深思熟虑,做事谨慎,自我剖析,沉静,反应较慢,不喜欢社交活动,有时适应困难,情绪不外露,喜欢寂寞独处,不愿抛头露面,做事犹豫不决,但做起事情后讲究条理,谨慎小心,力求稳妥。外向型的主要特点是,心理活动倾向于外部世界,情感外露,开朗热情,行动敏捷,独立性强,善于交往,在公共场合乐于成为大家注意的中心对象。但其行为具有冲动性和攻击性,有时办事不细心,轻率,寻求刺激,喜欢冒险,实际上大多数人既有内向型的特点,也有外向型的特点,是处于两者中间的状态。

内向与外向本身无所谓好坏,都有自己的职业性特点。具体来讲,外向型性格,适合与旅客直接接触的工作和开创性工作,例如乘务员、地服人员、销售人员、广告人员等,有利于发挥自己的社交优势和创造力;内向型性格,适合从事严谨细致的工作,例如飞行员、管制员、机务人员等,有利于发挥自己谨慎稳妥的性格,从而保障工作的安全。总体而言,外向型性格适合从事民航服务工作,内向型性格适合从事民航安全工作。

人的性格不是一朝一夕形成的,但一经形成就比较稳定,并且贯穿在他的全部行动中。但性格也不是一成不变的,是可以逐步改变的。

 心理训练

("YOU ARE OK, I AM OK",相互找优点)。 时间:约15分钟。 用形容词来分析

自己的性格并相互交流。

3.性格与气质的关系

性格与气质都是人的个性心理特征,二者既有联系又有区别。性格的生理基础是高级神经活动类型特征与外界影响下获得的暂时神经联系系统的"合金",因而性格与气质的生理基础密切相关,气质会对性格产生影响。

(1)气质影响性格的动态方向,渲染性格特征,从而使性格特征具有独特的色彩。比如,同样是助人为乐的性格特征,多血质的学生在帮助别人时,往往动作敏捷,情感外显;而黏液质的人则可能动作沉着,情感内隐。

(2)气质可以影响性格特征形成和发展的速度。比如,对于自制力的形成,胆汁质的人需要经过极大的努力和克制,而抑郁质的人则很容易就能办到。

(3)性格对气质的影响也很明显。性格一旦形成,在一定程度上又可以掩盖或改造气质,使它服从于生活实践的要求。具有坚强性格的人可以克制和遏制气质中的某些消极方面,发展积极的方面。比如胆汁质者若形成了做事认真的性格,就会改变其原有的粗枝大叶的气质特点。

性格与气质的区别表现在:比较而言,气质较多地受遗传素质影响,因而变化较难、较慢;而性格是后天形成的,受环境影响大,它改变起来容易一些。气质不具有直接的社会评价的意义,一般不做好坏评价,而性格具有社会评价意义,在任何社会条件下,都具有明确的积极或消极的价值倾向。

第二节 ● 人格理论

一、弗洛伊德的人格结构论

弗洛伊德最初把人格划分为意识和无意识。意识指的是人们正觉察到的想法。随着新的想法涌出,其他想法消失,意识的内容不断发生变化。当一个人说"我心里想"的时候,他指的是自己意识到的部分。但在大脑存储的信息中,意识处理的信息只占很小的比例。如果你愿意,你可以轻而易举地调集无数的想法到意识中。例如,你中午吃了什么?昨晚看了什么电影?这些大量的可再现信息构成了前意识。许多人认为意识与前意识的内容已经构成思维内容的全部,但弗洛伊德认为这还只是冰山一角。在精神分析理论看来,我们内心想法的主体位于无意识当中。这里的内容无法直接接触。弗洛伊德认为无意识的内容无法被提取进入意识,除非是在某种极端的情况下。然而,无意识的内容决定了人的许多日常行为。理解无意识对行为,尤其是对变态行为的影响,是理解弗洛伊德的人格结构论的关键。

精神分析的创始人弗洛伊德认为,一个人的人格内在结构包括三个部分:本我、自我和超我。"本我"是人格中较为原始的部分,与满足个人欲望相关,循行"享乐原则";"自我"在人格中扮演决策和协调的角色,既要满足本我需要,又要采用现实可行的方式,遵行"现实原则";"超我"是人格中道德和理想的部分,关注行为是否合乎社会规范,当人们的行为偏离社会规范的时候,它会引发罪恶感。在一个健康人的身上,强大的自我不允许本我或超我过分地掌管人格,三者的斗争永不停止。我们每个人意识之下的某个地方,永远存在着自我放纵、考虑现实性和强制执行严格道德准则三者之间的紧张状态(如图4-2所示)。

图4-2 弗洛伊德把"自我"与"本我"的关系比作骑手与马的关系

"我为苦恼量重量"

用活动体会欲望与不安的动力论。 时间:15~20分钟。 准备:每人一张白纸、一支笔。 操作:每人发一张白纸,指导者请成员想一想个人生活中什么最重要,只能选5样,并依次写下;思考为什么这样选择,及每一项选择的理由;同学间交流分享,说说自己的选择,再听听别人的选择;请成员逐一删除,每删除一项在同学之间交流一遍。

神奇的潜意识——大脑也会无中生有

也许你曾经想过预感是不是超出了一般预测的范畴? 在被倒下的树木砸到之前及时跳开,是不是不仅仅是巧合? 当然,做决策时如果能预知未来,对任何人都大有助益,但这种能力对某些职业而言甚至会关系到生死，例如：战斗机飞行员，无论是头朝下，还是在超载状态下，或是以音速飞行的时候，他们如果能对三维动态环境中瞬息万变的诸如飞机状态、环境以及敌人和威胁等很多因素做出正确的预判，那么他们就可成为最优秀的飞行员，这些飞行员具有更强的预判力和战斗力，他们比其他飞行员更有飞行天赋，能更好地把握空间概念，他们具备更好的空间感和临场感。这些超级飞行员有着令人惊叹的预判能力，军方将其称为超常的情境意识，预判力作为飞行员的本能和潜意识，静静地潜伏在他们的脑海中。而这也许是我们所有人都具备的能力，前前后后的经历其实就是一个线索，不用任何逻辑证明，直觉会告诉你事情的走向。

当然，有时候直觉也会欺骗我们。心理学家伊丽莎白-洛夫特斯和她的同事用一项实验证明了这一点。他们让志愿者被试观看一段道路交通事故的视频片段，然后将被试随机分为几组并询问其中一组"车辆互相冲撞到一起时，速度有多快？"接下来，他们又用同样的问题分别询问其他组，只是把"冲撞"这个动词替换成"碰撞""磕碰""接触""撞击"。结果证明，听到了"冲撞"这个词的被试普遍回答的车速要更高。一周之后，研究者再次联系这些参与实验的被试，就他们对这场交通事故的记忆做更深入的询问，尤其强调了场景中是否存在碎玻璃。那些在第一次的问题中听到"冲撞"一词的被试，错误地回忆出事故现场有碎玻璃的人数是听到其他动词的被试的二倍。仅仅是一个看似无关紧要的动词，就会如此改变人们的记忆，甚至在此之后，他们的记忆还会凭空虚构出全部的细节以自圆其说。

在此之后，实验者对操纵人们的记忆变得更加轻车熟路。他们曾让参与者回想起了抢劫者手中根本不存在的螺丝刀。而在更富有争议性的实验中，他们甚至为被试植入了从未发生过的童年记忆，包括被丢在购物中心、乘热气球飞行，还有在迪士尼遇见兔八哥（华纳兄弟旗下的一个动画角色）等。

科幻剧《X档案》曾风靡一时，而也正是在那段时间里，宣称自己被外星人绑架的报案数量出现了急剧上升。与唤起了真正创伤经历的人别无二致。大脑很多时候会受到潜意识的影响，让我们的记忆也像姜文的电影《阳光灿烂的日子》讲的一样，变得不那么可靠。

二、特质理论

人格特质理论起源于20世纪40年代的美国。主要代表人物是美国心理学家高尔顿·威拉德·奥尔波特（Gordon Willard Allport）和雷蒙德·卡特尔（Raymond Bernard Cattell）。人格特质理论将特质定义为个体所具有的神经特性，具有支配个人行为的能力，使得个人在变化的环境中给予一致的反应。

特质流派心理学家从词典中挑选描写人格的形容词加以分析，从中挑选出一个人在大多数情境中表现出来的相对稳定和持久的品质。这种从人格的词汇假设出发的研究方法，是实证性研究的典范,也是目前研究人格结构最客观、最可靠的方法之一。

奥尔波特认为个人所具有的特质并不是对一个人的人格起相同的影响和作用的。他进而把个人特质按其对人格不同的影响和作用,区分为三个重叠交叉的层次:首要特质、重要特质和次要特质。

(1) 首要特质

它是个人最重要的特质,代表整个人格,往往只有一个。它在人格结构中处于支配地位,具有极大的弥散性和渗透性,影响个人行为的所有方面。例如,创造是爱迪生的首要特质,多愁善感是林黛玉的首要特质。

(2) 重要特质

它是人格的构件。每个人都有几个彼此相联系的重要特质构成其独特的人格。例如,为学生写操行评语时,所考虑到代表某个学生人格的那些特质(如准时、整洁、勤奋、诚恳等),即属于其个人的重要特质。奥尔波特认为每个人所具有的重要特质,一般在5~10种之间。

(3) 次要特质

顾名思义,次要特质不是决定人格的主要特质。它最不明显,渗透性极小,对个体行为影响小。与首要特质和重要特质相比,次要特质是从更为狭窄的各种刺激来说的,它包括一个人独特的偏爱(如对某些食物、衣着的偏爱)、一些片面的看法和由情境所制约(如某人有恐高症)的特质等。

三、艾森克的人格三因素模型

艾森克依据因素分析方法提出了人格三因素模型,并依据这一模型编制了艾森克人格问卷(Eysenck Personality Questionnaire,EPQ,1986)。这三个因素是:

(1) 外倾性(Extraversion),它表现为内、外倾的差异;

(2) 神经质(Neuroticism),它表现为情绪稳定性的差异;

(3) 精神质(Psychoticism),它表现为孤独、冷酷、敌视、怪异等偏于负面的人格特征。

不同人的人格特征,对职业的适应程度完全不同,人格和职业之间的相符性或适应性愈高,事业成功的希望就愈大。由于飞行职业的特殊性,飞行员需要具备较为完善的人格特征,才能够承受较大的心理压力,及时调理自身的心理状态,适应工作环境中的各种变化,保证顺利完成任务的需要。一般的单一化测试量表对飞行员进行测试后发现,飞行员多属于性格外向型、情绪稳定型。

四、人本主义理论

人本主义与其他人格理论的主要区别在于,它假设个人应该对其行为负主要责任。虽然我们有时会对环境中的某些事件自动做出反应，有时也会受无意识冲动的驱使，但是几乎在任何时候，我们都有能力决定自己的命运和行动方向，因为我们有自由意志。人本主义心理学探讨的主要问题是：什么是健康人格，如何变成具有健康人格的人。人本主义心理学的杰出代表马斯洛认为，人的基本需要可以分为五个层次，它们分别是生理需要、安全需要、归属和爱的需要、尊重的需要、自我实现的需要。在马斯洛看来，前四种需要属于缺失性动机，其意义是补充有机体内某种缺陷，弥补有机体内的"赤字"；而自我实现的需要则属于成长性动机，其意义在于扩大和丰富生活经验，在现有的生活上增进快乐和欣喜。在这一人格动机理论的基础上，马斯洛提出了他的健康人格的模式，即自我实现的人。自我实现的人已经满足了低等需要，摆脱了缺失性动机的支配。

第三节 ◉ 人格测量的方法

一、投射测验

投射测验是让被试通过一定的媒介，建立起自己的想象世界，在无拘束的情景中，显露出其个性特征的一种测试方法。投射测验所采用的材料，可以是一些没有规则的线条；或者是一些有模糊意义的图片；或者是一些有头没尾的句子；或者是一个故事的开头，让被试来编故事的结尾。因为这一材料是模糊的，所以被试对材料的说明与解释往往来自他的想象。主试通过不同的回答和反应，来推测对方的人格与人生态度。投射法的最大优点在于主试的意图藏而不露，这就创造了一个比较客观的外界条件，使测试的结果比较真实与客观，有助于研究者对被试心理活动的深入了解。其缺点是分析比较困难，需要经过专门培训的主试进行。

二、罗夏墨迹测验

罗夏墨迹测验由瑞士精神科医生、精神病学家罗夏（Hermann Rorschach）创立，因利用墨渍图而又被称为墨渍图测验，现在已经被世界各国广泛使用。罗夏墨迹测验由10张经过精心制作的墨迹图（如图4-3所示）构成。这10张图片都是对称图形，且没有具体的意义。

测验时，主试向被试提供墨迹图，一般的指导语是"你看到或想到什么，就说什么"，应避免一切诱导性的提问，只是记录被试的自发反应。主试不仅要尽量原原本本地记录被试的所有言语反应，而且要对他的动作和表情进行细心的观察和记录。此外，要测定和记录呈现图版之后到做出第一个反应的时间，以及对这一张图版反应结束的时间。

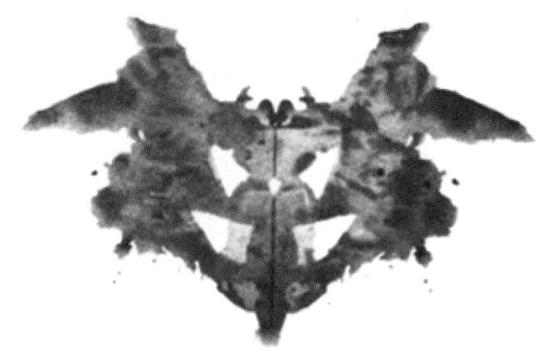

图 4-3 罗夏墨迹图

三、主题统觉测验

主题统觉测验(Thematic Apperception Test,TAT)是默里(H.A.Murray)和摩根(C.D.Morgan)于 1935 年为性格研究而编制的一种测量工具。全套测验共有 30 张内容模糊的人物图片(如图 4-4 所示)。测验时让被试根据图片内容按一定要求讲一个故事。故事的叙述应该包含四个基本维度:(1)图片描述了一个怎样的情境;(2)图片中的情境是怎样发生的;(3)图片中的人物在想什么;(4)结局会怎样。被试在讲故事时会将自己的思想感情投射到图画中的主人公身上。

图 4-4 内容模糊的人物图片

默里提出的方法是要从故事中分析一系列的"需要"和"压力"。他认为,需要可派生出压力,而且正是由于需要与压力控制着人的行为,影响了人格的形成和发展。因此,通过主题统觉测验,可以反映一个人的人格特点。

四、自陈量表

自陈量表(Self-report Inventories)是一种要求被试自行报告。回答关于他们在各种情况下的行为或感受等的测量工具。自陈量表为纸笔测验,题目涉及症状、态度、兴趣、恐惧和价值观等。被试则要表明每个叙述句和自己的情况相符合的程度,或自己对每个题目的同意程度。

自陈量表法是最常用的人格评鉴方法。它不仅可以测量外显行为(如态度倾向、职业兴趣、同情心等),同时也可以测量自我对环境的感受(如欲望的压抑、内心冲突、工作动机等)。例如,卡特尔在其人格的解释性理论构想的基础上编制了16种人格因素问卷,从16个方面描述个体的人格特征。这16个因素或分量表的名称和符号分别是:乐群性(A)、聪慧性(B)、稳定性(C)、恃强性(E)、兴奋性(F)、有恒性(G)、敢为性(H)、敏感性(I)、怀疑性(L)、幻想性(M)、世故性(N)、忧虑性(O)、实验性(Q1)、独立性(Q2)、自律性(Q3)、紧张性(Q4)。目前普遍认为16PF是迄今比较完善的人格特质评鉴方法。

扩展阅读

健康的新内涵

科学还是迷信这些测试可信吗?

提到心理学,最让大学生感兴趣的部分就是各种各样的心理测试了。在网络上、杂志上、心理活动中的各种测试都让大学生乐此不疲,其中有关人格的部分更是广受欢迎,市面上的星座、血型、属相、颜色偏好测试都有为数不少的忠诚"粉丝"。但是不管什么测试,都需要考虑下面两个问题。

(1)这些测试准不准?

下面一段话是心理学家使用的材料,你觉得是否也适合你呢?

你很需要别人喜欢并尊重你。你有自我批评的倾向。你有许多可以成为你优势的能力没有发挥出来,同时你也有一些缺点,不过你一般可以克服它们。你与异性交往有些困难,尽管外表上显得很从容,但其实你内心焦急不安。你有时怀疑自己所做的决定或所做的事是否正确。你喜欢生活有些变化,厌恶被人限制。你以自己能思考而自豪,别人的建议如果没有充分的证据你不会接受。你认为在别人面前过于坦率地表露自己是不明智的。你有时外向、亲切、好交际,而有时则内向、谨慎、沉默。你的有些抱负往往很不现实。

其实这只是套在谁身上都合适的一般性描述,甚至包含了相互矛盾的信息。人很容易受到来自外界信息的暗示,从而出现自我认知的偏差,认为一种笼统的、一般性的人格描述十分准确地揭示了自己的特点。算命、星座、生肖等预测,都可以用概率学来解释,这些预测常常有50%的胜算,提供的往往也是一般性的说明,肯定有些内容非常符合你,有些则不完全符合,这些说明并不能准确反映你的真实人格情况。

(2)这些测试可不可信?

案例:小测试

你在黄昏时分外出散步,发现一间屋子。你从一扇向西的窗户往里看,你的视线突然被屋内的某样东西所吸引。吸引你的东西是：
   A.冰箱   B.微波炉   C.锅   D.砧板

市面上有很多娱乐化的投射测试，如选择什么动物、物品代表了你的什么性格，这些测试可能根本没有研究支撑，就如同上面的例子一样，测试的内容与结论之间根本没有关系并不能反映出你的人格特点。但是很多喜欢研究星座的同学可能并不认可，因为他们发现确实自己真的符合某个星座的描述，几乎一字不差。原因除了上面提到的概率因素，还有一个期望效应，当你认为自己属于某种类型，你会在言行上有意无意地做出那种类型要求的举动。例如，一个生性叛逆的小学生做了班长，他变得负责、自律，还被大家认为具有领导才能。

可见，用这些冠以心理名义的测试来预测人的方式并不可靠，我们通过对本章的学习，应能够以更专业的眼光来看待人格测量。

第四节 ● 大学生人格障碍和自我调适

一、人格与健康

（一）A型人格与健康

20世纪50年代由美国的弗里德曼（Frideman）和罗森曼（Rosenman）两位心脏病学家提出A型人格。他们注意到心血管患者中很大一部分都拥有与众不同的人格特征，这些人绝大多数是男性，他们雄心勃勃、勇于竞争、十分焦躁；他们的躯体运动方式和说话方式不连贯，富于热情；他们不愿意等待或浪费时间，总是忙个不停，因此他们将这种人格称为A型人格或者A型行为模式。

我国学者杨车菊等人对各种职业的3 361人进行了行为类型与冠心病的相关研究，发现冠心病患者139例，患病率为7.11%，而A型行为与B型行为类型的患病率为9.67%和3.70%。在冠心病患者中，A型行为类型为79.73%，明显高于B型行为类型。在住院治疗期间A型人格患者有情绪应激表现，胸痛不能耐受、严重心律失常、心力衰竭、心急梗死范围扩大及死亡率明显高于非A型人格患者，而72小时病情稳定率明显低于非A型人格患者。证实A型人格不仅是急性心肌梗死的发病危险因素，也是发病后影响预后的重要危险因素。

（二）A型人格的特征

A型人格的个体具有以下特征：无缘无故的敌意、持续的进攻性、进取心和紧迫感、好急躁、行色匆匆,专心致志追求事业目标,不停地去实现并不确定的目标并且始终保持着警觉,易冲动,精力充沛等。在行动上常表现出迅速、性急、果断而不沉着等特点。

总的来说,A型人格的两个主要症状是时间紧迫感和无端的敌意。时间紧迫感被认为是长期从事注意力高度集中的工作或过度紧张的脑力劳动职业,使个体变得要用尽可能少的时间去获得更多的成就。无端的敌意、推测是由于父母过度强调成就而孩子在儿时缺乏无条件的爱。无端的敌意也可能是纠缠于由自己规定的成就所设置的时间压力。

(三)心理干预

对冠心病出现的多种情绪问题,可应用支持疗法,即家人、朋友、同事和医生对个体的支持和鼓励;认知疗法,即改变个体对疾病的认识偏差;简单、易行、有效的放松训练,如做渐进性肌肉放松操、呼吸操、放松功和听音乐等,可减轻病人的焦虑情绪反应,对心理呼吸、血压均有良性调节作用。A型人格的人要特别注意调整心态,以降低高血压、冠心病发病概率。特别是吸烟的A型人格的人,因为吸烟本身会加重血管病变进展,再加上A型人格的人容易激动,情绪起伏大,血压升高的幅度会更大。另外,亲人和朋友要帮助A型人格的人调整情绪,A型人格者发脾气时,旁人最好不要马上劝解,否则可能让他们更加气上加气,应该事前提醒或劝诫。建议A型人格者如果感到疲劳,千万不要硬撑,注意充分休息。

二、人格障碍与调适

(一)偏执型人格障碍(Paranoid Personality Disorder)

偏执型人格障碍是一种以猜疑和偏执为主要特点的人格障碍。为了便于诊断,《中国精神疾病分类方案与诊断标准》中将偏执型人格的特征描述为:

(1)广泛猜疑,常将他人无意的、非恶意的甚至友好的行为误解为敌意或歧视,或无足够根据,怀疑会被人利用或伤害,因此过分警惕与防卫。

(2)将周围事物解释为不符合实际情况的"阴谋",并可成为超价观念。

(3)易产生病态嫉妒。

(4)过分自负,若有挫折或失败则归咎于人,总认为自己正确。

(5)好嫉恨别人,对他人的错不能宽容。

(6)脱离实际地好争辩与敌对,固执地追求个人不够合理的"权利"或利益。

(7)忽视或不相信与患者想法不相符合的客观证据,因而很难以说理或事实来改变患者的想法。

患者的症状至少要符合上述项目中的三项,方可诊断为偏执型人格障碍。偏执型人格的人很少有自知之明,对自己的偏执行为持否认态度,因此在社会上人数和比例确实不详。据1988年上海市青少年心理卫生调查资料表明,这种人格障碍的人数占心理障碍总人数的

5.8%,实际情况可能要超过这个比例。在调查研究中还发现,偏执型人格障碍患者中以男性较多见,且以胆汁质或外向型性格的人居多。对偏执型人格障碍的治疗应采用心理治疗为主,以克服多疑敏感、固执、不安全感和自我中心的人格缺陷。

(二)回避型人格障碍(Avoidant Personality Disorder)

回避型人格又叫逃避型人格,其最大特点是行为退缩、心理自卑,面对挑战多采取回避态度或无能应付。《中国精神疾病分类方案与诊断标准》中对回避型人格的特征定义为:

(1)很容易因他人的批评或不赞同而受到伤害。

(2)除了至亲之外,没有好朋友或知心人(或仅有一个)。

(3)除非确信受欢迎,一般总是不愿卷入他人事务之中。

(4)行为退缩,对需要人际交往的社会活动或工作总是尽量逃避。

(5)心理自卑,在社交场合总是缄默无语,怕惹人笑话,怕回答不出问题。

(6)敏感羞涩,害怕在别人面前露出窘态。

(7)在做那些普通的但不在自己常规之中的事时,总是夸大潜在的困难、危险或可能的冒险。

只要满足其中的四项,即可诊断为回避型人格。

回避型人格形成的主要原因是自卑心理。心理学家认为,自卑感起源于人的幼年时期,由于无能而产生的不胜任和痛苦的感觉,也包括一个人由于生理缺陷或某些心理缺陷(如智力、记忆力、性格等)而产生的轻视自己、认为自己在某些方面不如他人的心理。对这类人格障碍的治疗,可以从消除自卑感、正确认识自己、提高自我评价等几方面着手。

(三)自恋型人格障碍(Narcissistic Personality Disorder)

自恋型人格,是指个体需要不断从外部获得认可来维持自尊的一种人格特征。"自恋"这个词来源于希腊神话中爱上自己水中倒影的少年纳西索斯,最终因为倒影无法满足自己而死,变成了一株水仙。

有心理学家认为,当代社会的一些特征正在不断强化人们的自恋意识:现代社会的快节奏、社交媒体强化个人的形象包装,迎合了个人的虚荣心,也使得人们更重视短时印象,因为持久的品质只在小范围的、相对稳定的人群里才会受到褒奖。

据 DSM-5 的统计,在被诊断为自恋型人格障碍的个体中,50%~75%是男性。而如果在以下9个表现中有5个以上符合,则可以被考虑为自恋型人格障碍:

(1)自我重要性的夸大感。

(2)幻想中,自己应该有着无限成功、权力、才华、美丽或理想爱情。

(3)认为自己生来优越和独特;只能被其他特殊的或地位高的人或机构理解和交往。

(4)需要他人过度的赞美。

(5)有一种权利感,即不合理地期望特殊的优待,或者他人自动顺从自己的期望。

(6)在人际关系上剥削他人(为了达到自己的目的而利用别人)。

(7)缺乏共情,难以认识到他人的需求、主观体验和感受。

(8)常常嫉妒他人,或者认为他人嫉妒自己。

(9)高傲、傲慢的行为或态度。

克里斯托弗·拉什(Christopher Lasch,1991)在《自恋主义文化》中说:"对于自恋者来说,世界就是一面镜子,就像纳西索斯一样,他们永远只能从中看到自己,沉迷在自己的世界里。也因此,他们的世界里没有其他人,他们不愿识别或认同他人的感受和需求,无法不带有评判眼光地接受他人,也因此而缺乏爱的能力,无法和他人建立良好稳定的关系。对自恋者来说,他人只是自己利用、剥削和寻求心理平衡的对象。"

很多沮丧型自恋者,是更为隐蔽的。他们给人留下的印象是自卑、怯懦的,但内心其实在低自尊的同时,又对自我有着过高的评价。这种潜伏的自恋感,很多时候是他们与别人建立良好关系以及获得真正进步的阻碍。但比起膨胀型自恋者,他们有更多的机会,通过自我觉察,把自己改变成更健康的人格,因为他们仍有能力感到那些消极的情绪和感受。

对于自恋型人格来说,人生就是一场表演,而破解自恋的钥匙,首先是面对那个面具下真实的自己,让自己被那份真实刺痛。

第五节 ◉ 大学生健康人格塑造的途径和方法

一、理解健康人格的内涵

健康人格是个人根据自己的生活方式和生活风格逐步建立起来的一种自我意识,是人的世界观、心理素质、道德修养等方面的综合体现和重要标志,也是人能够准确把握自己、寻找适合自己发展的社会位置、获得他人尊重和好感的基础。大学生健康人格的主要表现为以下几个方面:

1.具有正确的自我意识

具有健康人格的大学生对自己应有恰如其分的评价,充满自信,扬长避短,在日常生活中能有效地调节自己的行为,与环境保持和谐、平衡。

2.具有良好的情绪调控能力

人格健康的大学生具有调节和控制情绪的能力,经常保持愉快、开朗的心境并且具有幽默感;当消极情绪出现时,能合理宣泄、排解、转移。

3.具有良好的社会适应能力

人格健康的大学生能和社会保持良好的接触,以一种开放的态度主动关心社会、了解社会,观察所接触的各种事物现象,能看到社会发展的积极面和主流并具有社会责任感;能与时俱进,使自己的思想、行为跟上时代的发展,与社会的要求相符合,表现出能适应新的环境。

4.具有乐观的生活态度

人格健康的大学生常能看到生活的光明面,对前途充满希望和信心,对自己所从事的工作或学习抱有浓厚的兴趣,并能在工作和学习中发挥自身的智慧和能力,获得成功;即使生活中遇到困难和挫折,也勇于面对、不畏艰险、勇于拼搏。

5.具有健康的审美情趣

健康的审美情趣对于大学生树立审美观、人生观、科学的世界观、塑造健康的人格结构具有重要作用。大学生具有高尚、健康的审美情趣,能提高自身的修养,自觉抵制各种不健康思想的侵蚀,追求更高的人生价值,实现人格的自我完善。

二、培养把握人生的主动意识,做一个积极主动的人

人具有决定自己一生的能力,人的一生是个体的选择而不是环境所决定的。积极心理学家希尔森和玛丽(Hillson & Marie,1999)在问卷研究的基础上将积极的与消极的人格特征进行了区分。认为积极的人格特征中存在两个独立的维度:(1)正性的利己特征;(2)与他人的积极关系。前者是指接受自我、具有个人生活目标,或能感觉到生活的意义、感觉独立、感觉到成功,或者是能够把握环境和环境的挑战;后者则指的是当自己需要的时候能获得他人的支持,在别人需要的时候愿意并且有能力提供帮助,看重与他人的关系并对于已达到的与他人的关系表示满意。

积极心理学家们指出,积极的人格特质可以被界定为反映个体思想、情感和行为的积极品质,是个体核心的人格特质。积极的人格特质是人固有的、实际的、潜在的、具有建设性的力量,是人的长处、优势和美德。具有积极的人格特质的人更具有创造性、自我实现、不断发掘自身潜能等特点,而且主观幸福感强。因此,我们说,大学生的人格培养和塑造,首先是自己要有自我提升的主动意识。换言之,只有希望自己更好,自己才会变得更好。

优化自我人格,提升健康水平

活动目的:以积极思维,重新审视自我人格,促进人格优化。

活动操作：

（1）6人一组围成圈坐好，每名同学在一张A4纸上写出自认为不良的人格特征3~5项。

（2）针对上述3~5项人格特征，自己尝试过何种改善？效果如何？小组成员进行交流。

（3）小组成员展开讨论，对每名同学写下的不良人格特征进行积极赋议。例如，急躁——做事雷厉风行，干净利落，活动效率高；疑虑——自我保护意识强，不易受欺骗和伤害；胆小——不争强好胜，永远不会处于风口浪尖，有助于增强生活的平衡感和安全感。

（4）请大家讨论某些人格特征在哪些情况下具有积极作用，在哪些情况下具有消极作用。如何避免其消极作用，促进人格优化。

（5）对自己较难改善的不良人格特征，学习用接纳、宽容的态度去面对，体会由此带来的感受和变化。

三、准确认识自我，克服人格弱点

塞利格曼等人提出，每个人都有自己与众不同的人格优势，如果我们善于在日常生活中运用这些优势，将会最大限度地增进我们的幸福体验。所有优势中，感恩、爱与被爱、希望、乐观这些"心灵"优势又占据着更重要的地位。例如：希望、乐观被证明对应对方式具有重要影响。在面对生活压力事件(如父母离异、亲人去世)时，悲观者往往采取否认、逃避的态度消极应对；而乐观倾向者则赋予事件积极意义，主动寻求社会支持，利用活动或爱好转移注意力。表现出更好的心理调节能力，这对于激发与保持较高的幸福感构成一种心理保障。

四、增强大学生心理弹性

心理弹性是个体面对内外压力困境时，激发内在潜在认知、能力或心理特质，运用内外资源积极修补、调适机制的过程，以获取朝向正向目标的能力、历程或结果。王丽在《增强心理弹性应对挫折和困难》中提到四点增强心理弹性的方法。(1)承认挫折，面对现实。面对外面的打击，首先要敢于承认自己受到挫折，这也是需要勇气的，清醒地认识到这一点后才有利于让你重新审视自己，让自己从完美的幻想中真正看到现实，然后坚强地、勇敢地面对它。(2)社会支持和帮助。在遭受挫折之后，要学会倾诉，学会寻求社会支持和帮助，不要怕别人会因此而看不起你、嘲笑你。每一个人在生活中都会遇到挫折和失败，幸福的事情与朋友和家人分享，快乐就会成为双重的；痛苦与朋友和家人分担，则痛苦会相应减少。(3)调整心态,改变不合理观念。在受到挫折或不如意时，有些人总是觉得自己太无能了，而别人多么幸运、多么能干,这样把一个小事件的发生当作对自己全盘的否定,这种心态未免偏激。挫折无可避免,不要想着人在这个世界上能一帆风顺、毫不受气,即使再成功的人,也会遇到挫折、麻烦和失败。(4)增强心理弹性。弹性是一种心理能力,有弹性的个体在面临压力和逆境时能够很好地应对,而不会被击垮。

常保瑞、方建东在《心理弹性的研究及其对教育的启示》中得出以下四点启示,对我们树立正确的方法有重要的作用。(1)注重家庭的基本功能,父母是孩子探索外部世界的原点。研究表明,婴儿期的安全依恋、父母一致的教养方式以及和谐的家庭环境是影响心理弹性的重要因素。因此,为孩子创造一个具有凝聚力的家庭环境有利于提高人的心理弹性。(2)重视学校的人际支持。随着心理健康知识的普及,人们自然会考虑如何在学校教育中采取措施增进学生的心理弹性。学校是大学生成长的重要环境,同伴关系、师生关系都影响着他们各方面的发展。(3)注重社会支持功能,帮助青年大学生健康成长是全社会的责任。我们每个人都可能遭遇失败、挫折,这是很正常的事情。应允许学生犯错,引导他们积极地看待压力、挫折和创伤等消极生活事件,甚至进行挫折教育,让他们以积极乐观的态度去面对。(4)注重培养个体的优秀品质。许多研究表明,高自尊、高自我效能感、以问题为导向的应对方式、乐观且有责任感的人在经历高危或重大消极生活事件后仍能发展良好。

五、促进大学生心理内部的和谐发展

人格健康的人具有正确的自我意识,能对自己以及自己与周围环境的认识比较客观、实事求是。这种人明了自己的内心世界,明了自身的存在价值,有自知之明,即对自己的能力、气质、性格和优缺点往往能做出恰当、客观的分析和评价,对自己无明显苛刻、非分的期望与要求。在日常表现中有较强的自我控制能力,既不清高、狂妄,又不自轻自贱、妄自菲薄,善于正确地自我接纳,包括自己的长处或短处。人格健康的人,他们的需要和动机、兴趣和爱好、智慧和才能、人生观和价值观、理想和信念、性格和气质等都朝着积极的方向发展。

学校教育要做到智育与德育的结合。道德是一种社会现象,是某一个阶级或集团所遵守的社会行为准则。道德、品质是道德现象在个人身上的反映,是个人依据一定的道德准则行动时所表现出来的稳定的倾向和特征。它在性格结构中属于高层次部分。只有把一个个具体、特殊的行为情景内化为个人性格的一部分,形成良好的道德品质,才能使自己的行为在任何情景下都符合道德要求。这也是健康人格者不可缺少的性格特征。作为人格养成的重要环节,"德育"作为一种特殊的教育活动,不仅影响着人们的人生观、价值观,也是引导学生实现人生与社会价值的重要途径。我们的课堂教学,在实现"智育"的同时,将知识传授和价值引领有机结合,在知识传播中强调价值引领,将"德育"与"智育"有机融合在一起,不仅要教会学生如何应用专业知识,让学生拥有立足于激烈竞争环境中的专业力量,更要做好立德树人,让学生拥有良好的品行,成为德才兼备、全面发展的综合型人才。

思考题

1. 人格的概念是什么?
2. 气质类型有哪些?气质与性格的关系是什么?
3. 你如何理解健康人格的标准?我们应如何调整自己?

阅读推荐

1.《人格心理学入门》,[美]马修·H.奥尔森、B.R.赫根汉著,陈会昌、苏玲译.北京:中国人民大学出版社,2018.

推荐理由:作者站在超然、中立、整合的立场,回顾了所有有代表性和影响力的人格理论,提出了人格理论的6大范型,涉及1种人格理论和18位心理学家。通过追溯这18位心理学家的生平,探寻了其人格理论的源头和发展成熟过程。

2.《24个比利》,[美]丹尼尔·凯斯著,邢世阳译.北京:中信出版集团,2018.

推荐理由:作者丹尼尔·凯斯在俄亥俄州阿森斯市的阿森斯心理健康中心第一次见了比利。比利要求凯斯记述他的故事,并向其保证,他是第一个得知他内心感触的人,甚至比利的律师和精神病医生都不完全知晓;他希望让世人了解他的精神疾病。凯斯对比利的情况存有疑虑但又颇感兴趣,当凯斯在《新闻周刊》看到登载篇题为《比利的十副面孔》的文章,进一步激发了他的好奇心。作者凯斯始终保持着质疑的态度。然而,在与比利共同撰写本书的两年里,比利的回忆和态度又令凯斯不得不相信,此书披露的现象的确是事实。

3.《精力管理》,[美]吉姆·洛尔、托尼·施瓦茨著,付涛译.北京:中信出版社,2003.

推荐理由:这本书提出了"管理精力,而非时间"的观点,建议从整体角度来看待工作和生活,关注重点不再是单纯的时间管理,而是在高效工作的同时,也能兼顾其他对身体、心理和精神健康有益的事情。

这是一本实用的书,它为你展开一个真实的世界。在这里,做出改变的方法唾手可得,只要你有明确的目标和规划,就可以一步一步开始实践。这是一本老书,2003年在美国出版,成为《纽约时报》畅销书,2012年在美国排名居高不下,已被世界500强企业列为员工培训书目。这又是一本新书,在一个24小时不停歇的社会,重新提出精力管理的价值和意义,为陷在满满日程表中茫然若失的人们指明了出路。

电影推荐

1.《致命ID》

这部电影讲述的是发生在暴风雨夜的故事。在一个漆黑的夜晚,一片无边无际的沙漠荒原,一场肆虐的暴风雨,将矗立在其中的一座汽车旅馆与外界完全隔离,道路不通,通信中断。11个此前相互完全不了解的陌生人,被迫聚集在这个摇摇欲坠的破汽车旅馆中。拉里·华盛顿是这家汽车旅馆的老板,他的举止异常,似乎潜藏着很多秘密。

2.《黑天鹅》

这部电影讲述的是有关芭蕾舞者的超现实故事。《天鹅湖》排练的过程中因前领舞贝丝离去,总监托马斯决定海选新领舞,扮演双重人格的"天鹅皇后"这一具有难度的角色。女主角妮娜原本是一个资深芭蕾舞演员,她发现自己被困在了与另一个舞者的竞争状态中,在竞争领舞的过程中一步步触碰到自己内心所隐藏的激烈的阴暗面,直击人内心欲望的暗涌、人格中的"恶",在人性黑白两面的纠结中寻求理智。

视频推荐

《婚恋-职场-人格》网址:

https://www.icourse163.org/course/0305WHUT002StoM－1002186003？utm_campaign=share&utm_medium=androidShare&utm_source=#/info

心理测试

A型人格测量

● 指导语:请您根据自己的情况回答下列问题。符合您的情况的就写"是",不符合则写"否"。每个问题必须回答,答案无所谓对与不对,好与不好。请尽快回答,不要在每道题目上进行太多思索。回答时不要考虑"应该怎样",只回答您平时"是怎么样的"就行了。

1. 我总是力图说服别人同意我的观点。
2. 即使没有什么要紧的事,我走路也快。
3. 我经常感到应该做的事太多,有压力。
4. 我自己决定的事,别人很难让我改变主意。
5. 有些人和事常常使我十分恼火。
6. 在急需买东西但又要排长队时,我宁愿不买。
7. 有些工作我根本安排不过来,只能临时挤时间去做。
8. 上班或赴约会时,我从来不迟到。
9. 当我正在做事,谁要是打扰我,不管有意无意,我总是感到恼火。
10. 我总是看不惯那些慢条斯理、不紧不慢的人。
11. 我常常忙得透不过气来,因为该做的事情太多了。
12. 即使跟别人合作,我也总想单独完成一些更重要的部分。
13. 有时我真想骂人。

14. 我做事总喜欢慢慢来,而且思前想后,拿不定主意。
15. 排队买东西,要是有人加塞,我就忍不住要指责他或出来干涉。
16. 我觉得自己是一个无忧无虑、自由自在的人。
17. 有时连我自己也觉得,我所操心的事远远超过我应该操心的范围。
18. 无论做什么事情,即使比别人差,我也无所谓。
19. 做什么事我也不着急,着急也没有用,不着急也误不了事。
20. 我从来没有想过要按自己的想法办事。
21. 每天的事情都使我精神十分紧张。
22. 就是逛公园、赏花、观鱼等,我也总是先看完,等着同来的人。
23. 我常常不能宽容别人的缺点和毛病。
24. 在我认识的人里,个个我都喜欢。
25. 听到别人发表不正确的见解,我总想立即去纠正他。
26. 无论做什么事情,我都比别人快一些。
27. 当别人对我无理时,我对他也不客气。
28. 我总觉得我有能力把一切事情办好。
29. 聊天时,我也总是急于说出自己的想法,甚至打断别人的话。
30. 人们认为我是个安静、沉着、有耐性的人。
31. 我觉得在我认识的人之中,值得我信任和佩服的人实在不多。
32. 对未来我有许多想法和打算,并总想都能尽快实现。
33. 有时我也会说人家的闲话。
34. 尽管时间很宽裕,我吃饭也快。
35. 听人讲话或报告,如果讲得不好,我就非常着急,总想还不如我来讲。
36. 即使有人欺负了我,我也不在乎。
37. 我有时会把今天该做的事拖到明天去做。
38. 人们认为我是一个干脆、利落、高效率的人。
39. 有人对我或我的工作吹毛求疵时,很容易挫伤我的积极性。
40. 我常常感到时间晚了,可一看表还早呢。
41. 我觉得我是一个非常敏感的人。
42. 我做事总是匆匆忙忙的,力图用最少的时间办尽量多的事情。
43. 如果犯了错误,不管大小,我全都主动承认。
44. 坐公共汽车时,我常常感到车开得太慢。
45. 无论做什么事,即使看着别人做不好,我也不想替他做。
46. 我常常为工作没有做完,一天又过去了而感到忧虑。
47. 很多事情如果由我来负责,情况要比现在好得多。

48. 有时我会想到一些说不出口的坏念头。
49. 即使领导我的人能力差、水平低,不管怎么样,我也能服从和合作。
50. 必须等待什么的时候,我总是心急如焚,缺乏耐心。
51. 我常常感到自己能力不够,所以在做事遇到不顺利时就想拖延。
52. 我每天都看电视,也看电影,不然心里就不舒服。
53. 别人托我办的事,只要答应了,我从不拖延。
54. 人们都说我很有耐性,干什么事都不着急。
55. 外出乘车、船或跟别人约定时间办事时,我很少迟到。
56. 偶尔我也会说一些假话。
57. 许多事本来可以大家分担,但我喜欢一个人去干。
58. 我觉得别人对我的话理解太慢,甚至理解不了我的意思。
59. 我是一个性子暴躁的人。
60. 我常常容易看到别人的短处而忽视别人的长处。

● 评分标准:

第 13、14、16、18、19、30、33、37、45、48、49、51、54、56 题,回答"否",计 1 分;其他题目回答"是",计 1 分。

TH:时间匆忙感、时间紧迫感、做事快。

● 题目号码:1,4,5,9,12,16,17,18,23,25,28,30,31,35,39,41,45,47,49,50,52,54,57,59,60

CH:争强好胜、怀有戒心或敌意、缺乏耐心。

● 题目号码:2,3,6,7,10,11,14,15,19,21,22,26,29,32,34,37,38,40,42,44,46,51,53,55,58

测试者 TH+CH 得分为 18 分以下,19~26 分,27 分,28~35 分,36 分以上时,则分别代表的人格类型为 B 型、B-型、极端中间型、A-型、A 型。也可用另一种方法计分,即被试 TH+CH 得分以 27 分为界,得分为 27 者为极端中间型,而该分数以下及以上者分别代表的 B 型倾向和 A 型倾向的人格类型。

注意:如果你的 8,13,20,24,27,33,36,43,48,56 这 10 个题目的得分超过了 5 分,那么本次测试的可信度则不会很高,因为你可能在回答问题时有所隐瞒。

第五章 人际交往与心理健康

哦,朋友,这就是我的肺腑之言。因为有了你,蓝天才广阔无垠;因为有了你,玫瑰才火红艳丽。

——爱默生

案例导读

一个大学生人际关系不良的案例

张某,女,18岁,大一。自述经常一个人独来独往,除了学习,基本上很少参加活动。一个半月前,自己晚上一个人去上自习,那天下了大雨,却忘记了自己在宿舍阳台上(露天的)晾的衣服和被褥。等到晚上回宿舍时衣服、被褥都被淋湿了,衣服还被风吹丢了一件,她感到非常生气,觉得几个室友都在宿舍,却没有人帮忙收一下,想发作但是又觉得和她们争论很无聊,于是便忍住了。她随便拿了一套被子爬上了床,却怎么也睡不着,越想越觉得人与人之间感情冷漠,关系复杂,难以相处。自从这件事情之后,她就经常睡眠不好,头痛,记忆力下降,越发沉默寡言。临近期末考试,室友们平时不好好学习,上课也不记笔记。现在临时抱佛脚,就来拉拢自己,要求一起上自习,抄写课堂笔记。自己虽然不愿帮助她们,但也没办法,内心痛苦、烦躁,无法静心复习,这也严重影响了自己的学习。

**讨论：**

怎样看待案例中主人公的心理和情绪状态？在人际关系的处理中是否出现了不正确的认知？原因是什么？应该怎样应对？

社会生活中的每一个人都生活在人际关系网中，每个人的成长和发展都依存于人际交往。人际关系的好坏往往是一个人心理健康水平、社会适应能力的综合体现。飞行员、管制员、机务人员因为独自工作的工作性质，缺乏足够的人际交往，就需要具备很强的环境适应和人际沟通训练，以防止造成孤僻、封闭的性格；乘务人员要接触形形色色的旅客，处理突发事件，更需要具备良好的人际交往和沟通能力。人际关系同样对大学生的心理健康具有十分重要的意义。对于正在学习、成长中的大学生来说，人际交往是生活的基本内容之一。同学之间、师生之间、老乡之间、室友之间、个人与班级以及和学校之间等错综复杂的社会交往，构成了大学生人际交往的网络系统。培养良好的人际交往能力，不仅是大学生活的需要，更是将来适应社会的需要。

良好的人际关系会使人心情舒畅，体会到温暖和归属感。身处这样的环境，同学们热爱学习、热爱生活，乐于接纳他人，可以大大提高学习生活的有效性。反之，如果人际关系长期处于紧张、冷漠、冲突的状态中，同学们将处处感到孤独、寂寞和无助，其结果必然影响大学生的学习和生活。帮助大学生建立和谐、融洽的人际关系，对大学生具有极其重要的意义。

第一节 ● 人际交往概述

一、人际交往及作用

人际交往是人们为了相互间交流思想，交换意见、表达情感、需要等目的，运用语言符号（包括言语和非言语，如面部表情、手势、体态等）而实现的沟通。人际交往能力是现代人不可缺少的素质，主要包括：语言表达能力、倾听能力、自我觉察能力、观察能力，以及处理生活中突发事件的应变与协调能力，等等。飞行院校大学生的主要任务是为走向社会做职业前阶段的专业基础准备，而人际交往能力的培养则是必要的准备。

人际交往的目的和动机主要有信息的相互交流、感情的相互沟通、行为的相互协助。其具体作用表现在以下几个方面：

（一）满足本我需求

婴儿一出生就需要周围环境能为其提供温暖、舒适、食物和安全，以保证其健康成长。通常母亲能为其提供这些需要。在婴儿与母亲的积极交往中，婴儿与母亲形成和发展了积极的情感联系，这是人类个体最早形成的社会性交往。大量的研究结果表明，人类个体早期的社会性交往是以后适应社会生活的基础，也是个体的个性发展的基础。社会心理学家赞-威克斯勒（C.Zahn-Waxler & M.Radke-Yarrow, 1979; E.Maccoby, 1982）等人的研究发现，在母婴的积极交往中，在母亲的指导下，婴儿学会了大量的社会行为规范，形成了许多良好的社会行为，如与人分享、谦让、合作、团结、同情、关心、帮助他人、尊敬长辈和文明礼貌等。也正是在与母亲的积极交往和相互作用中，在母亲的指导和要求下，婴儿还学会了参与交往、发动交往和维持交往，解决交往中的冲突和矛盾，习得了最初的社会交往技能，并积累了社会交往经验。大量的研究都表明，婴儿与母亲的关系是以后形成诸多社会关系的基础，母婴关系在很大程度上影响了婴儿以后人际关系的形成和人际关系的质量。

无论是灵长类动物还是人类，都表现了与其他个体进行交往的本能需要，而且这种本能需要的满足还进一步影响和制约了个体的健康成长和发展。人类天生就有与别人共处、与别人交往的需要，也只有在与别人的正常交往中保持一定的情感联系，形成亲密的人际关系，人才会有安全感。

（二）满足基本社会需求

人是社会的动物，大多数人都愿意生活在人群中。人们害怕孤独，强烈的孤独感会使人难以忍受，以致影响身心健康。心理学家马斯洛认为：生理需要、安全需要、归属和爱的需要、尊重的需要、自我实现的需要这五个层次的需要是逐级上升的。当一个层次的需要获得相对满足以后，人就会追求上一个层次的需要，这就成了驱动行为的动力。其中，社交需要希望伙伴之间、同事之间关系融洽。每个人都不希望自己离群索居，而是渴望别人了解自己，都希望归属于一定的集团或群体，并得到相互关心和照顾。面对生活中不可避免的矛盾，人们会产生这样或那样的情绪，或焦虑，或抑郁，或失望，或恐惧，或苦恼，或悲观。不良情绪如果得到及时宣泄，可以避免心理疾病的产生。如果不良情绪得不到适当宣泄，久而久之，就会造成身心紧张，影响健康甚至导致疾病。良好的人际关系不仅是人们健康的基本条件，同时也是治疗心理障碍的一个重要资源。

（三）自我肯定的需求

在 20 世纪初，社会学家库利（C.H.Cooley, 1902）发现，个体对自己的认识是先从认识别人的评价开始的。别人对个体的评价、态度，包括对待他们的行为方式就像一面镜子，使个体从中了解了自己、界定了自己，并形成了相应的自我概念。例如一个人被他的父母所钟爱，被他的老师所重视，被他的朋友所尊重，大家都愿意和他交往，那么这个人就一定会认为自己是一个具有某些令人喜爱的品质的人。如果有一个人常常被老师和同学推举担任某项工作,大家有难题时也都愿意向他请教,那么这个人一定会认为自己是一个在某些方面具有才能的人。认识自我、确立自我、发展自我、完善自我,是一个人青年时代重要的心理过程。而要达成这一目标,他人的评价很重要。大学生通过与他人相处,与他人比较,并通过他人的评价,可以看到自己的价值、优点和缺点,从而正确认识自我。个性的形成和发展也需要在交往中去实现。只有在交往中,自我才会完善,个性才会发展。

扩展阅读

恒河猴实验

人际交往对人类的健康发展不仅具有深刻的生物学意义,还具有心理学意义。动物学家哈罗(H.Harlow & M.Harlow,1966)曾做过一项恒河猴的有趣研究(如图5-1所示),研究者将小猴与猴妈妈分开,让它与一个用金属制成的和一个用绒布制成的假妈妈一起生活。金属猴妈妈能为小猴提供食物,绒布猴妈妈不能提供食物。结果,在165天的实验过程中,小猴同金属妈妈和绒布妈妈待在一起的时间有显著差异。小猴在绒布妈妈身旁的时间平均每天达到16小时以上,它总是设法待在绒布妈妈身旁,与其拥抱、亲昵或在绒布妈妈的怀里睡觉。相反,小猴每天在金属妈妈身旁待的时间只有1.5个小时,而这期间还包括吃奶的时间在内。可见,动物之间的依附行为或交往行为取决于机体寻求温暖、舒适的本能需要,温暖和舒适能为机体提供安全感。

图 5-1　恒河猴实验

二、人际交往的理论

涉及人际交往过程的个体心理需要满足方面的社会心理学理论主要有两种：一是人际需要的三维理论；二是社会交换理论。

（一）人际需要的三维理论

社会心理学家舒茨（W.Schutz,1958）提出了人际需要的三维理论。舒茨认为，每一个个体在人际互动过程中，都有三种基本的需要，即包容需要、支配需要和情感需要。这三种基本的人际需要决定了个体在人际交往中所采用的行为，以及如何描述、解释和预测他人行为。三种基本需要的形成与个体的早期成长经验密切相关。

1.包容需要

包容需要指个体想要与人接触、交往、隶属于某个群体，与他人建立并维持一种满意的相互关系的需要。在个体的成长过程中，若是社会交往的经历过少，父母与孩子之间缺乏正常的交往，儿童与同龄伙伴也缺乏适量的交往，那么，儿童的包容需要就没有得到满足，他们就会与他人形成否定的相互关系，产生焦虑，于是就倾向于形成低社会行为，在行为表现上倾向于内部言语，倾向于摆脱相互作用而与人保持距离，拒绝参加群体活动。如果个体在早期的成长经历中社会交往过多，包容需要得到了过分的满足的话，他们又会形成超社会行为，在人际交往中，会过分地寻求与人接触、寻求他人的注意，过分地热衷于参加群体活动。相反，如果个体在早期能够与父母或他人进行有效的适当的交往，他们就不会产生焦虑，他们就会形成理想的社会行为，这样的个体会依照具体的情境来决定自己的行为，决定自己是否应该参加或参与群体活动，形成适当的社会行为。

2.支配需要

支配需要指个体控制别人或被别人控制的需要，是个体在权力关系上与他人建立或维持满意人际关系的需要。个体在早期生活经历中，若是成长于既有要求又有自由度的民主气氛环境里，个体就会形成既乐于顺从又可以支配的民主型行为倾向，他们能够顺利解决人际关系中与控制有关的问题，能够根据实际情况适当地确定自己的地位和权力范围。而如果个体早期生活在高度控制或控制不充分的情境里，他们就倾向于形成专制型的或是服从型的行为方式。专制型行为方式的个体，表现为倾向于控制别人，但却绝对反对别人控制自己，他们喜欢拥有最高统治地位，喜欢为别人做出决定；服从型行为方式的个体，表现为过分顺从、依赖别人，完全拒绝支配别人，不愿意对任何事情或他人负责任，在与他人进行交往时，这种人甘愿当配角。

3.情感需要

情感需要指个体爱别人或被别人爱的需要，是个体在人际交往中建立并维持与他人亲密的情感联系的需要。当个体在早期经验中没有获得爱的满足时,个体就会倾向于形成低个人行为,他们表面上对人友好,但在个人的情感世界深处,却与他人保持距离,总是避免亲密的人际关系;若个体在早期经历中被过于溺爱,他就会形成超个人行为,这些个体在行为表现上,强烈地寻求爱,并总是在任何方面都试图与他人建立和保持情感联系,过分希望自己与别人有亲密的关系;而在早期生活中经历了适当的关心和爱的个体,则能形成理想的个人行为,他们总能适当地对待自己和他人,能适量地表现自己的情感和接受别人的情感,又不会产生爱的缺失感,他们相信自己会讨人喜爱,而且能够依据具体情况与别人保持一定的距离,也可以与他人建立亲密的关系。

(二)社会交换理论

社会学家霍曼斯(G.C.Homans,1958)采用经济学的概念来解释人的社会行为,提出了社会交换理论。他认为人和动物都有寻求奖赏、快乐并尽少付出代价的倾向,在社会互动过程中,人的社会行为实际上就是一种商品交换。人们所付出的行为肯定是为了获得某种收获,或者逃避某种惩罚,希望能够以最小的代价来获得最大的收益。人的行为服从社会交换规律,如果某一特定行为获得的奖赏越多的话,他就越会表现这种行为,而某一行为付出的代价很大,获得的收益又不大的话,个体就不会继续从事这种行为。这就是社会交换。

霍曼斯指出,社会交换不仅是物质的交换,而且还包括赞许、荣誉、地位、声望等非物质的交换,以及心理财富的交换。个体在进行社会交换时,付出的是代价,得到的是报偿,而利润就是报偿与代价的差值。个体在社会交往中,如果给予别人的多,他就会试图从双方的交往中多得到回报,以达到平衡。如果他付出了很多,但得到的却很少,他就会产生不公平感,就会终止这种社会交往。相反,如果一个人在社会交往中总是付出的少,得到的却多,他就会希望这种社会交往继续保持,但同时也会产生内疚感。只有当个体感到自己的付出与收益达到平衡时,或者自己在与他人进行社会交往时,自己的报偿与代价之比相对于对方的报偿与代价之比是同等的时候,个体才会产生满意感,并希望双方的社会交往继续保持下去。

扩展阅读

合群需要

美国社会心理学家沙赫特(S.Schachter,1959)曾经做过一项实验,探讨处于孤独状态下的个体的合群需要。研究者先将被试分为高恐惧组和低恐惧组,在高恐惧组条件下,主试告诉被试,他们将参加一项电击实验,电击会很厉害、很痛,但不会留下永久性伤害,而且这项研究是为了获取有关人类发展的某些有用的资料;在低恐惧组条件下,被试被告知,电击时只是有点痛,感觉有些轻微的震动,不会有任何伤害性后果。然后,在被试等待接受电击的时间里,研究者逐个询问他们,是愿意独自等待,还是想与其他人一起等待。结果发现,当个体对周围环境缺乏了解和把握,当个体心情紧张、有高恐惧感时,他们倾向于寻求与他人在一起,倾向于寻求他人伴同。而处于低恐惧的情况下,这种合群的需要并不那么强烈。可见,与人交往能增加人的安全感,降低恐惧感。

我们在日常生活中也往往如此。例如,当你得知你的某个观点被他人所反对时,你一定会觉得很沮丧,同时会有一种恐惧感。可是,如果这时你知道与你持同样观点的不止你一人,你又会感到减轻了恐惧感,得到了安全感。在我们的社会生活中,每一个人都具有合群需要,个体不可能没有人际交往,适当的人际交往是人类个体满足自身合群需要的手段。

第二节 ● 人际交往的过程

人与人之间从毫无联系的陌生人,到建立并发展形成良好的人际关系,这其中要经历一个复杂的心理过程。要了解这一过程,首先要了解人际交往的状态。

一、人际交往的状态

莱文格和斯诺克(G.Levinger & G.Snoek,1972)以图解的方式,对人际相互作用水平随时间的递增关系做了直观的描述(如图5-2所示)。

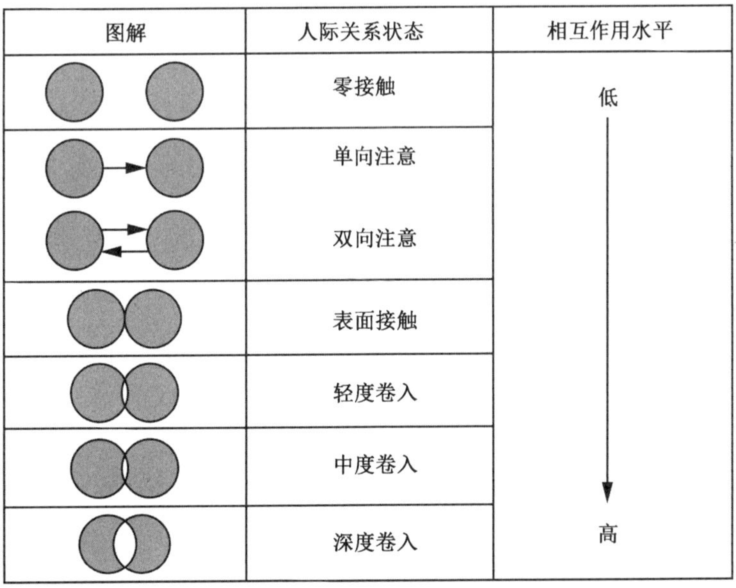

图解	人际关系状态	相互作用水平
○ ○	零接触	低
○→○	单向注意	↓
○⇄○	双向注意	
○○	表面接触	
◐◑	轻度卷入	
◐◑	中度卷入	
◉	深度卷入	高

图5-2 人际关系状态

（一）零接触

两个人彼此没有任何关联,彼此处于零接触状态。

（二）单向注意

如果一方开始注意到另一方,表明他有了与对方交往的意向,处于单向注意阶段。

（三）双向注意

双方相互注意,彼此之间的相互作用开始,双方关系处于双向注意状态。尽管都获得了对于对方的初步印象,但由于没有语言的沟通,也就没有相互的情感卷入。

（四）表面接触

从交往双方开始直接谈话,有了语言交流的那一刻起,彼此就产生了直接接触。但是,由于彼此还不了解,对对方还缺乏信任,抱有防卫心理,所以最初的直接接触是表面的。谈论的话题常常是不涉及内心情感的。但表面接触是双方情感关系发展的开始,人与人的交往,总要相互接触、交流。

（五）轻度卷入

随着双方沟通的深入和扩展,发现两个人共同认可的内容越来越多。双方真实情感有了融合,即双方共同的心理领域逐渐呈现。但是此阶段,彼此情感投入不足,情感联系仍然只处于较低的水平,这一阶段的人际交往处于轻度卷入状态。

（六）中度卷入

随着双方交流领域的扩展,交往双方已发现较大的共同心理领域,同样双方的心理世界也有较大的重合,彼此的情感融合范围也相应较大,人际交往进入中度卷入状态。

（七）深度卷入

两人继续交往下去,双方发现的共同的心理领域大于不同的心理领域,彼此的心理世界高度(但不完全)重合,情感融合的范围也覆盖了大多数的生活内容,此时人际交往则进入了深度卷入的状态。这就是通常人们所说的"人生难得一知己"的情况。不过,在通常情况下,人们只同极少数人能够达到这种人际关系深度,有些人则从来没有与任何人达到这种深度的关联。但是,无论人们交往多深,关系多么亲密,两个人永远无法达到心理上的完全一致。因为每个人都有自己独立的心理空间。

每个人人际交往的状态是不同的,有的人可能一生都没有知心朋友,有的人则永远处于表面接触或轻度卷入状态,这取决于个人主动与别人分享的范围与频率,取决于个人的情感投入等因素。

二、良好人际关系的建立与发展

良好人际关系的建立一般需要经过定向阶段、情感探索阶段、感情交流阶段和稳定交往阶段这四个阶段。

（一）定向阶段

定向阶段包含着对交往对象的注意、选择和初步沟通等多方面的心理活动。在生活中，有很多与我们擦肩而过的人。但并非所有的人我们都会与之交往，形成人际关系。只有那些能够引起我们兴趣的人才能让我们注意。

注意是一种自发的选择过程。交往过程包含着从单向注意到双向注意的转变过程。注意之后要有选择。当我们发现同学与自己有相同的兴趣爱好和行为方式时，自然会给予更多的关注，就会选择与他更亲近或更主动地交谈。

初步沟通是注意后的实际行动，其目的是与别人有更进一步的交往。初步沟通通常都是试探性的行为。人们依据此沟通的效果来判断这段关系是否可以继续下去。在初步沟通的过程中，人们会更注意给对方留下一些好的印象，但沟通的内容是一些浅层的信息。就像你们刚来到一个陌生的环境，彼此的交流会更多地集中在一些基本信息的沟通。两个同学参加一个活动碰在一起，刚见面时常谈一些"你是学什么专业的？""你的家乡在哪里？"等。在这些过程中，我们有意无意地在判断着哪些同学可以有更深入的交往，并锁定继续交往的目标。这一阶段是人际交往的必经阶段，也是人际交往的起步阶段。

（二）情感探索阶段

在这一阶段，随着双方谈话的范围越来越广泛，发现的共同心理领域越来越多，自我暴露的深度与广度也在逐渐增加。彼此的信任度已在增加，谈话中双方小心地进行着情感探索，比如哪些话题是自己感兴趣的，对方也喜欢的，哪些话题是自己喜欢而对方很不愿提及的。在这一阶段，虽然双方有了一定的情感卷入，但彼此的谈话仍然都尽量避免涉及别人私密性的领域，自我暴露也并不涉及自己根本的方面。这时的关系易于破裂，人们仍能够自由地选择是否继续这段关系或者放弃而不受更多的困扰。

（三）感情交流阶段

在这一阶段，双方发现彼此的心理共同领域很多，彼此的信任感确立，彼此的情感投入更多，谈论的内容涉及自己的隐私，如对自己的价值观、家庭、恋爱关系的看法等。自我表露越来越多，对方也会向自己更多地敞开心扉。当人际交往发展到这一阶段时，双方的关系开始了实质性的改变。交往的范围常常锁定在身边的少数几个人，交往更深入，感情投入更多。由于彼此投入了更多的情感,因此如果在这一阶段两人的关系破裂,会给对方造成一定的情感影响。

(四) 稳定交往阶段

在这一阶段,人们在行为上更加默契,情感上更加相互依赖,自我暴露程度也更加深刻。双方可以进入到自我高度私密的个人领域。同性之间有可能成为莫逆之交,而异性之间,如果在情感上添加了生理需求、奉献和满足的心理成分,就会激发出爱情的火花。

三、影响人际交往的影响因素

人际交往发生与否,特别是成功与否,要受许多因素的制约,特别是受以下因素的影响。

(一) 邻近与熟悉程度

在日常生活中,人们的交往经常是从身边的人开始的,比如邻居、同座和室友等。自然空间距离近邻的人彼此之间存在相对较大的交往可能性,并在其中选择交往或合作的伙伴。通过相互接触和交往后加以选择作为相对稳定的交往对象,通过进一步的交往,人际关系也由浅入深,逐步熟悉和稳定。心理学研究结果表明,熟悉引起喜欢,熟悉本身就可以增加一个人对另一个人的喜欢,而喜欢有助于人际交往进一步发展。大学生进入大学后,最初的人际交往都是从宿舍同学、老乡、同班同学开始的。相比之下,宿舍同学由于安排在一个房间里,彼此的熟悉程度显然高于非本宿舍成员,大学生最好的朋友往往都在同一宿舍;而老乡由于地缘关系,在陌生的环境里会产生心理上的亲近感,也成为经常交往的对象。

(二) 外貌吸引

在交往的过程中,特别是初次接触时,一个人的相貌、衣着、风度等外在因素起着重要作用。那些相貌漂亮、有气质、风度翩翩的人容易被人接纳,使人产生与之交往的愿望和行为。这就是人们在人际交往中特别注意第一印象的原因。研究发现,在大学生组织的集体活动中,那些最先受到关注的学生总是在同等条件下外貌具有吸引力的人,人们对美貌会给予积极评价,但如果有人滥用自己的美貌,反过来会受到他人的排斥。美国心理学家奥斯特夫和赛格尔做过一个有趣的实验。他们模拟犯罪案卷让一些人来阅读,这些案卷的封面上贴有罪犯的照片,其中有漂亮的,也有丑陋的。当人们阅读了卷宗后,根据要求对案犯进行判决,结果长得丑陋的罪犯大多数被判得较重,而长得漂亮的罪犯则被判得较轻。可见,一个人的长相,还有后天的服饰与庄重程度,与人生道路的顺利与否有一定的相关性。

（三）相似性

相似性,即交往双方有很多相同或相近的地方。相似是人际交往中双向吸引的重要因素,交往双方的相似性在人际交往中有着重要的意义。物以类聚,人以群分。在日常生活中,共同的态度、信仰、价值观与兴趣,共同的语言、文化和教育水平、年龄、职业和社会阶层,乃至共同的遭遇和疾病等都能在一定条件下,不同程度地增加人们的相互吸引,激发交往行为。如兴趣爱好相似,球迷相遇,通过一场球的品评,遂成知音。反之,则无话可谈。

（四）互补性

所谓互补性,是指交往双方都有寻求能够弥补自己不足的朋友的倾向。它表现在择友时,往往倾向于选择那些和自己的个性品质差异较大,甚至相反的人。因为当交往双方的需要和满足途径正好成为互补关系时,双方之间的喜欢程度也会增加。外向型性格的人喜欢与内向型性格的人友好相处,相互欣赏;家庭经济条件优越的学生会欣赏那些克服困难求学的学生;依赖性强的人更愿意与独立性强的人交朋友;急性子往往爱找一个较稳重、有较强容忍力的人做朋友。还有一种情况是补偿作用,如一个看重成绩而自己的成绩又不很理想的学生,更看重成绩优秀的学生。因为这样更容易共同建立一种和谐、稳定的友谊。

一些大学生在交往中往往只注重"志同道合",只找一些学习成绩和境况等方面与自己相近的人做朋友,而对一些境况差别较大的人则不予考虑,觉得他们不值得一交,总觉得他们的想法与自己不同,故自觉不自觉地拒人于千里之外。这使得自己的交往层次比较单一,又不利于团结,往往容易形成小团体,思想也容易偏激。如果能广交良友,则可以从别人身上看到、学到各种处理问题的方法和原则,同时朋友之间也能够切实地互相帮助。所以,我们建议飞行院校大学生的交往既要建立在相同的人生观和世界观的基础上,同时又要考虑有一些互补性。

（五）个人能力

一般情况下,一个人能力越高,就越能受到欢迎。比如说,解决问题能力强的人更容易成为大家的交往对象。虽然才能与被人喜欢的程度在一定范围内成正比,但如果超出这个范围,可能会产生逃避或拒绝的现象。在实践中,我们就发现有这样的学生,因为他的出类拔萃反而失去了同学的欢迎与信任。这是因为,虽然人们都希望自己周围的人有才能,有一个令人愉快的人际关系,但有时也会使人产生心理压力。因此,一个才能出众但偶尔有点"小错误"的人在一定程度上比没有错误的人更受欢迎。

（六）人格特质

具有持久吸引力的人是那些具有使人喜爱、仰慕并渴望接近的性格特征的人。人们一般都喜欢真诚、热情、正直、开朗的人,讨厌自私、虚伪、庸俗的人。美国心理学家安德森在

1968年所做的一项调查发现:排在序列最前面的、受喜爱程度最高的个性品质,如诚实、理解、忠诚、真实、可信等,都或多或少、间接或直接与真诚有关;而排在序列最后的、受喜欢程度低的个性品质,如说谎、装假、不诚实、不真实等也都与不真诚有关。真诚受人欢迎,虚伪令人讨厌。因此,大学生如果想受人欢迎,需要特别注意培养良好的个性品质。

四、人际交往的心理效应

社会心理学研究表明,在人际交往中有一些普遍的心理现象。科学地利用或者避免人际交往中的心理效应,对大学生进行有效的交往具有指导意义。

(一)首因效应

首因,是指在人际交往中影响第一印象形成的因素。首因效应指在人际交往中,人们往往特别注意开始接触的东西,如对方的容貌、表情、身材等因素,而对后来接触的因素不太注意甚至忽略的心理现象,即我们常说的"先入为主"。交往初期,彼此形成良好的第一印象在某种程度上对是否继续交往具有决定性的作用,所谓"一见钟情",就是首因效应起作用的典型例子。

例如,心理学家做过这样的实验:让被试看两种性格类型,某同学A为聪明、勤奋、易冲动、爱批评、顽固、嫉妒心强;某同学B为嫉妒心强、顽固、爱批评、易冲动、勤奋、聪明。实验的结果表明,人们对同学A有好印象。其实性格A和性格B的内容完全一样,只是顺序变换了一下,但结果却完全不同。

但第一印象赖以产生的信息是有限的,第一印象不一定是真实可靠的。由于认知具有综合性,随着时间的变化、认识的深入,人完全可以把这些不完全的信息贯穿起来,用思维填补空缺,形成一定程度的整体印象。首因效应往往在人际交往的初期起作用,但随着后续的交往,近因效应越来越起作用。所谓"路遥知马力,日久见人心",讲的就是这个道理。

(二)晕轮效应

晕轮效应,又称为光环效应,指的是在人际交往中,人们常从对方所具有的某个特性而泛化到其他有关的一系列特性上,从局部信息形成一个完整印象。在人际交往中,(尤其是最初)人们往往会从或好或坏的局部印象出发,进而扩散而得出全部好或全部坏的整体印象,如果人们认识到一个人具有某种突出的优点,那么,就会认为他在其他方面也都好,"爱屋及乌",甚至他的缺点和错误也会觉得可爱。这个人会被一种积极肯定的光环笼罩,并被赋予更多好的品质。相反,如果人们认识到一个人具有某种突出的缺点,那么,这个人就会被一种消极否定的阴影笼罩,"憎人及物",人们对其优点与成绩也就会视而不见。这种对人的看法,也就是我们常说的"一俊遮百丑或一丑遮百俊",在日常生活中时有发生。

在人际交往中,我们的交往对象的优点或缺点一旦让我们把它们变为光环被扩大,其缺点或优点也就隐退到光环的背后,我们就对其视而不见了,这种效应有局限性,但很重要。例如,在大学生的异性交往中,外貌光环效应较为常见。有研究指出,男女大学生对外表吸引人的人比对外表不吸引人的人赋予更多理想的人格特征,诸如和蔼、沉着和好交际等。所谓"情人眼里出西施",他们还常常为那些外表有魅力的人设计更美好的未来,如能找到好工作或建立美满的家庭。光环效应容易产生以偏概全的结果,这在人际交往中是比较常见的。我们在人际交往中要特别注意,尽量避免光环效应带来的负面影响。

(三) 投射作用

投射作用是指在人际交往中,交往双方在形成对别人的印象时总是假设他人与自己有相同的倾向、态度和体验等,即把自己所具有的特性投射到对方或其他人身上,主观地认定别人与自己有完全一样的想法或特性。所谓"小人之心,度君子之腹",反映的就是这种投射作用的一个侧面。例如:某个集体在节日搞了个庆祝活动,安排了一位擅长摄影者做摄影讲座,但这个人在讲座时用了许多术语,概念也不加以说明,这就是因为他认为别人也与他一样了解并喜欢摄影。又如,一些人自己有什么爱好、兴趣,一见面与人闲聊就只顾谈自己喜欢的东西等。或者,把自己的主观愿望投射于他人,认为他人就是如自己所期望的那样,在幻想中把希望变成现实。如一个小伙子内心喜欢上一个女孩,并且,希望她也喜欢自己,于是他把对方平时与自己的一些玩笑等言行都看作对方富有情意的举动,认为对方对自己也有意思,但很可能事实并非如此。

(四) 刻板印象

刻板印象是指人们对于某一类事物或人物的特点形成的一种比较固定、概括和笼统的看法,并以此来推断没有这些特点的同一类事物或人物。它主要表现为:在人际交往的过程中刻板地将人际交往对象归于某一类人,不管他是否呈现出该类人的特征,都认为他是该类人的代表,进而把对该类人的评价强加于他。刻板印象在人际交往中有利有弊。一方面,它会导致在认知别人的过程中产生某种程度的简化,有助于人们对他人进行概括和快速的了解;另一方面,倘若在非本质方面做出概括而忽视了人的个性差异,就会形成偏见,做出错误的判断。刻板印象,一经形成很难改变,因此在日常生活中一定要考虑到刻板印象的影响。例如,市场调查公司在招聘入户调查人员时,一般都宜选择女性而不应该选择男性,因为在人们的心目中,女性一般来说比较善良且较少有攻击性,力量较单薄,入户调查访问更易让人接受。如果让男性登门访问的话,可能容易被拒绝,因为他们更容易使人想到一系列的暴力、攻击事件,增强人们的防备心理,从而难以开展入户调查访问工作。

总之,人际交往中的这类心理现象常常是许多人在不知不觉中产生的,而且在心理学上也能找到与之对应的理论,但它们会对人际交往带来不同程度的影响。因此,大学生应因势利导、扬长避短,方可使人际交往变得更加令人满意。

第三节 ◉ 大学生人际交往能力的培养和提升

一、大学生人际交往的特点

（一）交往的范围更加广泛

随着年龄的增长，生活空间的扩展，社会阅历的不断增加，大学生的人际交往与中学时相比，正在发生着质的变化。伴随着自我意识的成熟与发展，从精神上脱离对父母或成人的依赖，主要是要与新的同辈建立和谐的人际关系，因为同龄人之间有许多共同的心理特征，易于交流。大学生的人际交往的范围具有更加广泛的特点。

（二）交往的自主性更强

由于自我意识的增强，大学生在人际交往中，不愿顺从别人，希望独立思考，在交往方式、交往内容与交往对象的选择上都更加具有独立性。在彼此的沟通交流中更喜欢展示自我独特的见解、独特的个性特点、独特的风格。因此大学生人际交往的自主性更强。

（三）交往内容更加丰富

由于大学生生活空间的拓展，既参与校内学习活动、社团活动，也参与社会上的各种社会实践活动；由于大学生的知识面不断增加，既了解本专业知识，又广泛涉猎文学、艺术、政治、经济、历史等各个方面的知识；他们交往形式更加广泛，内容更加丰富。

（四）交往的方式更加多元

随着我国科学技术的不断发展，新媒介的不断出新，大学生的交往方式不再仅限于面对面的交流，并且可以通过手机通话、短信、微博、微信、QQ等新媒介进行交流，交往的方式更加立体、多元。新媒介使大学生的人际交往更加方便，沟通更加迅捷，扩大了大学生人际交往的范围，增进了大学生人际交往中的平等性、互动性和开放性。与此同时，也使有些人过度依赖网络世界，减少或脱离网络以外的人际联系。在现实中变得更孤独、更疏离，甚至使自己的语言表达能力退化，现实人际交往能力弱化。因此大学生要学会合理运用网络人际交往，增加现实生活中的人际沟通与交往，避免产生网络依赖。

二、大学生人际交往中存在的问题

当前,大学生人际交往中还存在着一些问题,具体表现如下:

(一)以自我为中心

当代大学生多是独生子女,从小到大感受着家庭的温暖、亲人的溺爱,很自然地形成了以自我为中心的人生观,习惯于站在自我的立场看待和处理问题,忽视他人和集体,不能正确处理个人利益和他人利益、集体利益的关系;不能或者不愿深入地了解他人、关心他人、帮助他人,常常为一点小事而斤斤计较。又或者,大学生往往以自己的生活经验作为判断标准,倾向于以自己对世界的感知作为对事情的评估标准,很多的时候我们会用自己的标准要求他人,在家庭中更是常常会出现这样的情况,而且,这些要求往往会出现在"爱"的名义之下。自己感觉关心别人,认为自己是为对方提供建议,但并没有仔细考虑提供的建议对别人是否有用。

心理训练

共情能力训练

你可以与几个同学一起来做这个练习。

(1)提前准备几张写有情绪,例如喜悦、愤怒、哀伤、抑郁、愧疚、委屈、伤心、害怕、担心、焦虑等的卡片。

(2)大家围坐一圈,每人抽出一张卡片,只能自己看卡片上的词语,不让其他人看到。

(3)每个人围绕自己抽到的卡片上的情绪词语,依次讲一个发生在自己身上的故事,在这个故事中自己清晰地体验到了这种情绪。

(4)一个人讲完故事后,其他人可以反馈如下三个问题:①当我听到他讲的故事时,我有哪些感受? ②我猜她抽到的词语是什么? ③我说些什么,才能够让对方体验到被理解?

(5)反馈者对于故事表达的情绪与讲故事者进行核实,讲故事者也可以就哪种反馈最能打动自己进行再反馈,在互动中检验彼此的共情能力。

(二)自卑与退缩

经济基础、文化基础甚至身体素质的差别很容易在学生心理上形成层次感。个别同学为自己长相不好、口才欠佳、缺乏幽默感等感到悲伤。他们对人际交往特别敏感,对人际交往中的负面因素考虑太多,总是极力回避,久而久之,逐渐形成自卑与退缩的性格,陷入焦虑、痛苦、自卑之中并严重影响到日常生活和身心健康。这类学生虽然相对较少,但危害极大,不容忽视。

(三)缺乏交往技巧

人际关系本身的复杂性、多面性对部分大学生的人际交往形成了一种心理上的障碍,大学生的学习与生活环境相对中学时代来说较为宽松和富有弹性。生活和环境的巨大变化使这些交往需求迫切,但交往技巧相对不足的大学生,很容易受到挫折,因而导致情感的损伤,这在大学新生身上表现尤为突出。

(四)过分依赖

众所周知,人际交往是以相互支持、互为收益为前提的,而有些人却过多地依赖他人,甚至成为别人的负担。这同样是儿童对成人的幼稚的行为方式,而不是成人与成人间成熟的行为方式。与人交往是个实际体验的过程。如果你有以上这些问题,说明你在人际交往中存在一些问题,你的人际交往能力就有待提高。

三、如何提高大学生人际交往能力

(一)遵循人际交往原则

1.平等尊重的原则

人际交往,首先要坚持平等尊重的原则。无论是何种形式的交往,都没有高低贵贱之分,要以平等身份进行交往。每个人都需要受到尊重,良好人际关系建立和发展靠的是相互的设身处地的理解。

古人说:"敬人者,人恒敬之。"心理学家罗杰斯说:"人类最深切的需要就是得到尊重与关注,尊重是人性的普遍需要。"尊重是对一个人自我价值的肯定。在人际交往中,尊重自我和他人都是最重要的。自尊就是在各种场合自重、自爱,维护自己的人格;尊重他人就是重视他人的人格、习惯和价值。尽管由于主、客观因素影响,人与人在气质、性格、能力、知识等方面存在差异,但在人格上大家是平等的。只有尊重他人,才能得到他人的尊重。

2.相容原则

相容原则,主要是心理相容,即人与人之间的融洽关系,与人相处时的容纳、包含以及宽容、忍让。主动与人交往,广交朋友,交好朋友,不但交与自己相似的人,还要交与自己性格相反的人,求同存异、互学互补,处理好竞争与相容的关系,更好地完善自己。

3.互利原则

互利原则是交往双方的互惠互利。人际交往是一种双向行为,故有"来而不往非理也"

之说,只有单方获得好处的人际交往是不能长久的。所以要双方都受益,不仅是物质的,还有精神的,所以交往双方都要讲付出和奉献。

4.真诚原则

真诚待人是人际交往中最重要的一个原则。当人们都很真诚地与别人沟通时,就会有良好的人际关系。

什么是真诚？真诚是指表里一致,真实和谐。也就是说,一个人在与别人相处、沟通中,表里一致,不会虚伪地保护自己。在人际关系中,他是自发的、自由的。他所表现的就是真实的自己。

但是,在社会生活中,一些人慢慢变得不真诚起来了。就像本书第四章"自述我的'马甲'人生"的例子,我们把自我藏在面具后边,常常伪装自己。如,一些人在人际关系中不敢真实袒露自己,总怕受到伤害。也有一些人曾经在人际沟通中确实受过伤害,于是就再也不敢对人真诚。从以上这些问题我们可以看到一种矛盾:人们既内心渴望真诚,但又不能做到真诚,这就导致了人们难以从内心进行沟通。常听到有的同学说:"我是很真诚,可太真诚了,容易伤害人。"这里还涉及一个如何表达真诚的方法问题。建设性地表达真诚需要讲究表达方法,既有真诚的心,不说假话,不掩饰自己,也要用智慧的语言,让别人能够通过你的语言感受到你的真诚。真诚要求表达出来的内容都是真实的,而真实的未必都要一次性全部表达出来,要适时适度,把握分寸。

5.宽容原则

宽容原则,表现在对非原则性问题上不斤斤计较,能够以德报怨,宽容大度。人际交往中往往会产生误解和矛盾。大学生个性较强,接触又密切,不可避免地会产生矛盾。这就要求大学生在交往中不要斤斤计较,而要谦让大度、克制忍让,不计较对方的态度、不计较对方的言辞,并勇于承担自己的行为责任,"做到宰相肚里能撑船",只要我们胸怀宽广,容纳他人,发火的一方也会自觉无趣。宽容克制并不是软弱、怯懦的表现。相反,它是有度量的表现,是建立良好人际关系的润滑剂,能"化干戈为玉帛",赢得更多的朋友。

(二)善用沟通技巧

语言是我们彼此沟通的重要方式。掌握语言沟通的技巧,会使我们的沟通更顺畅,增强人际交往的能力。

1.学会倾听

在与别人沟通时,不要独占谈话时间,不要急于表达,而是要多倾听。倾听,是沟通中最重要的环节。

"聽"在《说文解字》中是这样解释的:它是由"耳、壬、直、心"四字会意。"壬"就是人直立的样子,整个字的意思就是声音通过耳朵直达于心,用心领悟。在沟通时,先要去倾听对方,只有听清了对方所表达的信息,才能准确地进行沟通。

当对方说话时要专注地看着对方,以建立起心理上的联结,表达自己对对方的兴趣、尊重和关爱。聆听时把注意力集中在对方所说的和所感受的上面,表达出深刻的关心和尊重;自己少说话,好让对方自由地表达;全身心地投入彼此的谈话之中,从对方的参照架构来理解对方的意思;不以自己的想法去评价对方。

 心理训练

寻找重要感

(1)请思考以下问题:

你最喜欢和谁在一起? 你觉得谁最好沟通? 你最喜欢和什么人共事? 有开心的事你最希望和谁分享? 当你有不开心或郁闷的事时,你希望你有一个什么样的倾听者?

(2)通过以上问题的思考,你的脑海可能已经浮现出一个或几个朋友的形象,请进一步思考:为什么你最喜欢和他/她在一起,为什么你感觉他/她最好沟通,为什么你愿意与他/她分享?

(3)每人找一个同伴,在接下来两分钟里讨论任何想要讨论的东西,但是有一条规则,那就是不能用"我"这个字,两分钟之后宣布结束活动,并进行讨论。

①有多少人能够在两分钟之内,持续不用"我"字而一直进行交谈?

②为什么我们中间有这么多人觉得在交谈中避免过多使用"我"字会有困难?

③当你和一个每句话都以"我"字开头的人交谈(或倾听他的讲话)时,你的感觉是怎样的?

④我们如何调整与他人的交流方式,从而能更好地关注他人?

⑤如果你在交谈中没有用到"我"字,那么你通常是用什么样的方式做到的? 当你处在平时的工作环境或社交场合中,你能更熟练地使用刚才的方法吗?

小贴士:

每当你要做一项重要决定时,试着去问三人以上的意见,不论你的决定如何,至少你能让对方觉得他很重要。

记下一些重要的日子,如朋友的生日或具有特别意义的日子,并亲自提笔写张短笺或信给对方。

2.及时反馈

人际交往是双方的共同参与。如果只有一方表达,而另一方没有回应的话,沟通则不能达成,交往就会中断。反馈是保证良好沟通的重要环节。常见的反馈类型包括:(1)评价:是对所获信息加以判断和评价。(2)分析:是对所获信息加以剖析。(3)提问:是通过各

种提问方式,获得没有听懂或没有弄明白的问题。(4)复述:是通过对有关信息的复述,核实你对所获信息的理解是否准确,为对方纠正你的错误提供机会。

扩展阅读

哥伦比亚052号航班空难

哥伦比亚航空052号班机是从哥伦比亚首都波哥大的艾多拉杜国际机场起飞至美国纽约的肯尼迪国际机场。1990年1月25日,这架波音707-321B照常飞行。结果,由于燃料耗尽、沟通不良等原因,坠毁于纽约长岛的Cove Neck。生还者只有85名,其余的73名乘客及机组员罹难。

美国国家运输安全委员会(NTSB)的报告断定,肇事的主要原因是飞行员和管制员的不良沟通。当时分别有4名航管员负责引导052号班机进场,但在交接期间,航管员都没有向接手的另一名航管员报告052号班机燃料不足,令英语能力不佳的飞行员需多次重复飞机当时的状况。

飞行员与管制员的对话中,没有明确地说明飞机燃料已经不足。当时,他们只表示须获得"优先降落许可"(Priority),而没有使用紧急求救用语(Mayday或Emergency)。这是因为在西班牙语中,"Prioritaria"的意思是第一顺位,有快来协助我、解救我的危机、我现在就需要你的帮忙的意思,以西班牙语为母语的机组员误以为Priority就等同于英语的Mayday或Emergency。所以机组员没有以英语跟航管员示意飞机进入紧急状态,因此航管员没有了解飞机已没燃油而一直没有给予052号班机优先降落许可,再加上机场附近出现风切变,更令事情变得雪上加霜,最终导致悲剧的发生。

在人际交往中,要对对方的谈话感兴趣,常用好奇的态度询问,常用开放式提问方式。开放式提问是让对方打开话题,把事情说得更清楚、更具体,以便于对对方的情况了解得更全面、更准确,能继续交谈,使交流更加自由和开放。

3.从肯定对方开始

每个人都希望得到别人的肯定和欣赏。在沟通中,要注意寻找对方的优点,及时给对方以肯定,即使对方谈话的内容总体上不正确,也要找出其中值得肯定的地方,并将其表达出来。这样使对方在内心感觉到受尊重,使对方产生积极的情感,较少产生防御心理,从而愿意继续沟通。人们总是在彼此都认可的地方开始建立心理联系的,而一开始就否定别人,甚至是指责,常常使别人感到不被尊重,使对方产生消极或抵触的情绪,产生防御或抗拒,从而影响继续沟通。

4.适度自我表露

自我表露是指个体与他人交往时,自愿地在他人面前真实地展示自己的行为。从友谊发展的过程来看,人际交往均由低水平的自我表露开始,当双方开始表露自己的心声时,信任的纽带也开始建立。研究表明,允许别人了解真实自我对于保持心理健康极为必要。过多或过少的自我表露都会造成个体的适应性困难。从来不表露自己的人永远都不可能与他人建立亲密关系。面临困难时无法向他人求助,很难获得友谊。而将自己心里的所有事情都一股脑儿地倒给别人,会使他人感到压力,也很难得到友谊。

自我表露存在着表露互惠效应。一个人的自我表露会引发对方的自我表露。我们会对那些向我们敞开胸怀的人表露得更多。有人形象地将自我表露在关系发展中的作用比喻成跳舞:我表露一点,你表露一点——但不是太多。然后你再表露多一点,而我也会做出进一步的回应,自我表露在这个过程中不断交换。

5."察言观色",增进理解

我们在这里所说的"察言观色",指的是使用眼神、姿态、表情、动作、声调等语言之外的方式的沟通,即非语言的沟通。心理学研究结果发现,人的内心信息7%通过语言获得,38%通过嗓音线索获得,55%通过面目表情获得。交谈中的坐姿、手势、握手的方式、面部表情的不同,都包含着丰富的信息,需要我们在沟通时敏锐捕捉才能准确理解所表达的信息。

扩展阅读

语言交流的 SOFTEN 原则

1978年,沃斯梅尔提出了非语言交流的 SOFTEN 原则,用以帮助人们使用自己的身体语言,协助语言交流。 SOFTEN 是由六种沟通技巧的英文缩略组成的。

S: Smile,微笑。 在认真地听他人和自己讲话时,微笑能够表达自己的友好,并无言地告诉对方你从心底喜欢这样的交流。 很多人在听他人讲话时会忘记这一点。 他们在认真地听他人和自己讲话,容易忽略了自己的表情。

O: Open Posture,注意聆听的姿态。 随时处于聆听的姿态能够给对方极好的暗示,暗示他人你已经准备好了听他讲话,并且关注他的每一个观点和看法。 聆听的姿态往往表现为面对讲话人站直或者端坐。 站直身体时全身要稳,站立时不要显得懒散,也不要交叉双臂抱在身前。

F: Forward Lean,身体前倾。 交谈中不时地将身体前倾,以此表示你专心在听。

T: Tone,音调。 传递时声音、音调给对方造成的影响其实高于内容本身。 声音的高低、语速、音量、声调都会对谈话的效果产生重要影响。

E: Eye Communication,目光交流。 对沟通双方来讲,目光的交流会影响他人对你的信任评价。

N: Nod,点头。 偶尔向对方点头,不只表示你的赞同,同时也说明你认真地听了他的讲话。

6.合适的人际距离

人际距离是指个体之间在进行交往时通常保持的距离。人类学家霍尔认为"人际距离"可分为四种:亲密距离(0.5米以内),通常用于父母与子女之间、情人或恋人之间,此时双方均可以感受到对方全部的身心;个人距离(0.5~1.2米),用于朋友之间;社会距离(1.2~3.7米),用于具有公开关系而不是私人关系的个体之间,如师生关系等;公众距离(3.7~7.6米),用于进行正式交往的个体之间或陌生人之间。因此在人际交往中要保持恰当的距离。如果人际距离把握不当,会使别人感觉不安全或不舒服。

 扩展阅读

刺猬法则

为了研究刺猬在寒冷冬天的生活习性,生物学家做了一个实验:把十几只刺猬放到户外空地上。这些刺猬被冻得浑身发抖,为了取暖,它们只好紧紧地靠在一起,而相互靠拢后,又因为忍受不了彼此身上的长刺,很快又要各自分开。可天气实在太冷,它们又要靠在一起取暖。然而,靠在一起时的刺痛使它们不得不再度分开,挨得太近身上会被刺痛,离得太远又冻得难受。就这样反反复复地分了又聚,聚了又分,不断地在受冻与受刺之间挣扎。最后,刺猬们终于找到一个适中的距离,既可以相互取暖,又不至于被彼此刺伤。

"刺猬法则"强调的就是人际交往中的心理距离。这个法则提醒我们,社会生活中每个人都需要有个人空间,在交往过程当中,要保持适当的人际距离,运用到管理实践中,提醒团队合作者应保持"亲密有见"的关系。

7.学会面对冲突

冲突是指在人际互动之中,因双方意见不同而出现的争论。我们需要认识到人际冲突是日常生活中不可避免的,有了冲突就要积极化解,这对于促进人际交往是非常重要的。很多人认为冲突是不好的,会破坏人际关系。然而,冲突本身并不必然伤害人际关系,而是我们在处理冲突中使用了不恰当的方法。

面对冲突,我们应该把握对事不对人;给情绪降温,做合理的让步;当地当时解决冲突这三项原则。人际冲突的发生绝非毫无牵连,无中生有。冲突一定发生在日积月累所建立的人际关系与整体气氛当中。我们在处理人际冲突时,需以尊重自己、对方和彼此的关系为基础,否则冲突的解决就可能事倍功半了。

思考题

1.请谈一谈影响人际交往的因素。
2.你认为如何才能提升人际交往的能力?

心理活动

1. 游戏:信任之旅

准备:指导者事先要选择好盲行路线,道路没有一定的阻碍,如上楼、下坡、拐弯儿,室内、室外要结合,每人准备蒙眼睛用的毛巾或头巾。

操作:团体成员两人一组,一位做盲人,一位做帮助盲人的人。"盲人"蒙上眼睛原地转三圈,暂时失去方向感,然后在帮助人的搀扶下,沿着指导者选定的路线,带领盲人绕室内外练习。其间不能讲话,只能用手势动作帮助盲人体验各种感觉,练习结束后两人坐下交流做盲人的感觉与帮助别人的感觉,并在团体内交流。然后互换角色,再来一遍,再互相交流。交流讨论集中在以下几个方面:对于作为盲人者,你看不见后是什么感觉,使你想起什么,你对你的伙伴的帮助是否满意,你对自己或他人有什么新发现;对于助人者,你怎样理解你的伙伴,你是怎样想方设法帮助他的,这时你想起什么。

2. 游戏镜中人

目的:培养成员对他人的敏感性,相互沟通而相互接纳。

操作:团体成员两人一组,一个人自由做动作,另一个人模仿,轮流模仿两分钟后互换角色。注意不可说话,用心体会对方用意。结束后互相交流,看看自己对他人的理解是否准确。仍然两人一组,一个人说话,另一个人照原话重复叙述,全身心地投入观察、理解他人。两分钟后互换角色。结束后两人交流体会,探讨今后生活中如何运用各种感受。

阅读推荐

1.《关键对话:如何高效能沟通营造无往不利的事业和人生》(第2版),[美]科里·帕特森、约瑟夫·格雷尼、罗恩·麦克米兰、艾尔·史威茨勒著,毕崇毅译.北京:机械工业出版社,2012.

推荐理由:本书教会我们如何避免无谓的争吵,从而达成有效的沟通。它系统地介绍了如何在重大且有分歧的讨论中达成一致,这些方法合理、细致、实用,不论对于职场沟通还是家庭沟通都很有帮助。而且所有的方法都辅以真实案例,方便读者在具体的情境中去理解不同沟通方式的得失。

2.《沟通的艺术:看入人里,看出人外》(插图修订第14版·简明版),[美]罗纳德·B·阿德勒、拉塞尔·F·普罗科特著,黄素菲,李恩译.北京:北京联合出版公司,2017.

推荐理由:这本书的最大特色是区分了"看入人里-向内看""看出人外-向外看""看人之间关系之间的演变"三个部分,每个部分各有侧重点,分别从不同的角度探讨了在不同情境下的沟通重点和关键因素,从三个层面介绍养成既高效又适当的沟通方法。

本书可以说涵盖了各种人际沟通的理论、问题及解决技巧和工具,加上每章后所附的各种电影和美剧的案例,更让书里所讲的内容形象化,立体丰富,生动有趣,易于消化和接受,兼具深度和广度。本书既可以作为大学生的沟通教材,也可以作为职场人士的沟通指导工具。

心理测试

● 请你根据自己的实际情况,如实回答下面20个问题,如果下列题目符合你所想的或你所做的,请画"+",相反则画"-",然后对照后面的分数进行统计,再看测试结果,你就会知道自己今后努力的方向了。

(1) 当你和朋友分别时,朋友会感到依依不舍吗?
(2) 当你有病在家休息时,是否有朋友在你的身旁谈天说地?
(3) 你很少为一点小事与别人争吵吗?
(4) 你是否觉得有很多人都给你留下了美好的印象,从而使你喜欢他们?
(5) 朋友感到有趣的事,你也感到有趣吗?
(6) 你愿意做你朋友喜欢做的事吗?
(7) 经常有朋友来约你聊天吗?
(8) 朋友是否常常请你组织安排或主持舞会、野外郊游等集体活动?
(9) 你是否喜欢参加或被别人邀请参加各种社交聚会,这些聚会预先在你眼前出现的时候,你会感到愉快吗?
(10) 是不是常常有人欣赏并夸奖你的仪表、才能和品德?
(11) 数日不见的朋友,你会立刻记起他的名字吗?
(12) 与各类型脾气和个性的人打交道,你能否很快地适应?
(13) 当你遇上一个陌生人的时候,你认为他喜欢你的可能性大,还是不喜欢你的可能性大?
(14) 你能否相当容易地去找你需要找的人?
(15) 你是否愿意与他人共度周末时光?
(16) 你是否能在短时期内与你所遇到的各种人物熟络起来?
(17) 你觉得你所遇到的人,是否大多数都容易接近呢?
(18) 他人是否很少指责、批评甚至恶语于你,而且很快地原谅、理解你的过失和错误?
(19) 你与异性是否容易接近?
(20) 你的朋友是否容易受你的感染,接受你提出的意见和建议?

● 评分说明

"+"号得 5 分,"-"号得 0 分。然后累计你的总分。

分析得分	我非常受大家欢迎	我很受大家欢迎	我在别人眼里印象不错	我在别人眼里印象一般	我尚未得到别人理解
	70分以上	60~70分	50~60分	40~50分	40分以下

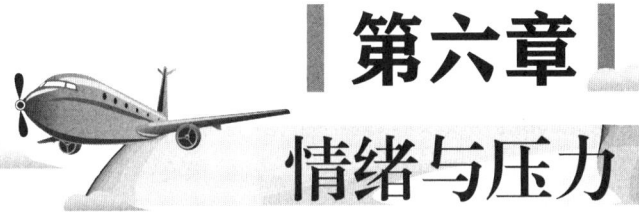

第六章 情绪与压力

能控制好自己情绪的人,比能拿下一座城池的将军更伟大!

——拿破仑

 **案例导读**

我的烦恼

李峰是大一学生,从小他就是老师、父母看重的好学生。来到大学以后,他积极体验丰富多彩的大学生活,在班级担任班委,在学校举办的演讲比赛、辩论比赛中崭露头角,后来还加入了校园合唱社和青年志愿者协会。周末时,李峰联系了一个家教工作,负责给一名小学三年级的学生补习数学,可是社团活动也很多,时间上经常发生冲突。李峰最近愈发觉得自己忙不过来了,但是有的活动邀请还得接受,老师布置的任务还得完成。所以他感到压力很大,完成学业、工作、活动时,不像以前那么有效率了。他注意力不集中,经常心烦、紧张、心慌、食欲不振、失眠,感觉别人不能理解自己,情绪浮躁、易怒,还和社团的同学发生了一些摩擦。这样的生活让李峰非常烦恼,这和他心中的大学生活完全不同,他不知道该如何调控自己当下的情绪和状态。

讨论：

你认为案例中主人公出现了什么问题？如何调控他当下的情绪和状态呢？

人非草木，孰能无情？情绪，萦绕于我们日常生活的方方面面、点点滴滴，我们常常能感受到快乐、满足、欣喜、幸福……各种情绪把我们的生命装点得丰富多彩、有声有色。但与此同时，在快节奏、高消耗、多变化的时代里，学习、工作和生活又让我们不得不面对一些压力和困境，进而紧张、焦虑、苦恼、担心……心理学家已经证实，令人舒适的情绪会产生积极影响，带来更有效率、更富创造性的想法和解决问题的方式；令人不舒服的情绪则提醒着我们，我们正处于环境中的弱势地位，有一定的需要未得到满足，当下的状态还有待改善，如果不做出调整，将会带来痛苦的体验和消极的影响。情绪的管理对于民航从业者显得尤为重要，飞行员在工作的过程中时刻处于高危、高压的中心；管制员每个指令的背后都承载着诸多生命，不容出错；机务人员不论严寒酷暑都用精湛的技术与辛勤的汗水托举着航空安全的底线；空中乘务人员直接面对各种各样的旅客和烦琐但却必要的流程和工作；安检、保卫人员处于维护正义和反对邪恶的一线，经常接触社会阴暗面，不可避免地被负性情绪所影响，必须具备很强的情绪控制与调适能力。因此，认识情绪和压力，不断调整和积极应对，才能主宰自我，收获期待中的生活。

第一节 ● 认识情绪与压力

一、情绪

（一）情绪的概念

情绪是人对客观事物的态度体验及相应的行为反应，由独特的主观体验、生理唤醒和外部表现三种成分组成（如图6-1所示）。情绪与情感不同，它们虽然统称为感情，但情绪具有较大的情景性、激动性和暂时性；而情感却具有较大的稳定性、深刻性和持久性，常常带有一定的社会意义。

1.主观体验

情绪是一种内部的主观体验，是一种自我感受，面对同一对象或事件时，不同的个体可能会有完全不同的主观体验。唐代著名诗人李约在《观祈雨》中这样描述："桑条无叶土生烟，箫管迎龙水庙前。朱门几处看歌舞，犹恐春阴咽管弦。""喜"和"忧"，这是两种截然不同的情绪,却出现在不同的人对待"雨"这一种事物的态度上,这才更能引人深思,也让我们看到了情绪的主观性。

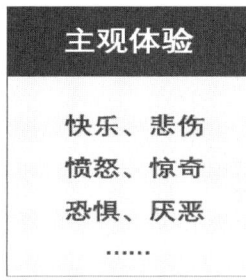 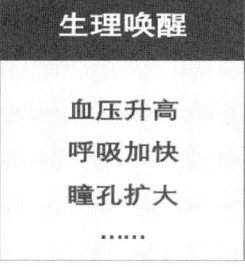 

图 6-1　情绪的组成

2. 生理唤醒

情绪的生理唤醒,是情绪产生时的一种生理反应,它涉及一系列生理活动过程,比如神经系统、循环系统、内外分泌系统等的活动。20 世纪 80 年代,美国心理学家保罗·埃克曼等研究者让一些被测试者尝试用他们的面部肌肉来表达愉快、愤怒、惊奇、恐惧、悲伤或厌恶等多种情绪,同时给他们一面镜子来辅助他们确定自己面部表情的模式,要求他们把每一种表情保持 10 秒钟左右的时间,并对他们的生理反应情况进行相应的测量。结果表明,各种面部表情的生理反应存在着明显的差异:保持愤怒和恐惧的表情时,被测试者的心率虽然都会出现加快的现象,但不同的是,保持愤怒表情的被测试者,他们的皮肤温度会上升,而保持恐惧表情的被测试者,他们的皮肤温度则会下降。另一些研究也表明,许多情绪都会使人的心率加快:愤怒时,被测试者脖子以下发热,感觉到热血沸腾;恐惧时,被测试者感觉到骨子里发冷、浑身发凉等。

3. 外部表现

情绪发生时,总是伴随着某种外部表现,这些与情绪有关的外部表现也就是我们常说的表情,主要包括以下三种:

(1)你的脸每天都在忙什么?——面部表情

面部表情是我们通过眼部肌肉、颜部肌肉和口部肌肉的变化来表现各种情绪状态,它的存在使我们能识别自己和他人的情绪,这种能力对于种族的生存来说具有重要意义(如图 6-2 所示)。

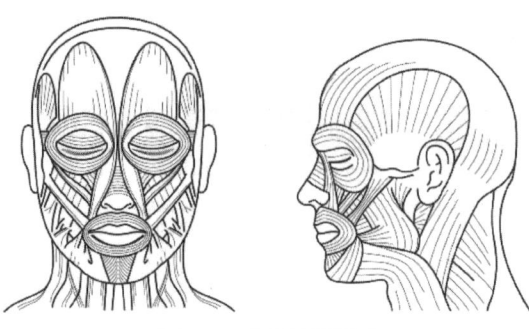

图 6-2　人的面部肌肉

识别情绪

请你判断以下七种情绪分别是高兴、惊奇、生气、厌恶、害怕、悲伤、轻蔑中的哪一种（如图 6-3 所示）？

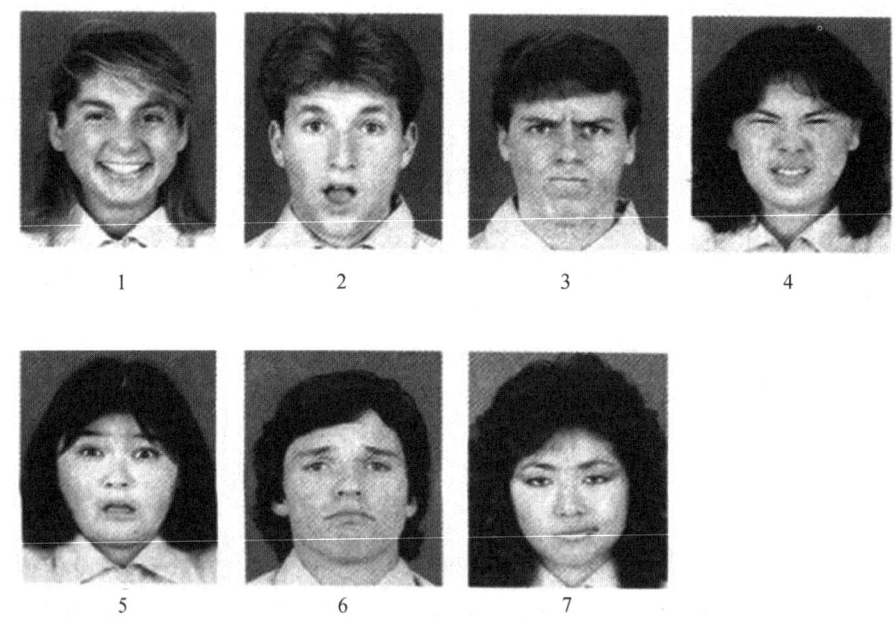

图 6-3　七种典型的面部表情

我们不难发现，特定的面部表情与特定的情绪往往是能一一对应的，那么对于成长在不同文化背景、生活环境、制度体系、宗教信仰下的世界各地的人们，是否也会学习到完全不同的面部表情呢？站在面部表情研究领域前沿的美国心理学家保罗·埃克曼（Paul Ekman）认为，表达基本情绪的面部表情，具有跨文化的一致性和普遍性。

扩展阅读

保罗·埃克曼的研究实验

埃克曼和弗里森来到了位于新几内亚东南部的高原,为他们的研究寻找被试。在那里生活的弗尔族人(Fore)与世隔绝,其社会状态仍处于石器时代,很多当地居民几乎没有接触过西方或东方的现代文化,因此,除了他们自己的面部表情以外,他们还没有接触过来自其他文化背景下表现情绪的面部表情。

研究者选择了当地最与世隔绝的弗尔族分支——南弗尔族的189名成人和130名儿童作为被测试者,给他们呈现了愉快、悲哀、愤怒、惊奇、厌恶、恐惧六种情绪照片及对应故事,这些情绪照片均来自西方人的面孔(如图6-4所示)。结果发现,被测试者除了在辨别恐惧和惊奇这两种情绪的面部表情时正确率稍低外,其他正确反应的百分比都达到了统计学上的显著水平,也就是说,研究证明了人类表达基本情绪的面部表情具有跨文化的一致性和普遍性。

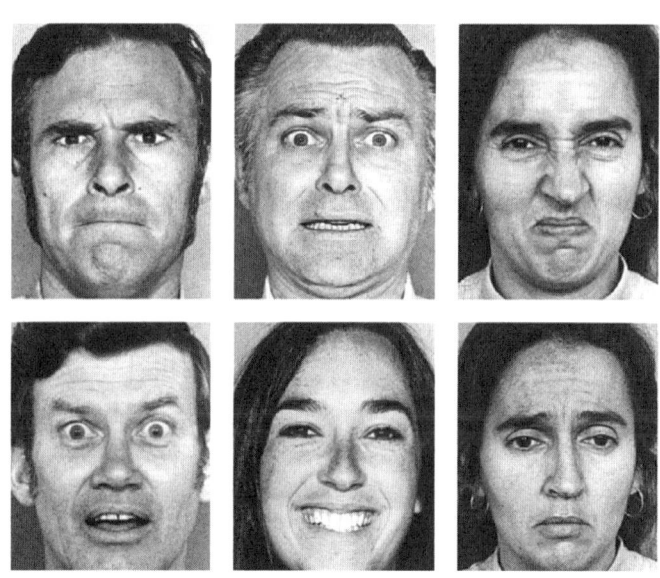

图6-4　保罗·埃克曼的研究实验

(2)你的声音听起来怎么怪怪的?——语调表情

我们说话时的语音语调、节奏速度也是表达情绪的重要形式。还记得体育比赛中解说员那高亢、尖锐、急促的声音吗?它能让我们瞬间感受到比赛紧张激烈的氛围。而新闻中的主持人在播报突发地震人员伤亡时,声音低沉缓慢,无不显露出悲痛和惋惜的情绪。这种情绪上的差异就是依靠说话的语音语调和节奏速度实现的。

 心理训练

情景演绎

请你用不同的语调表情演绎同样的场景。

场景举例：今天是星期天，我要回家了。

这周三的体育课因为天气原因改期了。

明天中午将召开社联本学期的第一次会议。

……

(3)嘴上说不要，身体很诚实！——姿态表情

姿态表情可以分成身体表情和手势表情两种。

身体表情是表达情绪的方式之一，人在不同的情绪状态下，身体姿态会发生不同的变化，如高兴时的"捧腹大笑"、恐惧时的"紧缩双肩"、紧张时的"坐立不安"等。身体弯曲或直立、两手叉腰、双腿交叉等身体姿势都可以表达个人的某种情绪状态。

手势常常是表达情绪的一种重要形式，通常和语言一起使用，用来表达赞成还是反对、接纳还是拒绝、喜欢还是厌恶等态度和思想。手势也可以单独用来表达情绪、思想，或做出指示，在无法用言语沟通的条件下，单凭手势也可以表达开始或停止、前进或后退、同意或反对等思想感情。"振臂高呼""双手一摊""手舞足蹈"等手势，分别表达了个人的激愤、无可奈何、高兴等情绪。但值得注意的是，手势在不同的文化背景下，可能会代表着完全不同的意义(如图6-5所示)。

竖起大拇指
大多数国家：一切都很棒！
希腊、泰国、中东：非常不文明的手势

大拇指、食指摆成环形
大多数国家：一切都正常！
法国：这什么都不是，不用在意！

山羊的手势
大多数国家：代表着摇滚
意大利、巴西、西班牙：男人戴绿帽子

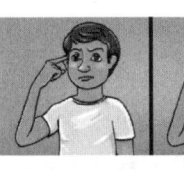

用食指在太阳穴周围绕圈
大多数国家：你傻吗？
荷兰：你很聪明！

向下移动手掌
大多数国家：走开！
越南、印度、菲律宾：过来！

拍脑门
大多数国家：我真蠢！
英国、西班牙：我真棒！

吐舌头
大多数国家：顽皮地开玩笑
新西兰：危险的信号

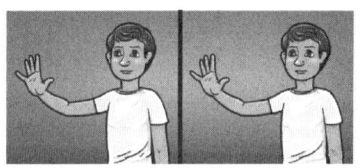
伸出五个手指
大多数国家：站住！
希腊：走开！

伸出食指和大拇指
大多数国家：数字2
中国：数字8

弯起手肘，握起拳头
大多数国家：被理解为威胁
墨西哥、南美：吝啬鬼

图 6-5　相同的手势在不同的文化背景下代表不同的意义

心理训练

请你体会以下的身体姿态透露出怎样的情绪（如图 6-6 和图 6-7 所示）。

图 6-6　不同的身体姿态

图 6-7 不同的身体姿态及其含义

（二）情绪的种类

1.情绪的基本形式——喜、怒、哀、惧

快乐是个体精神上的一种愉悦，心灵上的一种满足，当个体期待和追求的目标达到后产生的情绪体验。人们在品尝美食、欣赏自然、参与游戏、良性人际交往时等情况下都可以产生快乐的情绪体验。快乐最常见的表达方式就是笑，笑的时候总能伴随着心灵上的愉悦与肢体上的敞开，而看到别人对你笑，你也常常能感受到快乐。快乐有强度上的差异，从愉快、兴奋到狂喜，反映了目标实现对个体的意义及其难易程度。

愤怒不仅仅指当愿望不能实现或追求目标的行为受到阻碍时引起的一种不愉快的情绪，如今也存在于对某些社会现象或他人遭遇，甚至与自己无关事项的极度反感。愤怒是一种负性的情绪体验，一般包括敌对的思想、生理反应和适应不良的行为。愤怒在人的成长过程中出现较早，出生3个月左右的婴儿在探索外界环境受到阻碍或限制时，就会产生愤怒，如约束婴儿身体的活动，强制婴儿睡觉，限制他的活动范围，不给他玩玩具等，均可引起他的愤怒。

悲哀作为一种负性的基本情绪，通常指由失败、分离和丧失引起的情绪反应，包括沮丧、失望、气馁、意志消沉、孤独等情绪体验。悲哀程度取决于失去的东西的重要性和价值大小，也依赖于主体的人格特质和意识倾向。

恐惧是指人们在面临某种危险情境，企图摆脱而又无能为力时所产生的令人担惊受怕的一种强烈压抑的情绪体验。恐惧心理就是平常所说的"害怕"，对人的身心健康有一定的危害。恐惧的产生不仅由于危险情境的存在，还与个体排除和应对危险的能力有关。

2.按情绪内容分——基本情绪和复合情绪

情绪从生物进化的角度可分为基本情绪和复合情绪。基本情绪是人和动物所共有的、不学而会的，也叫原始情绪。每一种基本情绪都有其独立的神经生理机制、内部体验、外部表现和不同的适应功能。复合情绪是由基本情绪的不同组合派生出来的情绪，比如在伊扎德的情绪理论中，提出敌意是由愤怒、厌恶、轻蔑这三种基本情绪组成的，而焦虑是由恐惧、内疚、痛苦、愤怒这四种情绪组成的。由此可见复合情绪可以有上百种，而且并非所有由基本情绪组成的复合情绪都可以命名。

3.按情绪状态分——心境、激情和应激

心境是人比较平静而持久的情绪状态，具有弥漫性，它不是关于某一事物的特定体验，而是以同样的态度体验对待一切事物或情境，让所遇到的事件都产生和当时心境同样的色彩。

激情是一种强烈的、爆发性的、为时短促的情绪状态，通常是由对个人有重大意义的事件引起的，比如一见钟情时的极度兴奋、亲人离世时的极度悲伤、危险突如其来时的极度恐惧等。激情发生时往往伴随着生理变化和明显的外部行为表现，比如狂喜时的眉开眼笑、手舞足蹈；盛怒时的咬牙切齿、怒发冲冠。激情状态下人容易出现意识狭窄的现象，即认知活动范围缩小，理智分析能力受到抑制，自我控制能力减弱，甚至做出莽撞的行为。

应激是人对某种意外的环境刺激所做出的适应性的反应，伴随一种特殊紧张的情绪体验。人在应激状态下会引起机体的一系列生物性反应，如肌肉紧张、血压升高、心率加快等。

（三）情绪的功能

1.适应功能

有机体在生存和发展的过程中有多种适应方式，情绪就是其中一种重要的方式，如动物遇到危险时产生恐惧的呼叫，就是动物求生的一种手段。

情绪是人类早期赖以生存的手段。婴儿出生时，不具备独立的生存能力和言语交际能力，这时主要依赖情绪来传递信息，与成人进行交流，得到成人的抚养。成人也正是通过婴儿的情绪反应，及时为婴儿提供各种生活条件。在成人的生活中，情绪与人的基本适应行为有关，包括攻击行为、躲避行为、寻求舒适、帮助别人等。这些行为有助于人的生存及成功地适应周围环境。情绪直接反映着人的生存状况,是人的心理活动的晴雨表,如通过愉快可以表示处境良好,通过痛苦可以表示面临困难;人还通过情绪进行社会适应,如用微笑表示友好,通过察言观色了解对方的情绪状况,进而采取相应的措施或对策等。总之,人通过情绪了解自身或他人的处境,适应社会的需求,得到更好的生存和发展。

2. 动机功能

情绪是动机的源泉之一,是动机系统的一个基本成分。它能激励人的活动,提高人的活动效率。适度的情绪兴奋,可以使身心处于活动的最佳状态,推动人们有效地完成任务。研究表明,适度的紧张和焦虑能促使人积极地思考和解决问题。同时,情绪对于生理内驱力也具有放大信号的作用,成为驱使人的行为的强大动力。如人在缺氧的情况下产生了补充氧气的生理需要,这种生理内驱力可能没有足够的力量去激励行为,但是,这时人的恐慌感和急迫感就会放大和增强内驱力,使之成为行为的强大动力。

3. 组织功能

情绪心理学家认为,情绪作为脑内的一个检测系统,对其他的心理活动具有组织的作用,这也体现了情绪对其他心理过程的影响。这种作用表现为积极情绪的协调作用和消极情绪的破坏、瓦解作用。中等强度的愉快情绪,有利于提高认知活动的效果,而过度的消极情绪如恐惧、痛苦等会对操作产生负面影响。

情绪的组织功能还表现在人的行为上,当人处在积极乐观的情绪状态时,易注意事物美好的一方面,其行为比较开放,愿意接纳外界的事物;而当人处在消极的情绪状态时,容易失望、悲观,放弃自己的愿望,甚至产生攻击性行为。

4. 社会功能

情绪在人际间具有传递信息、沟通思想的功能。这种功能是通过情绪的外部表现,即表情来实现的。表情是思想的信号,如用微笑表示赞赏、用点头表示默认等。表情也是言语交流的重要补充,如手势、语调等能使言语信息表达得更加明显或确定。从信息交流的发生上看,表情交流比言语交流要早得多,如在前言语阶段,婴儿与成人相互交流的唯一手段就是情绪。情绪在人与人之间的社交活动中具有广泛的功能,它可以作为社会的黏合剂,使人们接近某些人;也可以作为社会的阻隔剂,使人们远离某些人。如某人暴怒时,你可能会后退或碍于他的身份而压抑自己的消极情绪,不让它表露出来。由此可见,人所体验到的情绪,对其社会行为有重大影响。

(四)情商

情商,即情绪商数(Emotional Quotient,EQ),主要是指人在情绪、意志、耐受挫折等方面的品质,它是近年来心理学家们提出的与智商相对应的概念。有研究指出,一个人的成功,只有20%归于智商,80%则取决于情商。美国哈佛大学的教授丹尼尔·戈尔曼被誉为"情商之父",他认为:"情商是决定人生成功与否的关键。"情商越来越多地被应用在企业管理学上,对于组织管理者而言,情商是领导力的重要构成部分。

戈尔曼接受了彼得·萨洛维(P.Salovery)的观点,认为情商包含了五个主要方面:

(1)了解自我:监视情绪时时刻刻的变化,能够察觉某种情绪的出现,观察和审视自己的内心世界体验。它是情商的核心,只有认识自己,才能成为自己生活的主宰。

(2)自我管理:调控自己的情绪,使之适时适度地表现出来,即能调控自己。

(3)自我激励:能够依据活动的某种目标,调动、指挥情绪的能力,它能够使人走出生命中的低潮,重新出发。

(4)识别他人的情绪:能够通过细微的社会信号、敏感地感受到他人的需求与欲望,认知他人的情绪,这是与他人正常交往,实现顺利沟通的基础。

(5)处理人际关系:调控自己与他人的情绪反应的技巧。

二、压力

(一)压力的概念

压力也称为"应激"(Stress),是一种反应模式,当刺激事件打破了有机体的平衡和负荷能力,或者超过了个体的能力所及,就会体现为压力。这些刺激事件包括各种各样来自外界或内部的情形,统称为应激源(Stressor)。应激源带来的反应被称为一般适应症候群(the General Adaptation Syndrome,GAS),它包括三个阶段:警觉阶段、抵抗阶段、衰竭阶段。每个应激源都是一个刺激事件,要求有机体做出适应性的反应,它们可能来自险恶的全球性事件,如流行性疾病、恐怖袭击、自然灾害、战争等,也可能来自个人或家庭的事件,如学业困难、求职面试、亲人离世、财务危机、与他人关系不和等。不是只有坏事才会引起压力,好事同样可能给我们带来压力,因为你或许并没有做好准备去应对它们,比如进入一段新的关系、面临一个新的工作机会或挑战……

个体为了应付这些改变而做出的反应包括许多方面,是多种反应形式的综合体,包括生理上的、行为上的、情绪上的和认知上的。比如感到压力时生理上的头痛、出汗、精疲力竭,甚至呕吐……行为上的坐立不安、放声痛哭……情绪上的烦躁、担忧、紧张……认知上的思维缓慢、注意力难以集中……这些表现看起来和焦虑非常类似,但其实两者并不相同。压力是我们面对应激源时的应激反应,不会凭空产生,当应激源消失时,压力也会随之消失;但焦虑通常是对不存在的威胁表现出的过度反应,即使没有诱发事件,焦虑也可能存在。

人们通常会把应激与痛苦联系起来,认为所有的压力都是不好的。然而,我们同样会经历积极应激(Eustress,"Eu"在古希腊语中是"好"的意思),在许多情况下,应激也能给我们的生活带来积极的改变。心理学家理查德·拉扎勒斯(Richard Lazarus)将压力分为"好压力(Eustress)"与"坏压力(Distress)"。他认为压力的好坏与否,与具体的压力源无关,而与给人带来的影响有关。如果一种压力能使得某个人成长,那么对这个人而言,这种压力就是好压力。他提倡人们应当通过积极地应对压力,尽可能从压力中成长,避免产生更多的坏压力。压力带来的积极反应和消极反应如图6-8所示。

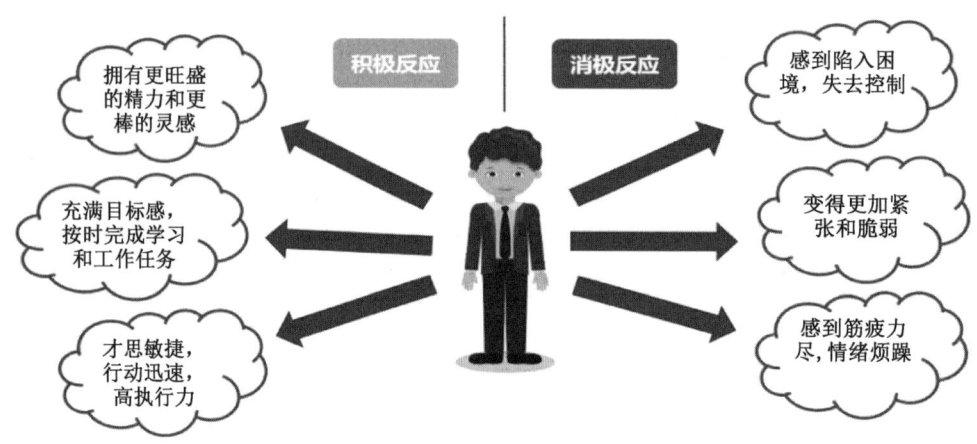

图6-8 压力带来的积极反应和消极反应

压力的生理过程

塞里认为压力是内外环境中各种刺激作用于机体时个体所产生的非特异性反应,表现为一种特殊症状群——全身适应综合征。他将这些变化分为以下三个阶段。

(1)警觉阶段

当机体受到伤害性刺激,在最初的一个短暂的过程里出现"休克"现象,然后产生一系列的生理、生化变化,进行体内动员和防御。主要表现有肾上腺活动增强、心率和呼吸加快、血压增高、出汗、手足发凉等现象。

(2)抵抗阶段

生理和生化改变继续存在,垂体促肾上腺皮质激素和肾上腺皮质激素分泌增加,机体调动了全部资源,生物适应性也处于最高水平。但是,糖皮质激素的释放会影响机体的免疫功能,盐皮质激素则可导致体内钾钠等电解质平衡失调,抗利尿激素分泌增加而致水潴留,长期抵抗则会耗竭机体资源,导致衰竭和崩溃。

(3)衰竭阶段

如果刺激持续存在,阻抗阶段过长,机体最终将进入衰竭阶段,表现有淋巴组织、脾脏、肌肉和其他器官发生变化,机体因应激损伤而患病,甚至死亡。

压力的心理过程

压力产生的过程中,心理和生理反应是密切联系的,常伴随出现。两者都是在受到压力时机体以整体方式做出的反应,两者同时存在,相互影响,相互作用,彼此转化。压力心理反应过程也可划分为三个阶段:

(1)唤醒阶段

为了应对压力,个体最先出现警觉和资源动员,如引发紧张情绪、提高敏感度和警戒水平、调动自我控制力等。同时,个体可能采取各种应对手段,以满足压力应对要求。此时,如压力源消失,警觉和调动恢复;但如果压力持续存在,那么适应不良的征兆就会出现,如持续焦虑、紧张,各种躯体不适,工作效率下降等。

(2)抵抗(能量蓄积)阶段

在此阶段中,个体试图找到应对方法,增强认识与处理能力,消除不良心理反应,恢复心理内稳态,以防心理崩溃。个体直接处理压力情境,心理防御机制运用显著增加,调动所有资源,对压力源的抵抗水平达到最高,甚至是"超水平"。如果压力持续存在,个体常逐渐趋于僵化,死守先前使用过的防御手段,不再对压力源及情境进行再次评价,或调整应对方式。这些将阻碍个体选用更合适的应对方式,导致抵抗效能下降。此时,个体可有紧张体验,并出现一些心身障碍症状及轻微的心理异常表现。此阶段同生理反应的阻抗阶段一样,大多数情况下,阻抗反应是可逆的,且机体的心理功能可恢复正常。

(3)耗竭阶段

面临连续、极度的压力时,个体应对手段开始失败,心理防御机制夸大且不恰当,常出现心理失代偿表现,如心理混乱,脱离现实,甚至出现幻觉、妄想。如果这种压力状态继续,就会进入全面崩溃,出现暴力,或淡漠、木僵,甚至死亡。大多数情况下,进入衰竭是一个逐渐、长期的过程。

值得注意的是,心理压力反应的表现如同生理压力反应一样非常复杂,这种反应进入相应阶段的顺序,每一个阶段持续的长短及相应的表现等,常因事件严重程度、突然性、个人的内在素质及社会支持、干预等而有所不同。目前研究发现,压力的任何一个阶段,一旦压力源的强度过大,或应对反应无力,机体随时有可能不经过典型的三阶段发展而直接进入衰竭状态,甚至导致死亡。

(二)压力的类型

1.按照压力的强度分—— 一般单一性生活压力、叠加性压力、破坏性压力

一般单一性生活压力:在日常生活中,人们的生存和发展无法回避各类生活事件,如入学考试、求职择业、恋爱婚姻、迁居、亲人亡故等。当个体经历这些事件并努力适应它,且其强度不足以使个体崩溃,那么此时体验到的压力即为一般单一性生活压力。这种压力对于

承受人来说,其后效不完全是负面的。在适应这类压力的过程中,虽然付出了许多生理和心理的资源,但只要在衰竭阶段没有崩溃,并且没有再发生任何事件,那么承受人的自身适应能力就会得到提高和改善。研究证实,经历过各种压力而未被击垮的人,可以积累许多适应压力的经验,从而使他们有利于应对未来的压力,即所谓的"吃一堑,长一智"。

叠加性压力有两类:第一类,同时性叠加压力:在同一时间里,有若干构成压力的事件发生,这时当事者所体验到的压力称为同时性叠加压力,俗称"四面楚歌"。第二类,继时性叠加压力:两个以上能构成压力的事件相继发生,后继的压力恰恰发生在第一个压力的第二阶段或第三阶段,这时,当事者体验到的压力称为继时性叠加压力,俗称"祸不单行"。叠加压力,是极为严重和难以应对的压力,它给人造成的危害很大,有的人可能会在"四面楚歌"中倒下,有的人在衰竭阶段能被第二组压力冲垮。

破坏性压力又称极端压力,包括战争、大地震、空难、遭受攻击、被绑架等。人类在实际生活中,此类压力并不罕见。经历极端压力之后,心理症状是多方面的,情绪方面以沮丧为主,易激惹,同时伴有攻击行为,与亲人变得疏远,对当时的记忆丧失,长期注意力难以集中,回避社会活动,失去安全感等。对破坏性压力造成的后果,心理学干预是必需的。

2.管理培训师,《为什么每个人都如此暴躁》的作者C·莱斯利·查尔斯制定了一个区分压力类型的框架,他将压力分为四种类型——预期压力、情境压力、长期压力、残余压力

(1)预期压力

它由未来某种因素引起,即一种担心。担心数不尽的压力可能性,担心某事可能发生或可能不发生。

(2)情境压力

它是一种当前压力,指马上的威胁、挑战或骚动,需要你立刻引起关注。

(3)长期压力

它经常会持续一段时间,往往起源于一些无法控制的可怕经历,如失去伴侣、疾病、事故或一次外伤;也可能是由一个紧张的人际关系或不幸的工作境遇所引起。它的特征就是你无法逃避压力因素,例如这份不幸的工作。

(4)残余压力

它是过去的一种压力,表明我们不愿或不能释放过去的伤痛或痛苦回忆。是你对无法改写的历史,不能改变的过去,或不能做的事情按照自己的期望发生的一次妥协。

3.按压力源的不同分——生物性压力源、精神性压力源、社会环境性压力源

(1)生物性压力源

生物性压力源是一组直接阻碍和破坏个体生存与种族延续的事件,包括躯体疾病创伤或疾病、饥饿、性剥夺、睡眠剥夺、噪声、气温变化等。

（2）精神性压力源

精神性压力源是一组直接阻碍和破坏个体正常精神需求的内在事件和外在事件，包括错误的认识结构、个体不良经验、道德冲突及长期生活经历造成的不良个性心理特点等。

（3）社会环境性压力源

社会环境性压力源是一组直接阻碍和破坏个体社会需求的事件，分为两类：第一类是纯社会性的，如重大社会变革、重要人际关系破裂、家庭长期冲突、战争、被监禁等；第二类是由自身状况，如个人精神障碍、传染病等造成的人际适应问题，如社会交往不良等社会环境性压力源。

扩展阅读

机务维护人员主要的工作压力

1. 工作任务的压力

机务维护人员的工作较为特殊，工作环境恶劣，任务复杂烦琐，还可能承担工作失误带来的严重影响。因此，工作任务的压力也是机务维护人员最主要的压力来源，包括以下几种：

（1）时间压力

有太多的工作需要完成而又缺乏足够的时间和资源，就会产生时间压力，机务维护人员经常处于时间压力中。时间压力带来的结果是工作中的错、忘、漏差错增加，例如，在发动机试车，液压系统收放、系统增压、通电检查和交联试验时，各类成品（机件）要运转，往往又是交叉作业，人员的精神状态较为紧张，生产周期相对很短。如果准备工作不充分，计划欠周详，各专业协作不够，精力又难于集中时，就容易产生差错。

（2）工作环境带来的压力

机务维护人员另一个重要的工作压力是由相对恶劣的工作条件带来的：极端的温度条件（太热或太冷）、强噪声、光线不足、异常的振动等都会给机务维护人员带来压力。工作人员在工作中经常对健康和安全问题担心，会分散工作注意力，造成人员犯错误。有统计表明维修差错中有8%的事件是由于环境和设施因素诱发的，突出地反映在工作场所照明不良和恶劣天气条件下，因无机库而在露天作业两个方面。

（3）工作变化带来的压力

近年来机务维护人员的工作有了很大变化。首先，新材料和电子系统的使用，对航空器维修的要求增加了，机务维护人员必须具有更丰富的知识和技能；其次，老龄化飞机增多，维修工作量增加，同时老龄化飞机存在的故障和缺陷经常难以被发现，需要机务维护人员投入更多的精力，这些也增加了机务维护人员的工作压力。

2.管理方面的压力

对机务维护人员来说,管理方面主要存在人力资源激励机制尚不健全、薪酬分配不公等现象。

3. 工作中人际关系带来的压力

群体对机务维护人员的行为有着巨大的影响,与同事、下属和上司的良好工作关系和相互影响可以帮助他们实现个人和组织目标。如果在工作中缺乏良好的人际关系,则可能成为压力的来源。

4.职业发展带来的压力

与职业规划和发展相关的主要紧张性刺激包括工作安全、提升、调转和发展的机会,机务维护人员可能通过提升不足或提升过度而感觉到压力。

第二节 ● 情绪、压力与健康

一、情绪与健康

世界卫生组织指出:"健康不仅是没有疾病和不虚弱,而且是身体、心理、社会三方面的完满状态。"焦虑、抑郁、压抑、愤怒、沮丧等强烈而持久的负面情绪经过大脑的信息整合和传递,引起神经内分泌的变化,导致神经功能紊乱和激素异常,从而对我们身体的各个系统都有可能造成影响。因此,情绪是健康的晴雨表,美国曾有一项调查发现,75%的颈椎疼痛、80%的头痛、99%的腹胀以及90%的疲劳都是由过度的情绪所引起的,人体的每个脏器都与对应的情绪息息相关。焦虑时辗转反侧、生气时怒火中烧、悲伤时痛哭流涕等不良情绪可导致躯体、心理的异常反应,产生一系列的生理、心理反应的状态。

中医认为,疾病是由于外感六淫和内伤七情而发生的。前者是外因,后者是内因,外因要通过内因起作用。六淫是指自然条件的变化,即风、寒、暑、湿、燥、火;七情是指情绪的变化,即喜、怒、忧、思、悲、恐、惊。现代医学也有充分的临床资料和试验证据表明,情绪活动可以通过影响神经系统、内分泌系统和免疫系统的生理功能而导致疾病的发生。所以,在防病治病、维护健康的工作中必须重视情绪的作用。

俗话说"怒则气上",过度愤怒伤肝,气迫血升,血随气逆,则呕血,甚则昏厥。"喜则气缓",通常情况下认为,喜悦是一种良性刺激,能缓解紧张情绪,使气血和调,但是暴喜过度,则容易使心气涣散,轻则心悸失眠,重则魂不守舍。"悲则气消",悲伤过度,耗伤肺气,常常导致声低息微,呼吸不畅。"恐则气下",过度恐惧则伤肾,致使气陷于下而不升,肾气不固,严重可见二便失禁、遗精滑泄等。"思则气结",思虑过度,劳神伤脾,中焦不畅,脾失健运,可见食欲不振、倦怠乏力等。"惊则气乱",突然受惊,则会心气紊乱,气血失调,使心无所倚,神无所归,惊慌失措。

事实上,情绪与人的身心健康关系紧密的真正原因,主要是:一方面,管理人类情绪活动的中枢神经系统的有关部位,同时又是人体各内脏和内分泌腺体活动的控制者。因此情绪的变化能够影响内脏活动和内分泌腺的活动;另一方面,由于情感的产生经常伴随有机体的一系列生理变化,因而情感既是人致病的因素,也有治病的作用。良好的情绪、情感状态有利于保持身心健康;不良的情绪、情感状态,则可以损害人的身心健康,使人得病或病情加重。许多研究表明:愉快、欢乐、适度平稳的情绪状态能使中枢神经活动处于最佳状态,保证体内各系统活动的协调一致,充分发挥机体的潜能,使机体的免疫系统和体内化学物质处于平衡状态,增强对疾病的抵抗力,提高脑力劳动和体力劳动的效率。

 扩展阅读

民航管制员心理健康的标准之一
——能够合理地表达与控制自己的情绪

管制员的工作性质、环境和人际关系都有可能使他们处于积极或者消极的情绪状态下,因此,合理地表达和调控情绪的能力就显得尤为重要。积极情绪可以提高工作生活质量,消极情绪则会产生负面影响。情绪测量和评价的三个维度如表6-1所示。

表6-1 管制员情绪测量和评价的三个维度

维度名	操作性定义	表现
情绪状态	管制员情绪存在的性质、强度和持续时间等状态特征	幸福、满足、愉悦、欢乐、愤怒、恐惧、哀伤、焦虑、孤独、沮丧
情绪调控方式	管制员情绪调节方向、方法和时机	倾诉、压抑、逃避、转移、评价、求助、遗忘、解决问题
情绪稳定性	管制员应对工作应激与生活应激事件的能力	采用正确方法努力调控情绪,使自己的情绪保持稳定,不至于陷入失控状态和巨大的起伏状态

二、压力与健康

心理压力既可以导致生理疾病,也可以导致心理疾病。与心理压力有密切关系的心理疾病包括情感性精神障碍、神经症、应激相关障碍、心理生理障碍等,主要表现为抑郁、焦虑、紧张、担心、失眠、食欲改变、体重变化,从而影响工作、学习和人际关系。

心理压力导致的生理、心理疾病,可以单独存在,但往往是合并存在的。也就是说,患者在心理压力的作用下,同时出现生理障碍的临床表现,也会出现心理障碍的一系列症状,但患者与医务人员能够注重生理障碍的表现,而往往忽视了心理障碍的存在,更忽视了所

有这些表现背后存在的心理压力问题。

扩展阅读

越来越多的研究表明，假如被迫顶着压力发言，身体的过敏症状会在接下来的两天中加重一倍；而这时如果能大哭一场，压力造成的荷尔蒙则会随着眼泪立刻被排出体外。那么，人的喜怒哀乐究竟是如何影响身体健康的呢？

1.假如你对着另一半直抒爱意，告诉爱人你有多爱他，这能够有效降低你的胆固醇指数。有报告指出，如果每周花20分钟写一些跟自己的爱人有关的东西，你的胆固醇指数便会在5周内有所下降。

2.假如你与人发生激烈的争执，如果你的身体已有所不适，但还和爱人吵上了30分钟，那么身体要比原来再多花上一天才能完全恢复。而如果你的脾气历来火爆，一直很容易和人起争执，你的自我修复能力很可能要比其他人慢上整整一倍。

3.假如你压力过大，短暂的压力可连续数周提高免疫力并催生抗癌分子，但如果长时间压力过大，情况就完全不一样了。人会记忆力衰退，思维不严密，免疫力下降，生殖能力也会受到影响。压力还会激化过敏反应。紧张状态下，患者的过敏症状会加剧2~4倍。

4.假如你把事情闷在心里，女性在和丈夫发生冲突后忍气吞声，她们死于心脏病、中风和癌症的概率高出其他人一倍。可如果一生气就放任自己大喊大叫同样会造成很多问题，哪怕只是几分钟的爆发也会让血压和心跳急速上升，使得心脏病发作的可能性提高19%。但即使你找到一种稍微温和的方式表达你的愤怒，比如不耐烦或者发牢骚，与愤怒相伴的压力和低落同样于健康无益，免疫系统在遭到损害后也就更容易患上传染病。

5.假如你正在恋爱中，爱情可以在长达一年的时间内促进神经生长因子的分泌。神经生长因子是一种类似于荷尔蒙的物质，能够帮助神经系统再生并通过促进脑细胞发育而提高记忆力。同时，由于恋爱中的人们时刻享受着被爱的满足感，所以身心状态都变得相对稳定。

6.假如你情绪低落，抑郁、悲观和消极对身体会产生多种伤害。血清素和多巴胺是大脑里两种与快乐有关的神经递质，心情好时，它们的含量就高一些。除此之外，血清素的另一个重要功能就是帮助降低痛感，这应该能够解释为什么有45%的抑郁症患者同时会伴有各种生理上的疼痛。

7.假如你忍不住笑出声来，每当人体多分泌27%能够令人心情振奋的β-内啡肽，帮助睡眠和细胞修复的人体生长激素含量会随之提高87%。而这一切，只要看一部搞笑电影就能做到。而且，哪怕只是想笑而没笑出声来也能够抑制与情绪低落相关的皮质醇和肾上腺素的分泌。人在大笑的同时会压抑住许多不必要的压力，心脏病发病率也因此降低。

8.假如你失声痛哭,真心流下的眼泪中含有大量与压力有关的激素和神经递质。由此可以认为,眼泪是身体在压力下清除有害化学物质的途径,忍住不哭也就让身体无法自然排毒,最终会导致免疫力、记忆力和消化能力都将受到影响。

9.假如你感到嫉妒,嫉妒是人类情绪中最激烈也最痛苦的一种,偏偏也是最难控制的。女性常常因为感情上可能遭到的背叛而产生嫉妒之情,男性的嫉妒则往往来自对自己能力的质疑。嫉妒混合了恐惧、压力和愤怒,它会激发人体的"紧急应急机制",且一般程度相当剧烈。所以,当一个人嫉妒攻心的时候,血压、脉搏、肾上腺素和免疫系统都会受到威胁,同时感到非常焦虑。

10.假如争吵过后你久久不能释怀,除了发怒的当下会导致血压升高,在怒火攻心之后的一整个星期里,只要争吵的情景回到脑海中,人体压力指数就会再次回升。也就是说,假如你最近刚跟人起过争执,最好尽量分散自己的注意力,不要再纠结其中。

11.假如你和别人拥抱,催产素是人与人之间亲密关系的起源,恋人们之所以会渴望拥抱亲吻正是由于催产素在起作用。而当人体内催产素含量上升时,会随之释放出大量DHEA激素。DHEA不仅能够延缓衰老、缓解压力,更能够促进细胞重生。

12.假如你细数生活中的幸福点滴,爱、感恩、满足感都会刺激催产素的生成。当心情开朗或有强烈归属感时,心脏会分泌催产素,在它的作用下,神经系统渐渐放松,压力也得到舒缓。同时,体内组织的供氧量大幅增加,复原速度进一步提高。此外,人在感恩时脑电活动与心电活动都趋于和谐,在这种状态下,大脑与心脏的工作效率是最高的。

不同情绪下的身体状态如图6-9所示。

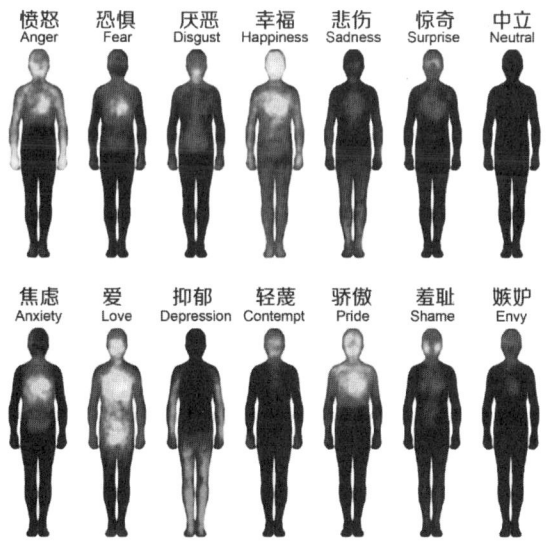

图6-9 不同情绪下的身体状态

第三节 ● 情绪管理

情绪管理,指通过识别自己和他人的情绪,调控我们的情绪反应,减少消极情绪,增加积极情绪,帮助我们提升情绪的驾驭能力,在合适的场合表达合适的情绪,最终实现积极乐观和幸福目的的一种手段。

一、用心体察和准确表达你的情绪

心理学家指出,识别自己的情绪,并能给它们打上准确的标记,是情绪管理的开始。当这个世界让你不舒服的时候,你仅仅会用"糟糕""不开心"这类词语一语概之吗?还是说你会有更加确切的情绪体验,比如悲伤、绝望、沮丧或者忧郁?莉莎·费德曼·巴瑞特(Lisa Feldman Barrett)提出了"情绪粒度"(Emotional Granularity,EG)的概念。它是指个体在情感体验和情感陈述上的个体差异,以及把相似的情绪状态区别得更精细、更细致入微的能力。高情绪粒度的个体,能够用丰富具体的情绪词汇来描述自己的情绪(如表6-2所示);而低情绪粒度的个体,并不准确地知道自己经历了什么,总是用笼统的词汇来表达自己的情绪。情绪粒度不仅与掌握丰富的词汇有关,还与更加细致地体验世界和自我有关,这会改变我们的生活。事实上,有越来越多的研究证据表明,细致入微的情绪体验会给你带来好处,哪怕这些体验是负面的。

表6-2 丰富具体的情绪词汇表

高兴	好受	快活	庆幸	舒畅	开心	幸福	甜蜜	喜出望外	心花怒放
愤怒	恼火	生气	愤慨	气愤	烦闷	窝火	糟心	恼羞成怒	暴跳如雷
悲伤	沉痛	伤感	伤心	悲哀	痛苦	心酸	难受	悲痛欲绝	痛不欲生
胆怯	心虚	害怕	发怵	惊吓	恐惧	畏惧	惶恐	胆战心惊	心有余悸
入迷	入神	心醉	敌视	嫉妒	反感	可恨	厌恶	索然无味	如释重负
担心	忧愁	忧郁	压抑	郁闷	焦虑	紧张	恐慌	心急如焚	心慌意乱
骄傲	自豪	委屈	冤枉	急切	浮躁	嫌弃	惆怅	忐忑不安	失魂落魄
害羞	腼腆	难堪	羞耻	惭愧	内疚	亏心	后悔	过意不去	自惭形秽
好奇	惊讶	警惕	怀疑	困惑	迷茫	轻视	淡漠	无所适从	心悦诚服
敬仰	佩服	赞美	感动	牵挂	怀念	孤单	安宁	心安理得	心灰意冷

心理训练

请你尝试在表 6-2 中补充更多的情绪词语。

心理训练

情绪的自我表达

请说出你今天或近期感受到的一种情绪，尽可能细致准确地描述出它吧！

_____

_____

扩展阅读

你可能不知道的有趣情绪

在世界各国不同的语言体系中，都有对于情绪的独特表述。Dahl, M.（2016）曾经整理了在各种语言中不为常人所知的"10 种精准描述的情绪词汇"，比如：

甘え（日语，Amae）："依赖一个人的好意"，或者"能够心安理得地接受他人的爱"。尽管现代社会里的我们经常感到自己足够独立，但我们依然会感知到这种情绪，它源于一种对他人的深刻的信任感，无论是对搭档、父母，还是你自己。

L'appeldu vide（法语）："虚无的召唤。"它指的是，你在某一刻，突然被无法解释的思绪控制了大脑。比如，在等待地铁开来的时候，你会突然有"跳下站台"的冲动，但却不知道这种冲动从何而来。它可能会使你产生丧失力气、摇摇欲坠的感觉。

Awumbuk（巴布亚新几内亚拜宁人的语言）："访客离开之后的落寞。"我们总是厌倦访客将自己家里弄得一团糟，但当他们真的离开时，你又可能会觉得家里空荡荡的。对，就是这种感觉。巴布亚新几内亚的拜宁人甚至发明了一种方式来消除这种落寞的情绪，当客人离开后，他们就会装满一碗水在家里过夜，让它吸收令人苦恼的空气，第二天早起，郑重其事地将那碗水泼到树丛里，再开始新的一天。

Brabant（英语）："非常想知道你能将别人逼到什么程度。"有一些人总能在戏弄他人当中找到乐趣，并且他们很想看看别人崩溃之前，能够戏弄别人到什么程度。

Depaysement（法语）："作为异乡人的喜忧参半感。"陌生的环境总是会刺激我们变成另一个自己，当我们外出旅行时，也非常有可能会做出在熟悉的场合不会做的事情。这种情绪是喜忧参半的，可能有欣喜的成分，也可能包含迷失、困惑。

Llinx（法语）："在肆无忌惮的破坏中产生的奇怪快感。"有时，你可能并非出于痛苦、烦躁或发泄，但就是想要制造一些混乱，比如在深夜踢翻一只路边的垃圾桶，或者将桌子上的东西都推下去，并且对此感到莫名的开心。

Kaukokaipuu（芬兰语）："对遥远地域的渴望"，或者"思念从未到过的故乡"。 有时，你明明没有到过一个地方，却会对那个国家、地域产生莫名其妙的渴望，甚至像是一种思乡之情。

　　Malu（印度尼西亚土著杜松语）："在比自己地位更高的人面前，突然感到手足无措、语无伦次。"比如，突然偶遇你景仰已久的前辈、喜欢的偶像、公司的 CEO 时，你涨红了脸，却一句话都说不出来。 而且，杜松认为，这种尴尬的情绪反应不仅是正常的，也是得体、有礼貌的。

　　Pronoia（英语）："认为所有人都在合谋令我快乐"，虽然事实上可能并非是这样。 在塞林格的《抬高房梁，木匠》一书中，Seymour Glass 这样自嘲："上帝啊，如果要说我有什么毛病，大概我就是被害妄想者的反面吧。 我怀疑人们在合谋使我快乐。"社会学家 Fred Goldner"则将这种情绪命名为"Pronoia"。

　　Torschlusspanik："舱门即将关闭时的慌张。"它可以形容在赶火车、飞机时舱门即将关闭时的慌乱，或者当时间已经在不知不觉中流逝，感到截止日期越来越近时的不安。

　　以上只是列举一些你可能不知道的情绪概念，如果想要学习更多，可以去看看 Watt-Smith 在 2016 年出版的 *The Book of Human Emotions*（《情绪之书》或《人类情绪手册》），里面列举了 154 种不同的情绪概念。

二、合理宣泄和适当控制你的情绪

（一）倾诉宣泄

　　情绪的宣泄是平衡身心的重要方法。当我们在生活中感受到不愉快、委屈、气愤、悲痛等情绪体验时，不要埋在心里，可以向知心朋友或亲人诉说出来，也可以到野外或不妨碍他人的场所尽情地大喊大叫、大哭大笑；还可以通过写日记、自我对话等方式宣泄自己的情绪。这种宣泄可以释放内心郁积的不良情绪，有益于保持身心健康，但宣泄的对象、地点、场合和方法要适当，避免伤害他人。

（二）运动宣泄

　　心理学家温斯拉夫研究发现，最好的情绪调节方法之一就是运动。因为当人们在沮丧或愤怒等消极情绪产生时，生理上会产生一些异常现象，这些都可以通过运动，如跑步、打球等方式，使生理恢复到原状。生理得到恢复，情绪相应也能得到改善。

（三）理智控制

　　当愤愤不已的情绪即将爆发时，要用意识适当控制自己，提醒自己此时应当保持理性，还可进行自我暗示:"别发火,发火会伤害身体。"在生活中,我们看到很多家长在面对"熊孩子"的破坏行为即将爆发时,常常"告诫"自己:"亲生的,亲生的!"这就是一种理智控制。同时我们发现,不少消极情绪往往是由于对事情的真相缺乏了解或者误解而产生的。这就需要运用辩证思维,多侧面、多角度地去思考和看待问题,如果能够发现事情的积极意义,那么消极情绪就可以转化为积极情绪。

(四)自我暗示和自我鼓励

对每个个体来说,无法实现所有的需要,当产生挫败感和其他消极情绪时,我们要学会找到合乎情理的原因来为自己辩解,不断进行自我安慰和鼓励,鼓励自己敢于同痛苦、逆境做斗争。自娱自乐会使你的情绪好转。比如,当我们的情绪处于低落时,可以暗示自己:"情绪总是有起有落,我现在处于情绪低落的阶段,过几天自然就会好起来。"在求职遭遇失败时,可以暗示和鼓励自己:"胜败乃是常事,只要我不断提高自己的能力,就有机会找到理想的工作。"但值得注意的是,自我暗示和自我鼓励要适当适量,并且要带来真实行为的良好转变,如果仅仅停留在口头上的自我欺骗,不利于认清现实和自己,是不可取的。

(五)转移注意力

当火气上涌、悲伤无法抑制、紧张得坐立不安等情绪体验发生时,可以采用有意识地转移话题、做点其他的事情、暂时隔绝产生不良情绪的环境等方法来分散和转移注意力,使情绪得到一定的缓解。打打球、散散步、听听流行音乐,也有助于转移不愉快情绪,其中,借助于情绪色彩鲜明的音乐来调节情绪往往是比较有效的方法,可因人、因时、因地、因心情的不同而选择不同的音乐。

(六)幽默

幽默是一种特殊的情绪表现,也是人们适应环境的工具。具有幽默感,可以使人们对生活保持积极乐观的态度。许多看似烦恼的事物,用幽默的方法对付,往往可以使人们的不愉快情绪荡然无存,立即变得轻松起来。

(七)呼吸放松调节法

呼吸放松调节法提倡腹式呼吸,它是一种以腹部作为呼吸器官的方法。首先,找一个合适的位置站好或坐好,身体自然放松;其次,慢慢地吸气,在吸气的过程中感到腹部慢慢地鼓起,到最大限度的时候开始呼气;最后,呼气的时候感觉到气流经过鼻腔呼出,直到感觉前后腹部贴到一起为止。除此之外,我们还可以通过音乐放松、肌肉放松等方法,或尝试将它们结合来舒缓、调节我们的情绪。

三、理想分析和仔细思考你的情绪

古罗马的哲学家爱比克泰德曾说过:"困扰人们的不是事件本身,而是对事件的评判。"一念之差,或许就会引发两种截然不同的情绪。美国心理学家阿尔伯特·艾利斯在20世纪50年代创立了合理情绪治疗(Rational-Emotive Therapy,RET),它是认知心理治疗中的一种重要疗法。

合理情绪疗法的基本理论主要是ABC理论。在ABC理论模式中,A(Adversity)是指诱发性事件;B(Beliefs)是指个体在遇到诱发性事件之后相应而生的信念,即他对这一事件的看法、解释和评价;C(Consequence)是指在特定情景下,个体的情绪及行为结果。通常人们认为,人的情绪的行为反应是直接由诱发性事件A引起的,即A引起了C。ABC理论则指出,诱发性事件A只是引起情绪及行为反应的间接原因,而人们对诱发性事件所持的信念、看法、理解B才是引起人的情绪及行为反应的更直接的原因(如图6-10所示)。

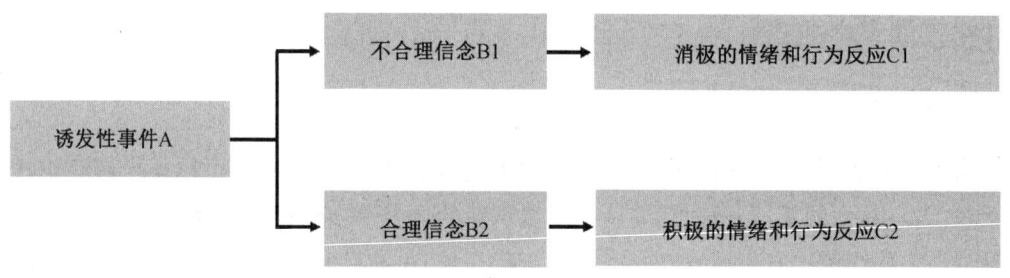

图6-10 情绪ABC理论

例如,2019年年末出现的新冠疫情使大学生不能及时返校,进行网上学习,这是诱发性事件A;对于这一诱发性事件,有的人焦虑、担忧、苦恼,因为他们认为网上学习效果差、不可控因素多、缺乏更有力的监督和指导,一定不能实现教学的目标,保障教学的效果;而相反,有的人却从容、淡定、平静,因为他们认为线上教学非常便捷,老师同样能够给予及时的指导和反馈,在家上网课还能有来自父母的亲切照顾,没有生活琐事分散精力,因此很享受这一过程。两者之间存在情绪差异的原因就在于,他们对诱发性事件A所持的信念、看法、理解B存在显著差异,而跟诱发性事件A本身关系并不大。

在这个理论中,消极情绪的产生主要涉及人们的一些不合理信念,总结起来有以下三种:

(1)绝对化要求。这是以"必须"或者"一定不"为前提的观点。例如,"我必须要通过考试""我必须取得成功""他必须爱我"等等,这些都是绝对化的要求。

(2)过分概括化。这是一种以偏概全的思维方式。例如,当一个人经历一次求职失败后,他就认为自己一无是处、毫无价值可言,而把自己本身具备的优点也全部忽略掉了,这就是典型的以偏概全,过分概括化的思维方式。

(3)糟糕至极。当一种不好的事情发生时,它的结果必然非常可怕、非常糟糕,甚至是灾难性的结果。比如一个人失恋了,他觉得无力承受,会认为自己的人生失去了意义,认为以后再也无法获得幸福。

怎样才能改善个体的消极情绪呢?塞利格曼进一步添加了D(Disputing),通过反驳可以发现事情另外的发生和解释的可能,跳出已有的思维模式环路。当我们与自己的不合理信念进行辩论,最终达到一个合理的信念,那么消极情绪自然而然就会得到改善(如图6-11所示)。

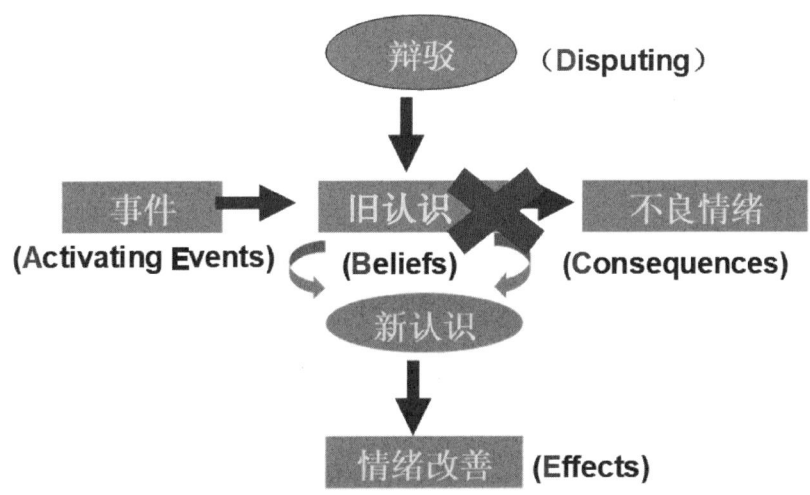

图6-11 合理情绪疗法

比如上述例子当中,我们尝试和"网上学习效果差、不可控因素多、缺乏更有力的监督和指导,一定不能实现教学的目标"这样的绝对化的不合理信念进行以下辩论:

(1)我全情投入学习,网上教学效果还一定很差吗?
(2)没有老师的监督和指导,我就一定学不好吗?
(3)影响学习的核心要素是教学方式的变化还是自我学习方法的调整和改善呢?

当我们最终找到合理的信念,那么针对网上学习的焦虑、担忧等情绪就会得到一定的缓解和改善。

心理训练

我的 ABCDE 日记

请回忆最近两次你感受到消极情绪的场景和过程,思考是什么观念带来了消极情绪,试着反驳这些观念,体会合理情绪疗法改善情绪的效果,完成表6-3。

表 6-3 我的 ABCDE 日记

诱发性事件 A	原有的想法、信念 B	后果 C	辩驳 D	情绪改善 E

第四节 压力应对

心理学研究发现,民航从业人员产生工作压力时,工作负荷会直接导致心率增加,直接影响飞行员的安全绩效,并且随着飞行员工作压力的增大,其紧张程度更高,因此,飞行员的绩效会随着压力水平的变化而变化。事实上,对于所有个体来讲,在面对高负荷的学业、工作、生活状态时,都会受到来自压力的极大考验。那么应该如何应对呢?伊恩·罗伯逊(Ian Robertson)教授在他的 *The Stress Test* 中提出了应对压力的可操作性具体方法。

一、通过右手捏压力球来提升左脑额叶的活跃度

研究发现,左脑额叶更为活跃的个体,更倾向于采用积极的方式来应对压力。这是因为右脑额叶更为活跃的个体在产生心理压力时,体内皮质醇(Cortisol)的水平会大量升高,使得他们高估问题的危险程度和难度,因此更加倾向于逃避问题,不直接面对;而左脑额叶更为活跃的个体,他们的皮质醇水平上升相对较为平缓,所以他们在面对压力情境时,更愿意去直面问题,积极寻求解决措施。

虽然人们左右脑额叶的活跃水平存在着天生差异,但我们依然可以通过一些简单的方式短暂地提升左脑额叶的活跃水平。研究发现,当人们将注意力集中在右手,并持续用力地挤压压力球 45 秒左右,可以有效地刺激人体的左脑额叶,使它活跃起来,让人变得更加大胆,更敢于去直面问题、应对压力。

二、通过重新解读情绪来改变应对压力的方式

情绪状态往往会影响个体的压力应对方式,当个体处于积极的情绪状态下,更倾向于克服压力,直面问题;相反处于消极的情绪状态下,则倾向于回避压力,逃避问题。比如,当我们感到快乐、兴奋时,面对压力我们会跃跃欲试;而当我们感到紧张、焦虑时,就会更多考虑到问题带来的风险、弊端,进而退缩、回避。

过去心理学家们已经揭示,情绪影响个体的行为和态度;而事实上研究同样发现,个体对情绪的"主观解读",反过来也会影响情绪,即不同的情绪有时会产生相似的身体反应,而我们认知自己究竟处于哪种情绪状态,取决于我们如何解读它。例如,紧张和兴奋两种情绪都会让个体心跳加快、呼吸急促、出汗,但我们在解读身体信号时,有时理解为"紧张",有时理解为"兴奋",这是因为我们对自己情绪状态的评估,是通过大脑综合分析我们所处的环境和当时的身体反应后给出的结论。也就是说,当我们认为环境危险时,大脑会将身体反应解读为"紧张";而当我们认为环境愉悦时,大脑则会将身体反应解读为"兴奋"。

综上,当我们觉得自己因为压力而心跳加速、肌肉紧张、微微出汗时,我们可以告诉自己"我很兴奋",而不是"我很紧张",调整对于情绪的认知来改变压力应对的方式。此外,还可以通过调侃自己或给自己讲个笑话等幽默的方式让自己尽量放松,这也是我们给自己的正向暗示,有助于积极应对压力。

三、通过合理表达愤怒来激发力量应对压力

罗伯逊教授指出,许多人处于愤怒状态下时,会更有冲劲、更有动力去面对问题,试图通过解决困境来消除愤怒。因此,我们在面对压力时可以适当地展现和表达愤怒。

要做到这点,罗伯逊教授认为,首先要树立对"愤怒"的正确认识。部分个体压抑愤怒,是因为他们认为,愤怒是一种坏的情绪,会给我们的行为带来消极的后果。然而情绪其实并没有绝对的好坏之分,任何情绪都有它的用途,一定程度的愤怒其实能够激发人们去解决问题,并且让引起你愤怒的人意识到得尊重你的需求。

其次,学会坚定、温和地表达愤怒。我们要少用"你的表达式(You-statement)",如"你老是迟到,不遵守我们的约定",这种表达方法会让对方觉得被直接攻击、容易引起争吵。相反,我们可以用"我的表达式(I-statement)"来表达自己的需求,如:"我有些生气和失望,因为你常常迟到,这会影响我们的行程安排。我希望我们双方都能遵守时间约定,谢谢。"这既坚定地表达了自己的不满,又相对不让对话陷入情绪的争斗。

四、通过场景想象来提升专注力

压力情境下的个体常常易感烦躁、焦虑、压迫、紧张等情绪,影响个体认知功能的发挥,尤其表现在观察力、注意力、记忆力、思维等方面。因此,当个体察觉到自己似乎快要走神的时候,可以想象这样的画面或场景:想象我们一下子把手伸进冰水中,或者想象有个人在你背后忽然拍了你一下。通过想象这些场景,我们体内的去甲肾上腺素含量会上升,让我们大脑处理复杂信息的结构保持活跃,提高我们解决问题的专注度。

五、通过提升自信来积极应对压力

芝加哥大学2008年的一项研究中,主试让学生们在观众面前进行数学竞赛,并在赛前和赛后检测学生体内皮质醇的浓度,用来判断学生的压力水平。研究者将学生分成两组:"对能力自信组"和"对能力焦虑组"。结果显示,即使两组成员的数学能力差不多,但是自信组的学生压力越大,表现越好;相反,焦虑组的学生压力越大,表现越糟糕。由此可知,自信有助于人们更积极、更乐观地应对压力。

罗伯逊教授指出了以下几种方法,帮助人们在感到压力时迅速地提升自信。

首先,可以回想某次你处于优势地位的情境。例如,你曾经在竞赛中赢过了别人,或者你在某次会议中夸奖了同事。研究发现,我们与他人的关系,会影响体内的化学物质水平。一旦我们回忆起自己处于优势地位的情境,体内睾酮素水平就会上升,让我们对自己更自信。

其次,进行积极的自我对话。例如你可以告诉自己:"我之前遇到过类似的情况,我可以应对和处理。"但如果之前你在类似的困境中失败了,你也可以提醒自己关注收获和成长的部分("我已经比当时更好了,因为我学会了……")。同时,注意将自我价值和一次经历的成败区分看待,使自己明确"一次失败并不代表我一无是处",避免过去的负面经历影响自我评价。

最后,我们在设定目标的时候,做到可细化、可量化、可操作,在每次完成目标时进行自我肯定和鼓励、牢记完成目标时的成就感,逐步、长期地提升自信,积极应对压力。

 扩展阅读

空管人员、机务人员工作压力的应对与调整

民航业是职业压力较高的行业。飞行员、空中交通管制员、机务人员、安检人员等直接关系到飞行安全;空中乘务员、地面服务人员等直接面对、服务旅客,承担着细致、烦琐的工作,必要时还要处理危急情况下的各种突发事件。

国际航空运输协会(IATA)的统计资料表明:75%以上的空难是人为差错造成的。心理学研究发现,80%的人为差错又是因为个人问题造成工作状态下降而导致的。因此,从空管人员、机务人员个人的角度进行压力应对和调整是非常重要的。

1.增强对工作的热爱

空管、机务工作本身就具有较高的挑战性。当个人做出职业选择后,同样也能选择自己对于这份职业所持有的情感和态度。因此对于个人来说,最好的应对工作压力的方法就是热爱这份职业。第一,空管、机务人员需要对自己的工作进行全面细致的了解,清楚自己的工作内容、工作职责、职业发展空间以及所在单位的管理制度和企业文化,再

结合个人的实际,确定清晰的职业发展目标和详细的职业规划。 第二,在工作中不断学习专业知识和技术,更新和提升自身的专业技能,增强职业价值感和自我效能感,从而将工作压力转化为部分工作动力,减缓工作压力对生活质量产生的消极影响。

2.培养自信心

空管、机务人员承担着较大的安全责任,还需要处理一定数量的突发事件,在高强度、高压力的工作状态下能够从容冷静应对非常关键。 其中,培养自信心是抵御工作压力和保持快乐的重要因素。

面对工作中的问题,即使有实力但缺乏自信心也容易陷入消极思想中,从而增加工作压力,甚至危害民航安全。 空管、机务人员培养自信可以通过强健体魄,用健康的身体做积极思想的后盾;改变思维方式,变消极的自我对话为积极的自我对话;处理富有挑战性的工作或问题,通过成功突破自我实现对自我的全新认知,逐步培养起自信心。

3.强化时间管理

实际生活中,部分工作压力源自缺乏足够的时间,因此,强化时间管理能够提高工作效率和缓解工作压力。 首先,有效的时间管理要改变错误的思想观念和行为,如犹豫不决、精力分散、拖拉、逃避、中断和完美主义等。 如拖延自己不喜欢、有困难的工作,到最后发现时间严重不足,从而给自己带来更大的压力。 有效的时间管理包括把工作按轻重缓急进行分类处理,给自己的工作制订计划和期限,利用清单和列表等工具,提高工作效率,从而缓解工作时间不合理或缺乏带来的压力。

4.借助社会支持

社会支持来自亲人、同事和朋友,会带来心理上的安全感和归属感。 因此,空管、机务人员可以在工作过程中建立良好的人际关系网络,在遇到工作压力或难题时,有可以倾诉情感或为自己提供客观分析及解决问题方法的人,能够在一定程度上缓解工作压力。

思考题

1.情绪和压力分别是什么?
2.如何调节情绪?
3.如何应对压力?

心理测验

心理压力量表(如表6-4所示)

下面的题目涉及您对自己的一些感受和想法,请您仔细阅读每个题目,根据最近一个月的实际情况选择最符合您的那一项,答案无对错或好坏之分。

表 6-4 心理压力量表

题项	从来没有	几乎没有	有时	经常	总是
1.因一些无法预期的事情发生而感到心烦意乱	0	1	2	3	4
2.感到自己无法控制生活中重要的事情	0	1	2	3	4
3.感到紧张不安和压力	0	1	2	3	4
4.自己成功地解决了令人烦恼的生活琐事	0	1	2	3	4
5.自己正在有效地处理生活中发生的重大变化	0	1	2	3	4
6.自己有信心能够处理个人问题	0	1	2	3	4
7.事情正在和希望的一样发展	0	1	2	3	4
8.自己不能处理所有必须做的事情	0	1	2	3	4
9.自己能控制生活中的一些恼怒情绪	0	1	2	3	4
10.自己能安排一切	0	1	2	3	4
11.因无法掌控发生的事情感到生气	0	1	2	3	4
12.自己必须完成某件事情	0	1	2	3	4
13.自己能控制时间安排的方式	0	1	2	3	4
14.因困难积累得太大而无法克服	0	1	2	3	4

评分时,第 4、5、6、7、9、10、13 题需反向计分,即选择 0 分计 4 分,选择 1 分计 3 分,选择 2 分计 2 分,选择 3 分计 1 分,选择 4 分计 0 分。总分为 0~56 分,得分越高表示心理压力越大。

阅读推荐

1.《情绪》,[美]莉莎·费德曼·巴瑞特著,周芳芳、黄扬名译.北京:中信出版集团,2019.

推荐理由:每一天,我们都会带着情绪醒来,也会带着情绪入睡。我们会受到情绪波动的影响,甚至被情绪牢牢控制,做出积极的或是消极的,甚至是不可思议的行为。知名心理学家、神经科学家莉莎·费德曼·巴瑞特博士基于多年的深入研究,提出了全新的情绪构建理论,她认为情绪并非与生俱来,也不具有普遍性。情绪不是被激发的,而是由个体创造出来的。因此,我们能够通过具体可行的方法,管理情绪、控制情绪、提高情商,学会接纳自己,体谅他人,从而打造融洽的人际关系,拥有和谐幸福的生活。

2.《伯恩斯新情绪疗法》,[美]戴维·伯恩斯著,李亚萍译.北京:中国城市出版社,2011.

推荐理由:你是否总感到焦虑、抑郁、内疚、自卑、孤独、挫折、易怒、躁狂?总感到情绪低落、苦恼忧伤、兴致索然?心中盘踞着悲观绝望,痛苦难熬,度日如年、生不如死的感觉?你很想让自己更理性、更开心,但你拖拉,觉得生活没劲;你发现自己习惯逃避;你有严重完美主义倾向,常常不满意自己;你想摆脱抑郁,却无助无望更抑郁。你该怎么办?请牢记,思维决定情绪。错误扭曲的认知,则导致抑郁情绪。戴维·伯恩斯博士是世界主流认知疗法最重要的发展者之一,同时也是享誉世界的自助书籍作家,他的著作《伯恩斯新情绪疗法》连续多年位于自助书籍畅销榜第一名,全球销售超过 500 万册,也是美国、加拿大精神科医师和心理学家最常"开药方"给抑郁症患者的书籍,带给无数抑郁症患者福音。它是一套治疗体系,更是一整组的工具,向读者展示了快速、有效地克服日常不良情绪的治疗技术,从而战胜抑郁。

影视推荐

1.电视剧《千慌百计》

推荐理由:无需测谎仪,无需确凿证据,甚至无需声音,多数情况下只凭细微的表情变化便可判断一个人说谎与否,这便是卡尔·莱特曼博士的高超本领。莱特曼博士供职于一家私人机构,该机构专事微表情的研究,对谎言的判定具有绝对的权威性。当 FBI、警察或者民间机构遇到悬而未决的问题时,便是莱特曼博士及其团队大展身手的好时候。他们凭借丰富的经验和谨慎的作风戳穿一个又一个谎言,将事实真相还原。

2.电影《愤怒管理》

推荐理由:戴夫有着温文尔雅的外表和漂亮的女朋友琳达。但在一次飞行旅行中他情绪失控,被遣送去进行"情绪管理"训练。课程的负责人精神病医生巴迪本身就有点疯癫。他一手创建了"情绪管理"理论和治疗中心,相关书畅销不衰。中心的病人个个脾气古怪。巴迪不断地逼迫戴夫去做一些近乎发疯的事情,让戴夫感到即使不疯也快要被逼疯了。而法庭认为戴夫的进展过于缓慢,要送他去监狱。被逼入绝境的戴夫,只好忍受巴迪的刺激疗法。戴夫感到自己的极限就要到来,他在退缩封闭自己的内心还是勇敢面对完整的自己两个选择中犹豫了。

3.电影《头脑特工队》

推荐理由:可爱的小女孩莱莉出生在明尼苏达州一个平凡的家庭中,从小她在父母的呵护下长大,脑海中保存着无数美好甜蜜的回忆。当然这些记忆还与几个莱莉未曾谋面的伙伴息息相关,他们就是人类的五种主要情绪:乐乐、忧忧、怕怕、厌厌和怒怒。乐乐作为团队的领导,她协同其他伙伴致力于为小主人营造更多美好的珍贵回忆。某天,莱莉随同父母搬到了旧金山,肮脏逼仄的公寓、陌生的校园环境、逐渐失落的友情都让莱莉无所适从,她的负面情绪逐渐累积,内心美好的世界渐次崩塌。为了保护这一切,乐乐只有行动起来……整部电影远远不止超凡的想象力和萌萌的画面,看完后或许会让你重新审视和思考自己的情绪。

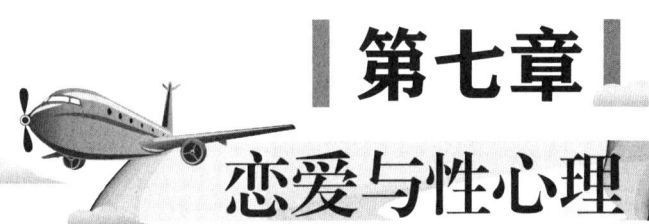

第七章 恋爱与性心理

爱情是一位伟大的导师，教会我们重新做人。

——莫里哀

想说爱你不容易

我是一名大二的学生，来自 H 省农村，性格比较内向，平时也没什么朋友。在一次同学聚会上，我认识了一个女孩儿，她长相可爱、性格外向、学习优秀，总之是个非常不错的女孩子，她的方方面面都吸引着我……我寻找机会和她交流，我发现她也不反感与我交流，还答应和我做朋友。相处一段时间后，我越来越喜欢她，觉得她就是我的理想对象。我想向她表白，但又怕她拒绝我，之后连朋友都没办法做。我很纠结，不知道如何是好。这段时间我吃也吃不香，睡也睡不好，这样矛盾和犹豫的状态已经影响了我的学习和生活。我该怎么办才好？

讨论：

1.在如今的大学校园中我们常会听见同学们讨论关于爱情的话题。遇到了喜欢的人，你觉得是该勇敢地表明心意还是默默地守候等待？

2.你认为健康的爱情观应该是怎样的？

3.大学生在追求爱情时应注意哪些问题？

爱情是人类永恒的话题，人类自古以来就在不断地探索爱情。能获得美满的爱情，并能全身心地去享受爱情的甜蜜，应该是所有社会人在他的人生中愿意尝试的事情。徜徉于知识海洋中的大学生朋友们，也往往无法摆脱爱情的魅力，让它不知不觉地悄悄潜入了你的心扉，撞击了你的心灵，留下了不可磨灭的印记。然而，爱情既可以是美酒佳酿，给人莫大的幸福和欢乐，也可以是苦涩的果子，给人带来无穷的痛苦和烦恼。懂得爱情、把握爱情，这已成为当代大学生迫切的需要。

第一节 ◉ 认识爱情

什么是爱情？和亲情、友情等情感一样，爱情是一种高级的情感，关键在于个人的自我体验。由于个体的性格、家庭背景、生活轨迹等的不同，每个人得到的体验也大不相同。人们常说"一千个人眼中有一千个哈姆雷特"，那么"一千个人就有一千种爱情"，甚至更多。

在我国古代典籍《周礼·地官司徒第二·媒氏》中："男三十而娶，女二十而嫁。若无故而不用令者，罚之。"意思是在周朝，男性满三十岁才能娶妻结婚，女子满二十岁才能嫁人结婚。若无缘无故不遵守这规矩的，就当予以惩罚。

中国的古典诗词中也有众多描写爱情的诗句。

纳兰性德的《采桑子》悲悲戚戚，黯然伤神："明月多情应笑我，笑我如今，辜负春心，独自闲行独自吟。近来怕说当时事，结遍兰襟。月浅灯深，梦里云归何处寻？"

李商隐的《夜雨寄北》跌宕有致，含蓄情深："君问归期未有期，巴山夜雨涨秋池。何当共剪西窗烛，却话巴山夜雨时。"

崔护的《题都城南庄》的思而不得，淡淡的忧愁："去年今日此门中，人面桃花相映红。人面不知何处去，桃花依旧笑春风。"

在汉文化里，向往的爱情往往是专一和忠贞不渝的，是"一生一世一双人"，是"愿得一人心，白首不相离"，是具有亲密、依恋、情欲、承诺等情感属性，并对这种关系的长久性持有信心。

接下来，让我们看看西方名人眼中的爱情是什么样子。

莎士比亚说："爱情不是花荫下的甜言，不是桃花源中的蜜语，不是轻绵的眼泪，更不是死硬的强迫，爱情是建立在共同语言的基础上的。"

罗曼·罗兰说："当两人之间有真爱情的时候，是不会考虑到年龄的问题，经济的条件，相貌的美丑。"

屠格涅夫说："我只想告诉你，一切的我的死灭了的过去，一切的希望和努力，如今都化成烟，化成尘，只有一样还活着，不能泯灭的，就是我对你的爱。"

当然，还有近年在年轻人群体当中流行起来的"土味情话"也非常有代表性：

——最近有谣言说我喜欢你,我觉得我有必要澄清一下,那不是谣言。

——人们都说"春天应该暗恋一个人,然后夏天和他私奔"。如今我喜欢你已过四季,你说我们是不是该谈谈余生了?

——其实,我的要求很简单,可以的话,我喜欢有一片面包、一杯牛奶、一句早安,如果可以再奢侈一点的话,我希望这块面包是你切的,这杯牛奶是你倒的,这句早安是你亲口对我说的。

看来,无论是名人还是普通百姓,他们对于爱情的感悟之谈对于大学生来说都是一种提示、一种借鉴,更是一种宝贵的财富。

一、爱情的定义

关于爱情的定义,编者认为,爱情是没有唯一的、严谨的概念的。在这里,我们将采用人们比较广泛认同的概念来当作爱情的定义。所谓爱情,就是个体与个体(多数指人)之间的强烈的依恋、亲近、向往,以及无私并且无所不尽其心的情感。它通常基于一定的社会关系和共同的生活理想,通过相互间强烈的倾慕和相互吸引,是一种渴望对方成为自己终身伴侣的最真挚、专一、稳定的情感。

爱情是一种人类特有的高尚精神生活,具有互爱性、排他性、利他性、持久性等特点。爱情中的双方既是爱情的提供者又是爱情的获得者,他们既是爱情的主体又是爱情的客体,而且双方在人格和地位上应该是完全平等的,不存在主从关系。爱情是真诚的,不是私欲,也不等同于同情或怜悯。若只有一方对另一方的爱恋,那只是"单相思",只有双方互相爱慕和吸引才是真正的爱情,这是爱情的互爱性。爱情应该是忠贞不渝的,不应和第三者或其他任何人分享的,这是爱情的排他性。此外,爱情的基本倾向是相互奉献,真正相爱的双方,不会过于在乎对方给自己带来了多少物质财富,而更应该考虑自己为对方奉献了什么,衡量一个人有无爱情、意愿的强度如何,可以通过"是否发自内心帮助所爱的人完成他期待的事情"这一指标来衡量。爱是一种因为主动的给予而拥有的快乐,这种情感一般是持久、稳定的。通常存在的"不在乎天长地久,只在乎曾经拥有"的消极情感态度,只是表现人们对爱情难以把握的一种无奈。爱情是需要时时更新,需要双方不断呵护和理解的。成熟的爱情是在保留自己个性的条件下与对方合二为一,达到"你中有我,我中有你"的境界,并将伴随个体的余生。

爱的发现

有时候,心理学家似乎是走得太远了。像"爱"这类问题怎么可能用科学的方法进行研究呢? 但无论你怎样界定"爱"的含义,人们不得不承认它对我们的行为有着巨大的影响。

发展心理学家亨利·哈洛被公认为是自弗洛伊德之后在研究早期经验对成年的影响方面做出巨大贡献的心理学家。绝大多数心理学家认为，婴儿与母亲（或者早期看护者）之间的亲密接触和依恋经历，对其在今后生活中爱的能力及与他人亲近的能力有着重要的影响。仔细想想在你的生命中，最早的有关爱的经历是什么？那就是自你出生起便存在的与母亲之间的联系。那么，这种接触真的重要吗？弗洛伊德主义者相信，在生命开始的第一年里，亲密接触主要集中在乳房和本能的口唇需要。后来，行为主义者反对这种观点，并认为人的所有行为都与基本需要（如饥饿、干渴和回避痛苦等）有关。由于母亲可以满足这种需要，所以婴儿与母亲之间的亲密关系常在母亲喂养婴儿的过程中不断得到强化。因而，母亲就与愉快的事件联系在一起，于是爱就产生了。在这两种观点中，爱都是其他本能或生存需要的附属品。然而，亨利·哈洛却发现，爱和情感可能是与饥饿和干渴一样强烈的基本需要，抑或者比他们更强烈。

二、爱情的发展阶段

在了解了爱情的基本定义之后，让我们用五句诗词来描述一下爱情产生的基本过程或爱情发展的阶段。

1.阶段一："与君初相识，犹如故人归。"这是爱情发展的最初阶段，也是最开始人们对伴侣的初识阶段。在产生了择偶观念之后，人们开始寻找陪伴永久的对象。这些对象包括朋友、同事或者陌生人。在最初的接触后，如果双方都像老朋友一样有相同的兴趣爱好、相似的经历和许多共同的话题，就像遇到了"故人"一般，则是一种非常愉快的体验。

2.阶段二："衣带渐宽终不悔，为伊消得人憔悴。"经过了认识彼此的初始阶段，伴侣双方便进入爱情的第二阶段。沉溺于这一阶段中的人们对爱情非常执着，人消瘦了，但决不后悔，尽可能地展现自己最好的样子给对方，并且期待得到对方更多的关注。他们往往会不惜一切地希望得到对方的好感，热切且奋不顾身。

3.阶段三："愿我如星君如月，夜夜流光相皎洁。"到了爱情"白热化"的阶段，恋爱双方如胶似漆，眼中全是对方的优点，就如诗中所言，祈望双方就像星星和月亮，每一个夜里你我都交相辉映，时时刻刻都待在一起，永远都不分离。

4.阶段四："两情若是久长时，又岂在朝朝暮暮。"激情渐渐褪去过后，恋爱双方在日常生活中习惯了对方的陪伴和存在，即使偶尔不在身边也能全身心地信赖并惺惺相惜。这一阶段少了热恋时的狂热，而转入更加深层次的精神的依恋。

5.阶段五："问世间情为何物，直教生死相许。"完美的爱情，往往是幸福且长久的，人们都希望自己的爱情如诗句中一样，能和伴侣生死相依、不离不弃，能依据许下的山盟海誓，今后生死相从。

三、爱情的相关理论

（一）爱情三元理论

在众多关于爱情要素的研究中，最重要的理论成果来自美国耶鲁大学的心理学家罗伯特·斯滕伯格（Robert Sternberg,1978）。1986年，斯滕伯格教授提出了著名的"爱情三元理论"，他认为虽然人类的爱情复杂多变，但各种不同的爱情都能由三个构成成分组合而成（如图7-1所示）。爱情的第一个成分是亲密（Intimacy），包括热情、理解、沟通、支持和分享等爱情关系中常见的特征。第二个成分是激情（Passion），其主要特征是性的唤醒和欲望。激情常以渴望"性"的形式出现，但任何能使伴侣感到满足的情感需要都可以归为此类。爱情的第三个成分是承诺（Commitment），指投身于爱情和努力维护爱情的决心。承诺在本质上是知性的，而亲密是感性的，激情则是一种动机或者驱动力。恋爱关系的火热来自激情，温情来自亲密，承诺则反映的是决策。

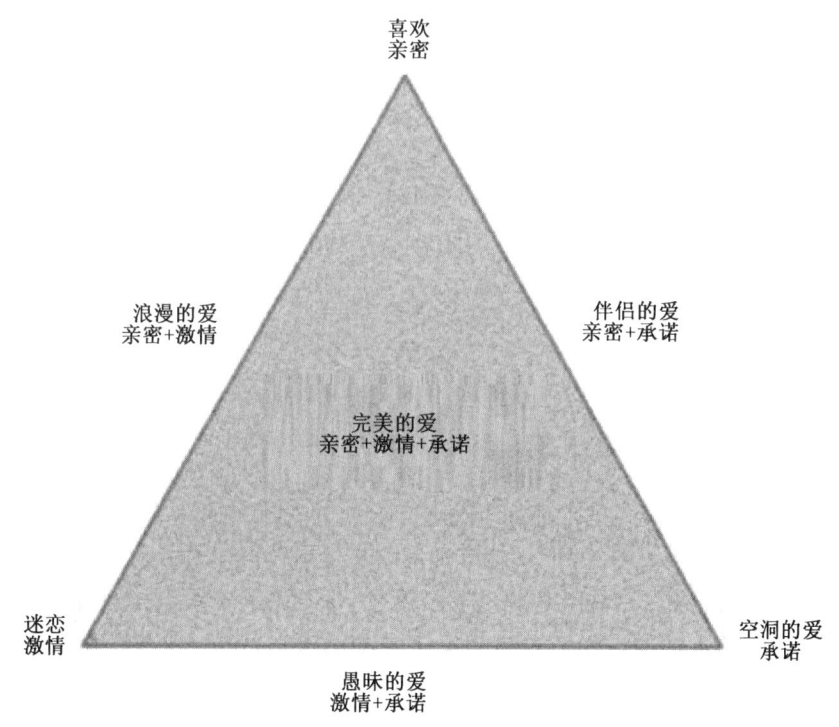

图7-1　爱情三元理论

根据上图所示，我们可以列举出以下这些爱情组合关系：

1.无爱（Non-love）

无爱即亲密、激情与承诺三种成分都缺失，没有爱情存在。双方为泛泛之交，彼此关系随意、肤浅且不受约束。

2. 喜欢(Liking)

只有亲密,或者其程度高而激情和承诺都非常低时,就是喜欢。喜欢多表现在友谊中,双方相处起来舒服且温情,却不会唤起激情或者与之共度余生的期望。

3. 迷恋(Infatuation)

缺乏亲密和承诺,而激情异常强烈,即为迷恋。当人们被几乎不认识的人激起欲望时就会出现这种体验。

4. 空爱(Empty Love)

没有亲密或激情的承诺,就是空爱。在我国传统文化的包办婚姻中,只凭"父母之言、媒妁之命"就走向婚姻的男女,其婚姻的不幸往往就是因为这种空爱造成的。但在西方文化中,这种爱常见于激情燃尽后,既没有激情也没有温情的伴侣关系中,只是凑合过日子。

也许你能发现,上述这些关系都缺失了爱情的一些重要部分——这正是斯滕伯格的观点。因为爱情是一种复杂的体验,所以如果我们把爱情的三个组成部分结合起来形成更复杂的爱情形态,就能更清晰地理解爱情了。

1. 浪漫的爱(Romantic Love)

浪漫的爱情往往有着强烈的亲密感和激情。我们可以理解为是一种喜欢和迷恋的结合。人们常常会表现出对浪漫爱情的承诺,但斯滕伯格认为,承诺并不是浪漫之爱的典型特征。比如在度假时情侣双方会体验到非常浪漫的爱情,即使双方都知道,随着假期结束浪漫时光也走到了尽头。

2. 相伴的爱(Companionate Love)

这是一种结合了亲密和承诺的爱情形式。虽然曾经的激情已经逐渐褪去,但相爱的双方仍然表现出亲近与和谐,并会努力维持彼此的情感。因此,这是一种典型的长久而幸福的爱情关系。

3. 愚昧的爱(Fatuous Love)

缺失亲密的激情和承诺会产生愚昧的爱情体验,即为愚昧之爱。这种爱情常发生在时下所谓的"闪婚"中。在压倒一切的激情基础之上,爱情双方会抛开万难迅速步入婚姻,但彼此对对方的了解却十分有限。从某种程度上说,这样的爱人在迷恋对方时投入得往往会很多,最终可能得不偿失。

4. 完美的爱(Consummate Love)

当爱情的三个元素——亲密、激情和承诺都非常充足时,人们就能体验到所谓"完美"的爱情。相信这是很多人都追求的爱情类型。但斯滕伯格(Sternberg,1987)认为,"完美之爱非常类似于减肥——短时间内容易做到,但很难长久坚持"。

所以,简单的一句"我爱你"可能会包含许多不同的情感体验,我们可以通过表7-1来总结一下爱情三元理论中的爱情关系的类型。

表 7-1　爱情三元理论中的爱情关系的类型

类型	亲密	激情	承诺
无爱	低	低	低
喜欢	高	低	低
迷恋	低	高	低
空爱	低	低	高
浪漫之爱	高	高	低
相伴之爱	高	低	高
愚昧之爱	低	高	高
完美之爱	高	高	高

心理训练

你可以和恋人一起绘制出自己心目中的爱情三角形,并放在一起进行比较。如果两人的三角形重合的部分越多,说明你们的感情越融洽;而当双方的三角形偏离得比较大时,就需要看看双方在哪些问题上产生了分歧。找到彼此的差异,并进行及时的沟通和调整。

(二)依恋关系

周国平在《爱与孤独》中有这样一句话:"生命纯属偶然,所以每个生命都要依恋另一个生命,相依为命,结伴而行。"

我们从小如果喜欢一个人,就像是喜欢芭比娃娃、巧克力和酸梅冰棍儿一样;逐渐长大后,悄悄对某人有好感,是朦胧的心动与依恋,像是白云缠绕着蓝天,生命中有一盏一盏的灯,而她(他)在灯火阑珊处;后来再遇到一个心动的人,希望是细水长流,就像人生是永远前往下一站的列车,人们想每一站都会有人陪在身旁。

童年的依恋或许就这样不动声色地隐藏在我们长大后的恋爱中,影响着我们的择偶和对爱情的态度。所以,我们不得不提到玛丽·艾斯沃斯(Mary Ainsworth)通过设计的一种被称为陌生情境的实验(Strange Situation Test)而指出的依恋关系中个体间的重要差异的理论。这是除斯滕伯格的爱情三元理论之外,能帮助人们理解依恋关系是如何建立起来的爱情理论。

1.陌生情境测验

陌生情境测验是在一间实验性玩具室内观察婴儿、养育者（多为母亲）和一名友好的陌生成人在一系列情境中的行为与反应。此操作程序的关键是婴儿与每个成人分离、重聚的标准顺序。在设计的8个情境中，婴儿经历逐级增加的忧伤及对亲近的更大需要，整个过程约需20分钟。儿童需要满足的程度及使用的方法被认为表明依恋的质量。最初，母亲与儿童被邀请进入一间放有适当玩具的舒适的实验室，当儿童安静下来并开始玩玩具时，便有陌生人加入，以后，相继创设有母亲离去、陌生人与儿童相处、母亲回来陌生人离去、母亲离去儿童独处等情境，儿童的反应用录像带进行记录。事后，依据录像带的记录评估儿童的探索行为、对养育者与陌生人的倾向性、在简单分离后重聚时对母亲的反应等，来将依恋类型分类。因此，艾斯沃斯的陌生情境测验将婴儿的依恋关系分为三类：

（1）安全型依恋（Secure Style）

这类儿童与母亲在一起时能舒心地玩玩具，并不总是依附母亲，当母亲离去时，明显地表现出苦恼。当母亲回来，这类儿童会立即寻求与母亲的接触，很快平静下来并继续玩游戏。

（2）回避型依恋（Avoidant Style）

这类儿童在母亲离去时并无紧张或忧虑，母亲回来，他们亦不予理会或短暂接近一下又走开，表现出忽视及躲避行为。这类儿童接受陌生人的安慰与母亲的安慰没有差别。

（3）焦虑反抗型依恋（Anxious Ambivalent Style）

这类儿童对母亲的离去表示强烈反抗，母亲回来，寻求与母亲的接触，但同时又显示出反抗，甚至发怒，不能再去玩游戏。

从20世纪50年代至80年代中后期，依恋关系的研究大多局限在儿童研究领域，直到1987年，人格和社会心理学家们的加入，才使得依恋关系的研究拓展到了成人阶段。一些研究认为，儿童期孩子身上表现出来的依恋特征，成年以后仍然会显露出来，所以成年人也应该具有和儿童一样的依恋类型分类，例如Hazan和Shaver将成人的爱情关系视为一种依恋的过程，即伴侣间建立爱情联结的过程，就如婴幼儿在幼年期间与双亲建立依恋性情感联结的过程一样，他们根据艾斯沃斯等前人的三种婴幼儿依恋倾向，提出爱情关系的三种依恋风格：

（1）安全型："我发现与别人保持亲密并不难"

这一类型的人不仅能安心依赖于人，也让别人依赖，他们在情感中能体验到高度的亲密、激情和承诺。他们对情感的亲密和相互依赖感到很自在，对人信任、承诺，对浪漫关系满意度也较高。这一类人能奉献，懂知足，在人群中约占70%。

（2）回避型："与别人亲密令我感到不舒服"

这一类型的人不喜欢依赖和亲近，在爱情关系中会因为和他人太过亲密而感到不安。这类人的口头禅是"我宁愿靠自己，也不愿意靠别人"。这种依恋类型的特征有：尽可能地减少人际交往,避免与人有亲密关系以保护自己免于承受被人抛弃的痛苦,在人际接触中多不愿意付出。这个类型在人群中约占10%。

(3)反抗型:"我发现别人不乐意像我希望的那样与我有亲密接触"

这一类型的人往往有较强的占有欲,会主动寻求更多的亲密和安慰,但太过于强烈的欲望往往超出他人所愿意提供的范围。这个类型在人群中约占20%。

几年后,人际关系专家巴塞罗缪(Bartholomew)根据上述依恋风格理论,发展出一个四种类型的爱情依恋风格理论,这四种依恋类型是根据"回避"和"焦虑"这两个维度变化区分出来的。高回避者与人拥有亲密关系时容易感到不安,低回避者拥有亲密关系时感觉轻松。高焦虑者害怕爱人不关注自己,或因为自己不够好而离开,低焦虑者则不担心这些问题。由此,两个维度高低组合出来的四种依恋风格是:安全型(Secure)、痴迷型(Preoccupied)、回避型(Dismissing-avoidant)、恐惧型(Fearful-avoidant)(如图7-2所示)。除了安全型依恋,以上三种都合称为不安全型依恋。

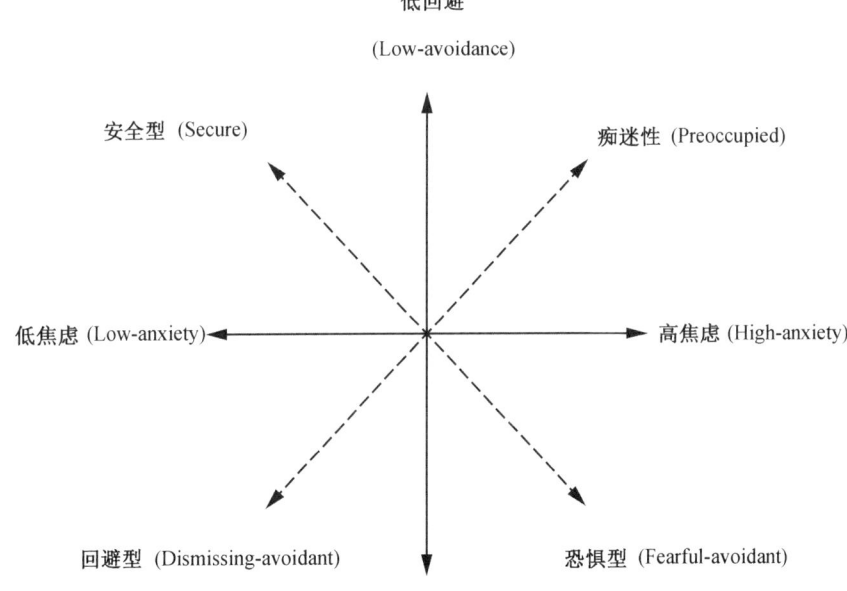

图 7-2 依恋的双维度图

心理测试

依恋类型自测

- 请仔细阅读以下问题,每一题后有五级评分,即:1分,表示完全不符合;2分,表示比较不符合;3分,表示不能确定;4分,表示比较符合;5分,表示完全符合。请根据自身情况,填入适合的评分。

  1.我发现与人亲近比较容易。(　　)

  2.我发现要我去依赖别人很困难。(　　)

  3.我时常担心伴侣并不真心爱我。(　　)

  4.我发现别人并不愿像我希望的那样亲近我。(　　)

  5.能依赖别人让我感到很舒服。(　　)

  6.我不在乎别人太亲近我。(　　)

  7.我发现当我需要别人帮助时,没人会帮我。(　　)

  8.和别人亲近使我感到有些不舒服。(　　)

  9.我时常担心伴侣不想和我在一起。(　　)

  10.当我对别人表达我的情感时,我害怕他们与我的感觉会不一样。(　　)

  11.我时常怀疑伴侣是否真正关心我。(　　)

  12.我对与人建立亲密关系感到很舒服。(　　)

  13.当有人在情感上太亲近我时,我感到不舒服。(　　)

  14.我知道当我需要别人帮助时,总有人会帮我。(　　)

  15.我想与人亲近,但总是担心自己会受到伤害。(　　)

  16.我发现自己很难完全相信别人。(　　)

  17.伴侣想要和我在情感上更亲近一些,这常使我感到不舒服。(　　)

  18.我不能肯定,在我需要时,总能找到可以依赖的人。(　　)

- 计分规则:

  1.本量表包括3个分量表,分别是亲近、依赖和焦虑分量表,每个分量表由6个条目组成,共18个。

  2.本量表采用5级评分法,填几即得几分。其中,2、7、8、13、16、17、18题为反向计分。

  3.先计算3个分量表的平均分数,再将亲近和依赖合并,产生1个亲近依赖复合维度。

亲近分量表	题号	1	6	8	12	13	17	平均分
	得分							
依赖分量表	题号	2	5	7	14	16	18	平均分
	得分							
焦虑分量表	题号	3	4	9	10	11	15	平均分
	得分							

- 亲近依赖复合维度计算方法：亲近依赖均分=（亲近分量表总分+依赖分量表总分）÷12

  依恋类型划分：

  安全型：亲近依赖均分>3，且焦虑均分<3；

  痴迷型：亲近依赖均分>3，且焦虑均分>3；

  回避型：亲近依赖均分<3，且焦虑均分<3；

  恐惧型：亲近依赖均分<3，且焦虑均分>3。

- 具体解读：

  1. 安全型：这一类型的人认为自己是值得爱的，他人也是值得信任的。安全型依恋是一种稳定和积极的情绪联系，以爱情关系中的关怀、亲密感、支持和理解为标志。他们十分容易与其他人接近，总是放心地依赖他人和让别人依赖自己。一般来说，他们既不会过于担心被抛弃，也不怕别人在情感上与自己过于亲近。

  2. 痴迷型：这一类型的人依赖于他人的赞许来获得内心的安适坦然，所以他们往往会过度地寻求认同，沉溺于人际关系。他们认为自己是不值得爱和没有价值的，但矛盾的是他们又会靠努力去赢得他人的接纳，并以此来支持消极的自我形象。

  3. 回避型：这一类型的人常常表现出恐惧亲密关系和拒绝信赖别人的倾向。回避型依恋的人往往在关系未能向好的方向转变之前就开始退缩，他们对爱情多疑且冷淡，认为别人不可靠或过分急于要承诺。可结果是他们觉得难以完全相信和依赖别人，只要有人试图在感情上亲近他们，他们就开始紧张。从根本上讲，这类人是在回避亲密关系。

  4. 恐惧型：这一类型的人对自己和他人的态度都是消极的。恐惧型依恋的成年人可能处于害怕被拒绝而极力避免和他人发生亲密关系的状态。虽然他们希望有人喜欢自己，但更担心自己因此离不开别人，而一旦建立了亲密关系，又往往会过度担心伴侣会离开自己，整天提心吊胆，甚至有时想到与伴侣亲密相处他们就会感到恐惧。

（三）爱的五要素

著名人本主义哲学家和精神分析心理学家艾瑞克·弗洛姆，被尊为"精神分析社会学"的奠基人之一。他最著名的作品《爱的艺术》一书被后人称为"爱的圣经"。弗洛姆认为，爱的核心要素是给予，其他要素包括关心、责任心、尊重和了解。这些并称为爱的五要素。

为何"给予"是爱的核心要素呢？真正的爱，其动机是付出和分享，而不是满足自我需求或弥补自我不足。对于爱情而言，恋人们需要给予什么呢？给予并不意味着为对方牺牲自己，而是意味着要奉献出自己内心最富生命活力的东西，比如快乐、兴趣、幽默和理解。通过"给"丰富对方的生命，通过"予"加深彼此的联结。通过观察我们不难发现，好的爱情，双方都是可以从彼此的感情中获得自我成长，并达到共同成长的。

"关心"是什么？弗洛姆指出，爱情中的关心应该是：对我们所爱的人的积极主动的关注，这种关注是积极的而非消极的，是主动的而非被动的。在弗洛姆看来，如果缺少关心，爱就变成了一种情绪，而不是我们所认识的爱情。同时，关心也包含了爱的另外一个基本要素——责任心。

责任心是指个体对另一个生命表达出来或尚未表达出来的愿望的回复。有责任心意味着有能力并准备对这些愿望给予回应。

但是，如果没有另外一个基本要素"尊重"，责任心就容易堕落为控制和占有。尊重不是剥夺对方，而是要努力地使对方能够成长和发展自己。尊重是指希望一个被我爱的人以他自己的方式和为了自己去成长、发展，而不是服务于我。

此外，"了解"在爱情中也非常重要。对一个人而言，没有了解就不可能有尊重，没有了解的引导，爱情中的关心和责任心就是盲目的。所以，了解的真正意思是指：人要深入事物内部，深刻地认识他人，站在对方的角度去理解他人。

弗洛姆在《爱的艺术》中有句经典名言："我需要你，因为我爱你；我被人爱，因为我爱人。"这句话告诉我们，爱的前提，是因为我爱人，所以我愿意给予别人爱，我愿意关心、尊重我的爱人，愿意花更多时间去了解我的爱人，为爱而付出。这被弗洛姆称之为"成熟的爱"或者"满足的爱"。成熟的爱源自内心，是发自内心愿意为对方付出的真挚情感，而不是被迫的不情愿的情绪，所以成熟的爱首先是有"给予"，而不成熟的爱只想到索取，对爱人关心不够、了解不够。在日常生活中，不成熟的爱其实不少见，如犯了"公主病"的女生和"巨婴""妈宝"的男生这一类，都会在恋爱中有不成熟的表现。

（四）爱情相关的心理效应

1. 晕轮效应（Halo Effect）

人们常说"情人眼里出西施"，其实在现实社会中，一个人的某种特性如果给他人留下非常好的印象的话，那么在这种印象的影响下，大家对这个人的其他特征也都给予比较正面的评价。这种现象在心理学中被称为"晕轮效应"，也叫光环效应。在热恋中，人们常常会被幸福蒙蔽双眼，也许只是对方表现出来的某一方面吸引了你，但经过晕轮效应的扩大，你会错误地觉得对方身上全是优点。其实这些都是以偏概全的自我想法造成的。一个走入晕轮效应迷宫里的人，势必会不自觉地产生偏见，而偏见往往是以有限或不正确的信息来源为基础的。所以，在恋爱时，我们不能只看见某个个别特征就习惯性地判断他的整体情况,就像盲人摸象一样,以点代面;同时,切勿将自己认为好的就全盘肯定,要尽量克服这种受主观偏见支配的绝对化倾向。另外,还需要理智思考,灵活对待身边的人和事,切勿别人说好自己就认为好,因为适合别人的,不一定也适合你。

2. 吊桥效应(Drawbridging Effect)

如果一个男生提心吊胆地在一座不停晃动的危桥上偶遇了一个女生,他往往会觉得这个女生特别的美丽动人;同样,女生也会认为这个小伙儿越看越帅。这么神奇?对,因为人们在遇到危险的环境时引起的心跳加速,会误以为是因为看到了命中注定的另一半而产生的反应,这就是吊桥效应。没什么能比极端的局面更容易使两个人走到一起了,这也是为什么电影里英雄救美之后,美女都会爱上那个救她的英雄的原因。心理学研究表明,危险或刺激的情境能促进人们的感情,所以如果两个人见面时的精神处于非常激动的状态,那么他们就更容易得到对方的喜爱。这也说明寻找安全和依靠是人的本能。

3. 从众效应(Bandwagon Effect)

在心理学中,因为人们受到外界人群行为的影响,不知不觉,或不由自主地与多数人保持一致的社会心理现象叫作从众效应,也叫羊群效应。在生活中,我们往往会被"群众的眼睛是雪亮的"这句话所误导,认为大家都去做的事情必然是对的,于是就跟风去做。那些越是自信心不足、性格软弱的人越是容易从众;而女性也比男性更容易从众。由于大家盲目地跟从,最后常常会陷入骗局,或遭遇失败。所以,做任何决定前一定要认真考虑,对他人的信息不可全信也不可不信,要结合自身情况来处理,收集信息并敏锐地加以判断。另外,保持自己的个性,培养自我独特的价值观念,敢于挑战思维定式,不人云亦云,努力做不一样的自己,必能遇见最终的幸福。

4. 超限效应(Transfinite Effect)

据说美国著名作家马克·吐温有一次去听牧师的演讲,起初他非常感动,准备演讲结束后去捐款,但十分钟过去了,牧师还没有讲完,马克·吐温有些不耐烦了。又过了十分钟,牧师仍旧在喋喋不休地讲着,这时的马克·吐温生气地决定一分钱也不捐了。终于等到牧师结束演讲开始募捐时,气愤的马克·吐温不仅没捐钱,还从募捐的盘子里偷走了两块钱。当然,故事的真伪无从考证,但人们在受到某种刺激过多、过强或作用时间过久时,很容易引起极不耐烦或逆反的心理,这就是超限效应。在工作中,与人交谈要注意节奏,控制好时间,重要的内容尽量放在最前面来交流,切忌铺垫过长。如果发现对方已经开始看表,或者注意力分散,这时就应该识趣地尽快准备结束话题;在生活中,往往父母的唠叨、亲友的磨叨,虽然都出于好意,却使我们越来越叛逆。有的人学会了忍耐,可能他们会成为"高富帅",但内心却不愉快;而有些人则彻底崩溃,杀人放火、作奸犯科,成为社会安全的隐患;在爱情上,不要总是爱以自我为中心,不管不顾他人的感受。应该多换位思考,相互礼让,勿争输赢,勿反复翻旧账。超限效应告诉我们,任何时候面对任何事情,都要注意尺度、火候和分寸,要知道,再好的东西,如果反反复复强加于人,往往会适得其反。

5.幸福递减定律(Law of Diminishing Happiness)

一个饥肠辘辘的人在吃第一个面包的时候,会觉得面包香甜,无比好吃;当他吃第二个的时候,他仍然会觉得面包很好吃,感到很满足;当他吃第三个面包的时候,他就觉得有些饱了;如果这时候继续吃第四个、第五个甚至第六个的话,他可能就会觉得面包有点噎,吃着有些撑,手中的面包变成了负担,最初的那种幸福和满足感荡然无存……人们从需要的物品中所得到的满足和幸福感会随着所获物品的增多而减少,这就是幸福递减定律。幸福感之所以打了折扣并不是因为让你感觉幸福的东西真的减少了,而是由于我们内心起了变化。人处于较差的状态下时,一点微不足道的事情都可能令他兴奋不已;而当所处的环境渐渐变得优越时,人的要求、欲望等就会随之提升。了解了这个定律后,对于我们日常的人际交往和情侣间交往会有很大帮助。要知道,爱情就像攥在手中的沙子,攥得越紧流失得越快。就像爱情中男生对女朋友好是必需的,但是需要控制好这个度。恋爱中的女性往往有这样的一种心理,就是如果男朋友对她太好了,她会感受到负担和压力,进而产生一种被强迫的感觉。所以,爱要适度,在女朋友需要帮助的时候你若能及时出现,这比天天对她乱献殷勤让她多喝热水更能让她感动。幸福随着追求而来,随着希望而来,随着需要而来,但随着客观条件的变化,它又像过客一样,不会永远停留在某时某处,需要我们懂得用心去感受,切莫让我们的内心麻痹而失去了对幸福的敏感度,要懂得知足才能常乐。

第二节 ◉ 当代大学生的爱情

现今,大学生谈恋爱已经是一个非常普遍的现象,"谈一场恋爱"甚至已经成为很多同学四年大学要完成的目标之一。

根据发展心理学的理论,大学生在生理上已经进入性成熟期,心理上也进入可以恋爱的阶段,他们的整个精神世界也充斥着对亲密关系建立的渴望,这是无可厚非的正常现象。但初涉爱河的年轻人在处理恋爱问题时往往缺乏经验,因此,非常有必要对他们进行科学的教育和正确的引导,才能让他们真正体验到爱情的美好。

一、为何要谈恋爱——大学生生理及心理特点分析

大学生处于成长的转型时期,在生理和心理上有着与其他年龄层不同的特点。

(一) 生理特点

1.体格的迅速发育:根据发展心理学理论我们知道,人的一生有两次发育高峰,青年时

期正好处于第二次高峰阶段的后期。

2. 内脏机能的迅速增加:这主要表现为肺活量增加、胃容量增加、心脏容量和动脉血管口径的比例加大。

3. 神经系统趋于健全:这一阶段的人的脑神经纤维的长度和厚度均在增加。有关测验表明,女性在20岁左右时,男性在20~24岁时的脑容量最重。同时,这一阶段的人,性机能也更加成熟。

(二)心理特点

在生理迅速发展的基础上,青年人的心理发展却明显地表现出与生理发展的不同步,即心理发展明显滞后于生理发展,处于走向成熟但又不完全成熟的阶段。

1. 思维成熟度较高:青年人的思维逐步从以往的经验型转向理论型,独立性和批判性有一定增强,也富有创造性。

2. 智能发育趋于成熟:由于知识的丰富和经验的积累,大学生往往不再满足于现象的罗列,开始主动地探究事物的本质和规律。一方面,他们独立思考的能力和理论思维的能力在迅速提升;另一方面,他们常常主观、片面且易于脱离客观实际。

3. 自我意识逐步增强:在这个阶段,大学生一般都脱离了父母的监护,生活空间扩大,独立感、成年感增强,开始重新审视和评估自己的生活,并且关注他人对自己的态度和评价。一方面,他们的自我评价和自我期望进入了一个新的阶段;另一方面,他们又极容易陷入自我扩张、自我为中心等自我认识的误区中。

4. 情感与情绪既丰富又不稳定:随着校园生活的日益精彩,大学生的情感也日益丰富而强烈。一方面,他们对学习、友谊、爱情等一切周围事物都充满积极的态度;另一方面,他们又容易走向极端,出现各类不良或消极的情绪。我们将在第九章中向大家具体介绍大学生常见的心理障碍。

5. 性意识觉醒,感情欲望增强:随着性生理的发育成熟,青年人的性意识会得到进一步发展。大学生们一方面开始注重自我形象、关注异性、渴望与异性交往并获得爱情;另一方面,他们又容易处事失当,产生挫折心理。

二、为何要谈恋爱——大学生的恋爱动机分析

据调查表明,大学生恋爱的动机是非常复杂和多样的,如果大学生恋爱只是因为相互吸引和爱慕,那么问题则会简单得多,总体概括一下,大致分为以下几种情况:

1.因为真爱。大部分大学生恋爱是因为被彼此吸引,双方情投意合,志趣相符,不带任何功利色彩。在这种基础上产生的爱情往往比较牢靠,双方也会比较珍惜彼此的感情。

2.因为孤独。由于许多大学生是异地求学,他们背井离乡,远离家人和原来熟悉的伙伴,同学间的一般接触又不能及时地满足他们对亲密和依赖的需求,因此,用恋爱的方式来

找到超乎一般友谊的关心和爱护,以此弥补缺失的亲密感,获得心灵的慰藉。

3.因为虚荣。受从众心理的影响,很多同学看见同寝室的好兄弟或者闺蜜们都有了自己的恋爱对象,每天沉浸在爱情里要么甜蜜要么悲伤,然而自己仍然是"单身狗"一枚,感觉这样很没面子,仿佛不谈恋爱似乎会"低人一等"。因为在大多数学生眼里,有恋爱对象是一种魅力的体现,也是能力的象征,而单身的状态则是一种无能和魅力不足的表现。所以,周围人的行为激发了大学生群体恋爱的需求,不少人则把"有多少追求者"当作炫耀的本钱。这是典型的因为虚荣而谈恋爱的心理。

4.因为好奇。因为在中学阶段缺少对异性的了解,只是埋头读书应付考试,但进入大学校园后却发现恋爱其实是一个神秘而又未知的领域,再加上身体和心理的日益成熟,这就充分激起了年轻人潜意识里的渴望和异性建立亲密关系的冲动。因此,受对异性和情感的好奇心的驱使,大学生往往会有强烈的意愿和要求去品一品爱情的滋味。

5.因为叛逆。在我国的传统教育理念中,家长和老师对学生的教育往往缺乏民主意识,大学前的教育模式以应试模式为主。这种模式虽有利于升学,但对处于青春期学生的身心特点往往关注不够。在高考升学的压力下,教师和家长都教育孩子把精力放在学习上,所以处于高压下的中学生对异性和情感方面的问题是相对缺乏了解的。进入大学之后,学生摆脱了家长的管控与束缚,认为自己已具备了自立的能力,可以按照自己的意愿过想要的生活,所以,压抑了许久的本能和渴望一下子被释放出来,会"报复性"地大量接触新朋友,有强烈地表现自己的欲望,并急切地寻找另一半建立亲密关系。

6.因为传统。俗话说"男大当婚,女大当嫁",虽然现在这种思想对于年轻一代的影响逐渐小了,但在高校中仍然存在"恨嫁女"的现象。目前因为找工作难,"先结婚再就业"也成为某些女大学生恋爱的动机。在她们看来,婚育是人生的必经之路,因为早晚都要完成,所以晚婚还不如早婚。更有甚者,受一些传统文化的影响,觉得年轻就是一种本钱,趁着年轻能相对容易地找到优秀的对象,婚后也不排除做全职太太,或者能借婚姻得到工作。所以她们抓紧时间在校确定恋爱关系,以确定终身大事。

扩展阅读

爱情是一个光明的字,
被一只光明的手,
写在一张光明的纸上。
……
爱所给予的,只是他自己;
爱所取的,也只是取自他自己,
爱不占有,也不会为人所占。
因为爱本身是自足的。

……
留下一点空间，
让天风在爱之间舞蹈。
彼此相爱，
但不要让爱成为束缚。

——纪伯伦《爱情是一个光明的字》

三、我做错了吗——大学生恋爱中常见误区分析

进入大学阶段，大学生不再是无忧无虑、敢爱敢恨的少年，不再只是为了自己的快乐而生活，而是开始学着承担家庭和社会的责任。但由于大学生的生活环境和人际结构相对单纯，社会经验也比较缺乏，人生观、世界观和价值观还不够健全，对物质的需求也相对较低，所以在这些因素的共同影响下，大学生的恋爱往往是青涩的，会出现一些特有的误区。其中最显著的误区分别是爱情的理想化和放纵化。

（一）爱情的理想化

恋爱本应以婚姻为目的。但由于青年的爱情是在特殊的生活背景和文化环境中萌芽的，所以恋爱生活很少与婚姻相关联，而逐步形成了大学生群体学生生活中本身的一种需求。许多人在恋爱过程中更多地只看重对方的外貌、能力、兴趣和感情，谈论的话题大多是人生、社会、学习和娱乐等，注重风花雪月和诗情画意，追求丰富多彩的精神生活，却很少谈论家庭、经济等现实问题，使得他们的恋爱富有浓郁的浪漫气息和过于理想化的状况。同时，受流行文化和媒体影视作品的影响，不少大学生都有自己的"爱豆"，在影视公司的包装下，"爱豆"们都有精致的外表并且才华横溢，而且在"人设"的光环下，他们永远都把最美好的一面展现在大众面前，所以，对于普通人来说，"爱豆"身上的特质是具有致命吸引力的，我们很容易被偶像们的魅力所收服，而把偶像"神话"。然而在现实生活中的实际情况下，很少有人能达到偶像的条件，即使有人为了爱会想方设法创造条件迎合对方，但这不是长久之计，会在这种恶性循环中逐渐迷失自己。偶像化的爱情会被误以为是真正或是伟大的爱情、崇高的爱情，但这种为了对方完全改变自我的成功率往往不高，且通常会看不见对方身上的不足和缺点，随着时间的推移，结果多是失望和以失败告终。

（二）爱情的放纵化

大学生为了追求爱情而出现冲动且放纵自己的行为，仅仅在好奇心、神秘感、性冲动或从众心理的支配下，甚至是在同伴的起哄下就与他人恋爱的，这样的情况也屡见不鲜。由于在恋爱之初就把爱情的大厦建构在沙土之上，所以这样的爱情往往就像美丽的沙雕，经不起风吹雨打，往往会因为一些挫折就出现危机。其具体表现为：

1.大学生群体对自己的感情往往缺乏审视与思考,一有好感就采取行动,不会对自己的行为加以克制,会凭一时的冲动做出草率的决定。

2.激情升温快,情到浓时,欲望就像冲击心岸的巨浪,和心仪之人在一起时,内心的狂潮久久不能平静,并且就像歌词唱的那样"一波还未平息,一波又来侵袭",为了爱情可以不顾一切,对亲吻、拥抱和性行为等亲密举动要求迫切,常常难以自持。

3.有部分大学生由于对爱情的认识不足,把爱情当成唯一性情感,认准了一个对象后就绝不放手,于是就有猜疑、嫉妒、自卑等不良情绪出现。嫉妒心理往往会产生争风吃醋或斗殴事件,有时甚至会伤及生命。例如几年前某高校一博士生追求一女生未果,在"我得不到的东西,别人也休想得到"这种极端心理的支配下,残忍地将女生杀害。另外据不完全统计,大学生群体中由于感情因素而选择自杀的,常年占有相当高的比例。

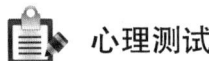 心理测试

你了解男女间的心里差异吗?

1. 两个人,各吃一块夹心巧克力。其中一个人一下子就吃光了,另一个人先咬下一点,看看里面有些什么东西。你认为后者更可能是:

   A.男生　　　　　B.女生

2. 晚会上,有客人说:"大多数人都不想到月亮上去。"其中有一个人同意这种观点,而另有一个人却反对说:"不会吧,我就想去。"请问说想去的人更可能是:

   A.男生　　　　　B.女生

3. 夫妻俩在照顾生病的婴儿。其中一个抬起头说:"别为孩子的病担心,大夫说就快好了。"讲这句话的更可能是:

   A.男生　　　　　B.女生

4. 一对情侣在饭店吃饭,其中一个想点新奇的菜式,另一个却坚持要点普通的菜式。想点新奇菜式的更可能是:

   A.男生　　　　　B.女生

5. 商店内一侧是最新商品,另一侧是普通商品。两位情侣中对新奇商品更有兴趣的可能是:

   A.男生　　　　　B.女生

6. 一对情侣在商场买衣服,其中一个到处逛逛、四处看看,另一个对售货员说:"我要买上衣。"说这句话的更有可能是:

   A.男生　　　　　B.女生

7. 汽车油表上显示汽油已经不多了。车中一个人想去就近加油站加油,另一个却主张到附近另一个加油站去,因为那里加油有折扣。愿意冒险在汽油用光前去另一个加油站加油的更有可能是:

A.男生　　　　　　B.女生

8.一对情侣迷路了，其中一个想找人问路，另一个却徘徊往返，想自己找到方向。不愿意问路的更可能是：

A.男生　　　　　　B.女生

9.三辆汽车并排在等红绿灯。绿灯亮起后，其中一辆车的驾驶员试图先于其他两位开走。这位驾驶员更可能是：

A.男生　　　　　　B.女生

10.一对恋人听到一件十分可笑的事，马上大笑起来的往往是：

A.男生　　　　　　B.女生

11.在一对恋人中，更喜欢将个人的思想向对方倾诉的是：

A.男生　　　　　　B.女生

12.两人走在路上，突然冲出一只大狗，其中一个被吓得瑟瑟发抖，看上去显得楚楚可怜，另一个被吓得大叫，看上去显得有点怯弱。看上去显得楚楚可怜的是：

A.男生　　　　　　B.女生

计分方法：

根据下列表格，答对一题计1分，答错不计分。将各题得分相加，统计总分。

题号	1	2	3	4	5	6	7	8	9	10	11	12
答案	B	B	A	B	A	B	A	A	A	B	B	B

8分以上：说明你非常了解男女之间的心理差异，和异性相处起来轻松容易。

5~7分：说明你比较了解男女之间的心理差异，和异性相处较为轻松容易。

扩展阅读

男女之间主要的心理差异

1.男性比女性更积极主动地示爱。

2.男性比女性更加看重外在。

3.男性比女性更容易一见钟情。

4.男性比女性更好面子。

5.男性比女性更爱发誓。

6.女性交友更看重感情。

7.女性的戒备心比男性强。

8.女性更善于使用肢体语言。

9.女性说话更喜欢使用"反语"。

10.女性比男性更加喜欢向人倾诉。

11.女性比男性更注重家庭。
12.女性比男性更爱逛街。
13.女性更注重细节。
14.女性更善于用语言沟通。
15.女性的情绪比男性更加愉快。

四、我该怎么办——大学生的恋爱类型、常见问题及调试

（一）暗恋——一个人的舞蹈

有人说暗恋是一个人的舞蹈，也有人说暗恋是与自己谈了一场天荒地老的恋爱。其实，暗恋又称单相思，是指一方倾心、爱慕于另一方，却得不到对方情感回馈的单方面的爱恋。从严格意义上说，暗恋不算是真正的爱情，最多只能算是一种"还没有开始"的爱情状态。

暗恋往往会发生在那些对爱情有期许，对美好有愿景的性格较为内向、敏感、富于幻想和自卑感强的大学生身上。通常暗恋会有两种情况：一种暗恋是毫无理由的"单相思"，暗恋对象毫不知情，甚至根本不认识，而暗恋的人却执着地爱着对方、追求对方。如著名的追星族杨丽娟，几十年如一日地暗恋着自己的偶像刘德华，纯粹的单向且盲目，既耽误了自己也害了家人。另外一种暗恋实际上是一种爱情的错觉，即在人际交往过程中，一方受对方言行举止的迷惑等影响，错误地以为对方对自己有情意，而随之产生的类似爱情的主观感受，把双方正常的人际交往当成爱情，即错误地认为对方对自己也有情意，把"落花无意"错认为"落花有意"，这种错觉会让当事人自作多情，想入非非。

暗恋的应对建议：

1.大胆地表达自己的情感，正确面对自己的感情；
2.学会理性地分析人际关系，避免爱情错觉的发生；
3.不纵容自己单向暗恋的情感，及时刹车，及时抽离；
4.尊重对方的选择，切勿感情用事。

（二）三/多角恋——情感漩涡中挣扎

有的同学，在追寻真爱的过程中会不幸落入三/多角恋的漩涡中，要么同时喜欢上两个或多个人，要么同时被两个或多个人追求，这实际上是一种比暗恋更为复杂和严重的爱情异常现象。由于爱情具有排他性，因此任何一种三/多角恋都潜伏着很大的危险性，一旦三/多角恋中的任何一方理智失控的话，都会给对方及社会带来恶果。陷入三/多角恋的人，甜蜜的是少数，痛苦的是多数，正如我国著名教育家陶行知所说："爱之酒，甘而苦。两人喝，是甘露；三人喝，酸如醋；随便喝，毒中毒。"由此我们可以推想，三/多角恋无疑是爱情

纠纷的主要原因之一。

三/多角恋的应对建议：
1. 认清爱情的实质，认识到三/多角恋的危害性和后果的严重性；
2. 正确分析恋爱的动机及自己在恋爱中充当着什么样的角色，并做出正确的选择；
3. 理性地思考，及时止步，悬崖勒马，不放纵自己的情感；
4. 收起虚荣心，及时调整自己的心态，尽快从爱情的误区中走出来。

（三）失恋——爱的代价

爱到尽头，覆水难收。其实，很多感情不一定是出了问题才会分开，只是因为在一起的缘分尽了。但是人们往往没法坦荡与理智地和过去说再见，和感情做割舍。俗话说"恋爱中的人是傻子，失恋的人是疯子"。失恋对于大多数人来说是一件痛苦的事，是一种较为特殊的情绪体验。有人说"失恋像是心上插了一把刀，一动就疼"，还有人说"失恋就像是吃了很酸的冰激凌，嘴里酸，心里酸，酸到骨髓里"，更有人说"失恋的感觉就像是一个很熟悉的人去世了"。所以，一个人失恋后，最明显的不适就是会产生失恋心理危机，这是指一方因失去另一方的情感而导致情绪、认知以及行为的改变等。

一部分大学生在失恋后会产生极大的悲伤和痛苦情绪，随之而来的便是愤怒和绝望，这些情绪很可能会导致鲁莽的异常行为，如自杀、报复他人等。有的大学生则容易将消极的情绪迁怒于他人或他事上，变得脾气暴躁、喜怒无常等，这些无端的迁怒往往会导致行为的偏激，造成不必要的灾难。

因此，失恋心理可以总结为：自卑心理、悲伤心理、失落心理和报复心理四种。

(1) 自卑心理

失恋的人往往会认为是自己不够好，或者是因为自己的无能才会导致被抛弃的，从而陷入自卑、心灰意冷的情绪状态中，无法自拔。他们会处于一种痛苦和失落的失衡状态中，如果长期如此并无法开解的话，就会导致沮丧、抑郁，甚至会出现精神分裂或者精神失常。

(2) 悲伤心理

这种心理的症状表现强度往往和失恋者对恋爱对象感情的投入程度成正比。在失恋挫折的巨大心理压力下，在失败及自卑的心理阴影下，有些大学生可能会陷入痛苦的情绪中无法自拔。

(3) 失落心理

热恋时对爱情的存在越肯定，失恋后的虚无感也就会越强烈。有些大学生失恋后会感到强烈的无助和焦虑，他们无法摆脱失恋的痛苦，又不敢正视现实；另外一些人会选择自暴自弃，对学业、前途都不再顾及，甚至出现无休止的泛化和自我折磨。

(4) 报复心理

有部分大学生失恋后对爱情产生片面化的认识，或者因为遭受失恋的严重打击而形成畸形的爱情心理,使自己丧失理智而做出极端行为,甚至违法犯罪行为。

失恋的应对建议:

(1) 冷静面对,积极分析原因;

(2) 不否定自我,也不抱怨对方或是抱怨社会,而是用宽容的态度面对;

(3) 自信而不自负,积极完善自我;

(4) 合理宣泄,及时调整;

(5) 多参加一些社会活动,丰富课余生活,转移注意力;

(6) 升华情感,不因失恋而消沉意志,而是把精力投入学习和有意义的工作中。

(四) 同性恋——孤独的彩虹

当今高校,风华正茂的莘莘学子中有这样一个特殊群体,他们中的大多数会因为自己可能与别人不同或有异于主流人群的性取向而极力隐藏自己,少数人愿意张扬外露。他们,就是大学生同性恋者。同性恋,又称为同性爱,是性取向之一,是指只对同性产生爱情和性欲的人。具有这种性取向的个体被称之为同性恋者。

高校里的大学生同性恋者究竟有多少?据中国人民大学于2001年对全国大学本科生性观念与性行为状况进行的一次随机抽样调查显示,有6%左右的大学生在大学期间首次发生了同性之间的性接触。此外,调查发现有同性恋心理倾向和同性接触的男生和女生在数量上是均等的。

历史上不同时期、不同社会背景下人们对同性恋存在不同的看法。目前的观点是:同性恋本身对社会无害,同时与精神病理不存在任何内在联系,所以同性恋不是一种精神疾病或心理障碍,只是一种不同于大多数人的性取向。简而言之,对同性恋的认识,已从曾经被认为是"罪人""病人",到现在被认为是"常人"了。

值得一提的是,虽然同性恋被认为是一种正常的性取向,但同性恋者比异性恋者更容易产生心理问题。首先是因为同性恋者与大多数人的性取向不同,在别人眼里,甚至自己心里都容易有"另类感"或者"自卑感"。再者,同性恋毕竟是少数,要找到取向相同的伙伴相对更困难。此外,受传统观念和社会风气影响,同性恋者的家人、亲属甚至朋友都很难接受他们的性取向,千方百计要将其往异性恋方向拉。所以同性恋者往往心理压力较大。此外,对男男同性性行为者而言,虽然同性性行为本身并不产生性传播疾病,但是同性恋由于难以组成家庭等原因,性伙伴往往不固定,增加了感染艾滋病等性传播疾病的概率。另外,从生理构造方面来讲,男男性行为也更容易感染艾滋病。有数据显示,男男性行为者已成为艾滋病感染高危人群。除了艾滋病,梅毒、淋病、尖锐湿疣等疾病也同样会通过无保护的男男性行为传播。

所以,从预防艾滋病的角度来说,青少年应该从小就要培养防范意识,无论同性之间还是异性之间,都不能过早地进行性生活。而随着性发育的开始,如果发现自己有同性恋倾向,就应该认真学习相关知识,为自己选择正确的行为方式,保护好自己,避免引发身心创伤,同时也避免伤害别人。必要时,还可以寻求心理方面的援助。

扩展阅读

迷茫的大学爱情

大学的爱情,让人好彷徨。也许就像妈妈说的那样,我总是自作自受。我不该在大学里开始这段爱情。我们两个的家庭差距太大。可是,让我们走到最后真的那么难吗?我不知道是不是我真的错了。

我永远记得那个雨后的傍晚,在回学校的路上,当我赖着不肯走的时候,你回头的一瞬间,嘴角微微扬起的微笑让我觉得好温暖。即使两年过去了,依然让我想起来就心动不已。我喜欢你安静地牵着我的手,听我诉说那些陈年往事。你从来不会因为我夸赞曾经的那些异性好友而吃醋,也不会介意我说他们好。我承认这是我难以做到的理解和包容。当然,我只是怀念那些青春岁月里他们带给我的美好。你也知道,无论我和他们关系多么好,以后都难有机会再叙了。

虽然我们经常吵架,我也经常不满意你的种种,但是我心里很清楚,你以一种很难得的包容在宠着我。我说过很多让你伤心的话,也做过一些让你伤心的事,但我总是希望你能懂我、理解我,却不曾反省自己有没有做到懂你、理解你……

但是你知道吗?关于我们的爱情,我充满了彷徨和不安,现实的困难是难以逃避的。我真的很想让你牵着我的手一直走下去。陪我做我想做的事情,陪我去我想去的地方,这样的未来,我会很满足、很憧憬。可是我不知道这是不是一个不能实现的梦,所以正是因为有这些不安,我经常歇斯底里,因为我不知道该怎么排解我的不安和焦虑,对不起。

第三节 ⦿ 当代大学生的性心理

我们说爱情是一种亲密关系,而在这段亲密关系中总会发生的一件事就是亲密接触。随着恋爱双方感情的加深,便有了与异性进行更亲密接触的想法。

"禁果"在当下社会往往象征着一种渴望得到但不能或很难得到的事物,或者明知道不应该却很想做,且做了会受到惩罚的事情,有时候我们会用它暗指"性"。我们对"性"讳莫如深,也常常会用"偷尝禁果"来形容男女之间在没有法律承认的婚姻关系的前提下发生了性关系,抑或是在未成年阶段与他人发生了性关系,抑或是青年男女相恋时在单纯的相互吸引下发生的第一次性关系。

首先我们需要了解的是,"性"是一种"禁忌"吗?对于这一问题,我们可以从四个方面来探讨。

1.性欲是人类的基本生理需求之一,是自然之伦。在现象生物学中常用"性本能"(Sexual Instincts)这一名词形容这种性冲动。心理学家弗洛伊德则将这种性冲动称为"原欲",用以表达在性方面相当饥渴的感觉。

2.性是人类得以繁衍生息的基础,是生命之源。没有性,便不会有男女之间的结合与生殖繁衍。性是生命起源,担负着物种繁衍的神圣使命。对于性,我们需要多一份理性、多一份坦然和多一份敬畏。

3.性是人类爱情中的重要基础,是激情的动力来源,而激情恰好也是爱情的重要构成。根据斯滕伯格的爱情三角理论,我们知道激情是爱情的三元素之一,它对爱情的质量有着显著的影响。

4.性是个体心理和生理发展过程中不能回避的主题。对于性的认知、性生理与性心理问题的处理不当,是诸多身心疾病的根源。

一、有关性的基本理论

(一)弗洛伊德的性心理发展理论

弗洛伊德认为,人类行为的动机来源于心理能量,这些能量又出自先天的内驱力和本能。他把性欲的能量源泉称为力比多(Libido),认为这是驱使人们寻求各种感官快乐的心理能量。性冲动和性欲望需要得到满足,这是人的正常性心理,不能过分受到压抑。但同时,性本能的实现又具有替代性和延续性,可以通过其他本能得以满足的方式来实现,而且可以升华。而所谓"性"除了与生殖活动有关之外,还包括吮吸、大小便、皮肤接触等一切能直接或间接引起肌体快感的活动。

弗洛伊德根据力比多所处的位置不同,把性心理发展分为五个阶段:

1.口欲期(Oral Stage,0~1岁)

此阶段原始欲望的满足,主要通过口腔部位的吮吸、咀嚼、吞咽等活动获得。婴儿的快乐也多来自口腔活动。这一时期的口腔活动如果受到限制,可能会留下后遗症等不良影响。成人中有所谓的"口腔性格",可能就与口欲期发展不顺利或者受限制有关。在行为上表现为贪吃、酗酒、烟瘾、咬指甲等,甚至在性格上悲观、依赖、有洁癖等都被认为是"口腔性格"的特征。

2.肛欲期(Anal Stage,1~3岁)

此阶段原始欲望的满足,主要通过排泄大小便时所产生的刺激快感而获得。通过自己掌握大小便,孩子们迈出了重要的一步:学会了独立,发展了自信,并知道何时应该"放弃"。

如果这一阶段发展不顺,比如强迫孩子排便或者对时间、卫生等要求过于严格,就可能造成"肛欲期停滞"人格。这种人格具有嫉妒、吝啬和保守的特征。另一方面,和过分在意排便规律类似的,会产生两种截然相反的特征:过分守时或总是拖延。过分强调干净卫生可能会导致强迫型人格障碍的产生,例如总是关注整洁,或者排斥整洁,总是不拘小节、邋邋遢遢。

3.性器期(Phallic Stage,3~6岁)

此阶段原始欲望的满足,主要通过性器官部位获得。此阶段的幼儿喜欢触摸自己的性器官。幼儿在此时已能辨识性别,开始对异性父母眷恋,对同性父母妒忌。家长应该在这期间进行性教育启蒙,帮助孩子了解两性的身体构造,用健康的态度来看待每个身体与每种感觉。

4.潜伏期(Latent Stage,7岁~青春期)

这一阶段之所以叫潜伏期,是由于这时的性驱力倾向于潜伏状态。在这个时期,孩童要完成许多发展任务,包括在学校的成就、与同辈的关系、建立道德与伦理的原则、未成年到成年的转变等。因此他们关注的重点从自身以及对父母的情感转移到其他周围的环境和朋友上去,对性的原始欲望就潜伏了起来。

5.生殖期(Genital Stage,青春期以后)

男性约在13岁,女性约在12岁进入生殖期,此时期个体性发育逐渐成熟,两性差异显著。自此,性的需求转向相似年龄的异性,开始有了两性生活的理想,有了婚姻家庭的意识,至此,性心理的发展才以臻成熟。

弗洛伊德认为成人人格的基本组成部分在前三个发展阶段已基本形成,所以儿童的早年环境、早期经历以及原生家庭的教养方式对其成年后的人格形成起着至关重要的作用,许多成年人的变态心理、心理障碍都可追溯到早期的创伤性经历和压抑的情结。

(二)赫洛克的性心理发展阶段

美国心理学家赫洛克把青少年的性心理发展分四个阶段,分别是:

1.疏远异性的性厌恶期

青少年在成长过程中,当自己身上发生青春期的特征变化时,由于发现了一些人类性生理的奥秘,因此产生对性问题的不安、恐慌和反感,认为恋爱是不纯洁的表现,于是对异性采取回避、冷淡和粗暴的态度。

2.向往年长异性的牛犊恋期

这一时期里,青少年会像小牛恋母似的倾慕于所向往的年长异性,他们对异性的爱慕是从比自己年长得多的异性开始的。也有些男孩和女孩开始感受到异性的吸引力,随之开始打扮自己,以博得异性的欢心。"牛犊恋期"的表现一般只是默默地向往,而不会爆发出来成为真正的追求和爱恋。

3. 接近异性的狂热期

这一时期一般只把年龄相当的异性作为向往的对象，在各种集体活动中，青年男女都努力设法去吸引异性对自己的注意，尽量创造机会与自己中意的异性接触。但由于双方理想主义的成分过高，以自我为中心的意识太强，所以这个阶段的恋爱通常冲突较多，所以接触的对象也经常变换。

4. 青春后期的浪漫恋爱期

这一时期浪漫恋爱的显著标志是爱情集中于一人身上，对其他异性的关心明显减少。此阶段，男女双方都喜欢与自己选择的对象在一起，如想方设法地单独约会，不愿参加集体性质的社会活动，经常陷入结婚的幻想中，并由此得到独立感的满足。

二、大学生常见性困扰和性心理障碍

（一）性教育缺失

在东方的传统文化中，"性"往往是一种禁忌，不能说，更不能拿出来讨论，所以在大部分人的成长经历中并没有太多的机会去探索或是更加了解自己。所以每当"感觉高涨"的时候，很多年轻人根本不知道该如何正确处理这件事情。虽然学校的教育一直在强调性知识要正确，性观念要健康，但大部分人却对"性"有很多似是而非的观念和错误的认识，这些都和性教育的缺失和不足有关。因为缺少正确的途径去学习这些知识，学生们可以在网络上找到很多相关的资源，但事实上网络上很多知识的权威性和准确性不能保证，以至于从网上学到的知识可能是错误的。其实，家庭应该是最初最早提供性教育的地方，学校应该是提供最新最正确性知识的场所。但往往家人谈性色变，学校讳莫如深，所以学生们如果对这方面感兴趣的话，只能通过自己的摸索和探索来习得知识。而当前的现状是，西方文化中对性的开放态度和观念正猛烈地冲击着中国的传统性观念，许多处于青春期的年轻大学生们由于一直没有得到正规的性教育，于是在东西方两种观念较量的漩涡中徘徊着，难免会产生困惑，处于缺乏性知识，又渴求性健康教育的状态。

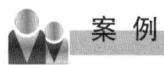
案 例

罗某，男，某大学在校大学生，20岁。自述17岁时，由于父母工作较忙，父亲常在外地出差，母亲便把他托付给一位邻居阿姨照看。这位阿姨当时不到30岁，长相漂亮，但由于丈夫早逝，所以独自寡居在家，做些缝纫之类的手工活。

该男生每天放学后，先去这位阿姨家做作业，等母亲下班后再回家。在一个炎热的夏天,他放学后去阿姨家,在阿姨的引诱下与她发生了性关系。之后又和她有过多次性行为。

此后,该男生渐渐开始害怕看见女性,每当回想起那些事就觉得很惭愧和恐慌,内心有种深深的罪恶感,觉得自己做了道德败坏的事,在同学面前抬不起头来。性格也因此变得孤僻内向、敏感而易受伤害。自此之后,他不敢跟同学特别是女同学交往。

该男生一方面恨父母,觉得父母不应该把他托付给女邻居,另一方面又懊悔自己为何不能抵抗住她的诱惑。高中后期因为学业繁忙,他能暂时忘记这些事。但考上大学之后,目睹了身边的同学纷纷恋爱,又触动了他的旧伤口。

他认为自己失去了"贞洁",觉得自己曾经很"肮脏",以后再也不能有女性喜欢自己了;此外,他还认为女性实际上都是"狐狸精",都会有诱惑别人的一面,所以他一方面很想拥有正常的爱情生活,另一方面又不想和女性打交道。但是,由于他学习认真刻苦,各方面表现都较为出色,被同学们选举成为学生干部,所以不可避免地会和女同学打交道。同时,他能感受到周围女同学对他的好感,甚至收到过表白。为此,他心情极其矛盾和焦虑,考虑是否要辞去学生干部的职务。而且心情烦闷时,少年时的往事又开始频频在脑海中闪现,于是他出现了失眠、脾气暴躁等情况,人也变得越来越敏感。

想一想:罗某该如何处理自己的问题呢?

(二)性自慰

性自慰,也称为手淫,是指用手或者器具以及其他方式刺激性器官而获得性快感,获得性补偿和性满足的一种自我刺激方式。由于历史、文化、宗教等的不同,人类对于性自慰的态度存在一些偏见,如认为它是邪恶的、有罪的、不道德的。在这些愚昧观念的影响下,有许多人对自己有过性自慰的行为而感到自责和羞愧,或是深陷其中无法自拔,从而产生心理障碍和精神疾病。著名性学家李银河说过:"人类对于自慰的态度有一个长远的历史,有害与否一直以来争论不断,但最新的性学研究是持'性自慰无害论'的,因为实验室中的结果显示,性自慰达到高潮的过程和性交达到高潮的过程是一样的。但要让社会大众都接受这一观点,仍需要时间。"同时,她又指出:"自慰虽然无害,但仍需讲究一个度,适可而止,量力而行。"由此可见,青年学生对于性自慰应该有一个正确的态度和认识,对于正常的性自慰不害怕,不逃避,不焦虑;而若过多地进行性自慰,甚至已经影响到了日常的生活和学习,就应该加以克服和控制。

(三)性梦

性梦是指在梦境中出现各种带有与性相关内容的景象。值得一提的是,性梦在年轻人中是普遍存在的。根据弗洛伊德对梦的解释,梦是一种受压抑的欲望以伪装的形态实现的过程,所以,白天被社会道德规范限制的性冲动到了晚上就会通过梦的方式得以部分满足,这是一种正常的生理和心理现象。因为梦是无意识的,所以性梦不但不会对人造成伤害,还能起到排解性欲望和性冲动的作用。但是有些大学生因为对梦的产生机制不了解,会因为自己的性梦而感到羞耻和自责。其实性梦从某种程度上来说也算是性自慰的一种,对人是无害的。但如果太过频繁地出现性梦,则会令白天精神不佳,影响学习和生活,应引起足够的重视,尽早就医。

(四)婚前性行为

对于婚前性行为,许多大学生认为只要双方愿意就可以发生,有的甚至相识不久就发生性关系,也有相当部分的大学生在校外同居。虽然,婚前性行为在大学校园中比较常见,但这仍然是大学生群体中比较敏感和困惑的话题,大部分学生会为"应不应该有婚前性行为"而纠结,或迷茫于"有了性关系,对于自己的现在和将来会产生什么样的影响"。由于缺少正面的性心理健康教育,以及对婚前性行为后果严重性的认识,大学生婚前性行为正处在一个井喷式的爆发期,由此带来了许多后患,例如一些学生因婚前性行为多次做人工流产,给自己的身心都带来了很大的伤害。此外,随着在校大学生婚姻禁令的解除,有极少数的学生过早地步入了婚姻的殿堂,个别学生因为要一边学习一边抚养孩子而心力交瘁;还有一些学生,因为对问题的考虑不周全,在发生性关系后不能及时地负担起责任和义务,而采取一些极端的行为,造成极大极坏的社会影响。

此外,还有一些学生因为保护措施不当而染上性病甚至是艾滋病等疾病。众所周知,性病对个体危害极大,它们会严重摧残着人们的身体,吞噬患者的生命。比如有些性病会使患者皮肤溃烂、生殖器发炎,女性丧失生育能力,还会造成骨骼、心脏、眼睛等器官的病变;而艾滋病毒主要损害人体的免疫系统,破坏人体的抵抗力,使患者丧失一切抵抗力之后逐渐走向死亡。性传播是性病最直接的途径。

所以,无论男女,在你决定第一次亲密接触之前,请务必思考一下这几个问题:

1.这个人的性格、气质等类型真的是我喜欢的吗?如果答案是否定的,那么你们以后会有很大的分手的概率,所以请不要轻率地发生性行为。

2.你是出于自己内心深处的需求,还是对方一而再再而三的请求所带来的压力才迫使你答应了他?

3.如果此人只是想与你发生性关系,并没有把你当作真爱,想要与你长久相处,那么你能接受这种只要过程不要结果的现实以及为此付出的代价吗?

4.如果一定要与对方发生性关系,你是否已经做好了避孕的准备?

5.在发生性关系之前,双方是否做了有力的承诺?

> 扩展阅读

别把无知当福气

在美国，未婚青少年群体中的性行为非常普遍，而且性传播的疾病也普遍存在。为应对这些不良现象，美国联邦政府每年要花费2亿美元，来资助那些劝止青少年发生性行为的工程（Klein，2006）。这些工程形式多样，但大部分通过鼓励青少年做出保持处子之身的公开承诺来提倡禁欲，从而避免婚前性行为带来的有害的心理阴影，以及各种失败率很高的避孕措施。这些工程的用意良好，但效果甚微。仅仅在做出贞洁保证的一年之后，大多数青少年（53%）就拒绝承认曾经做出过此类承诺（Rosenbaum，2006）。更糟糕的是，接受过禁欲教育的人根本不可能显著地戒除性行为，反而在他们开始发生性行为时，不太可能采取任何形式的避孕措施（Klein，2006）。而且，禁欲教育的基本依据并不正确：在稳定的亲密关系中发生的性行为，并不会给人造成有害的心理后果（Else-Quest et al.，2005）。

因此，我们要阐明两个观点。第一，知识就是力量。青少年接收到的信息越正确、越充分，他们在性方面就越有责任感、越有良知（Schaalma et al.，2004）。美国青少年的生育率能达到前所未有的低谷，并不是因为他们禁欲的结果，而是因为他们在发生性行为之时比以前任何时候都更多地使用避孕套（美国疾病控制和预防中心，Centers for Disease Control and Prevention，2006）。教育能造福人类；信息误导和无知则会造成伤害。

第二，这里出现了另一个构筑人际关系科学的必要道德前提：如果对人类同伴关系所进行冷静、细致的研究能发现可靠的知识，促进我们的健康和幸福，我们就应该进行这些研究，即使它们会把我们带入敏感的领域。只要一谈到性行为，有些人就仍然认为无知就是福气，但这种观点是人际关系学家所坚决反对的。

（五）性别认同障碍（性身份障碍）

性别认同障碍又称异性癖或性别转换症，通常指个体从心理上否认自己的生理性别，并强烈地希望转换成异性的情况。性心理正常的人，通常生物学性别和社会学性别是同一的，性器官发育成熟后，会选择异性作为伴侣。

（六）性偏好障碍

性偏好障碍，即性欲倒错，主要表现为性对象异常或性满足方式异常。包括：

1.异装癖

以穿着异性服装和佩戴异性饰品来激起性兴奋和获得性满足。

2.露阴癖

在不适当的场合裸露自己的性器官,由异性的尖叫声等反应唤起性高潮和性满足。

3.窥阴癖

窥视异性的裸体和他人的性活动。

4.恋物癖

反复搜集异性用过的物品以满足性需求。

出现性心理障碍大多数是由于其个人的经历及家庭社会的影响造成的。他们的问题不在于其偏离正常有多远,而是在于缺乏正常的发泄性需求的途径。大学生群体中有少数人存在着较为严重的性心理障碍,如果有性心理障碍,就会严重地影响他们的学习生活和今后的发展,应给予应有的帮助和治疗。

三、大学生性心理健康的维护

(一) 科学地掌握性知识

大学生应充分利用学校资源,积极参加学校举办的性教育活动,积极、主动、科学地掌握性知识。同时,有知识、有文化的大学生,应该对"性"有一个科学的认识。性是一门综合的科学,包含了性生理学、性心理学、性社会学、性伦理学和性美学等,应该用科学的态度看待性学,以免迷失在无知的世界中。

(二) 树立正确的性爱观

大学生应该树立正确的性爱观念,以此来指引自己的行为,并能够正确地对待在性爱中出现的各种现象。正确的性爱观表现为:

1.自尊、自爱、自信、自强。认同自己的性别角色并悦纳自己,不妄自菲薄。

2.用合理的方式宣泄自己的性冲动,既不沉迷于性自慰、性梦等方式,也不影响他人,给他人造成困扰。对自己的行为负责。

3.增强自己的性道德和性法律意识,用道德和法律规范自己的性行为,保护自己和他人不受伤害。

4.培养良好的自控能力。适度地控制自己的行为,把握分寸、注意场合。

5.慎重对待婚前性行为,不仅能有效防止性病、艾滋病等恶性疾病的传播,也能使人体验纯洁、健康的性爱带给人的愉悦和快乐。

6.对于有性心理障碍的大学生,应及时治疗,而不是讳疾忌医,放任自流,终将害人害己。

（三）寻求心理咨询，促进身心健康

现在,越来越多的高校设立了心理咨询室。在咨询室中,来访者可以敞开心扉毫无顾忌地和咨询老师谈及他们的"难言之隐"。这是一个很好的能及时有效地解决大学生各类心理问题的场所,所以,高校应该多提倡、多支持学校心理咨询室工作的开展,为大学生的身心健康提供积极务实的帮助。

阅读推荐

1.《荆棘鸟》,[澳]考琳·麦卡洛著,曾胡译.北京:译林出版社,2008.

推荐理由:一步女性励志的史诗,一种"荆棘鸟式"的爱情观。从幼年的仰望,到年轻时的渴望,再到年迈的守望,女主人对爱情的追逐跌跌撞撞却无怨无悔。

2.《性别按钮》,毕淑敏著.上海:华东师范大学出版社,2006.

3.《为何爱会伤人》,武志红著.北京:北京联合出版公司,2012.

电影推荐

1.《少年的你》:该片讲述的是高考前夕的一场校园意外,改变了两个少年的命运。陈念性格内向,是学校里的优等生,努力复习,考上好大学是高三的她唯一的念头。同班同学的意外坠楼牵扯出一连串不为人知的故事,陈念也被一点点卷入其中……在她最孤独的时刻,一个叫小北的少年闯入了她的世界。大多数人的18岁都是明媚、快乐的,而他们却在18岁这个夏天提前尝到了成人世界的漠然。一场秘而不宣的"战斗"正在上演,他们将一起守护少年的尊严。

2.《云水谣》:该片讲述了一段跨越海峡、历经60年大时代动荡背景下,至死不渝的坚贞爱情故事。

3.《恋恋笔记本》:该片讲述了一对青梅竹马在第二次世界大战后历劫重逢,这段刻骨铭心的故事由一位天天来探望住在疗养院病人的老先生笔记本中娓娓道出,随着故事的水落石出,这位躺在病床上的老太太就是故事中的女主角,而说故事者正是故事的男主人公。他们跌宕起伏的爱情让人唏嘘不已。

视频推荐

1.《屌丝心理学》之黑暗效应

https://v.youku.com/v_show/id_XMjY5ODgwMzAzMg==.html? spm=a2h0c.8166622.PhoneSokuUgc_5.dtitle

2.《异性间的纯友谊真的存在吗?》

https://v.youku.com/v_show/id_XNDA5NzE5NTI4OA==.html? spm=a2h0c.8166622.PhoneSokuUgc_10.dtitle

📋 心理测试

恋爱观测试

● 请根据你的实际情况选择与你想法最接近的答案。

1. 你认为恋爱作为人生一个极为重要的环节,其最终所达到的目的应当是:
   A. 找到一个情投意合的伴侣
   B. 成家过日子,抚养儿女
   C. 满足性的需要
   D. 只是觉得新鲜有趣,没有明确的想法

2. 请根据自己的性别作答:
   (1) 男生,你对未来妻子的最主要的要求是:
      A. 善于持家,利落能干
      B. 容貌漂亮,气质高雅
      C. 人品不错,能体贴帮助自己
      D. 只要有爱,其他一切都没太多要求
   (2) 女生,你对未来丈夫最看重的是:
      A. 潇洒大方,有男子气概
      B. 有钱有势,社交能力强
      C. 为人诚实正直,有进取心,待人和蔼可亲
      D. 只要他爱我,其他都不考虑

3. 你决定和对方建立恋爱关系的心理依据是:
   A. 彼此各有想法,但大体上相互尊重
   B. 我比对方优秀,所以他要服从我
   C. 对方比我优秀,所以我会听从他的安排
   D. 没想过,都可以

4. 你对最佳恋爱的时间考虑是:
   A. 等到自己各方面条件成熟了,懂得了人生的意义和爱情的内涵,并且确定了事业上的主要方向时
   B. 随着年龄的增长,自有贤妻和佳婿相伴,"月老"不会忘记任何人
   C. 先下手为强,越早越主动,晚了就没有机会了
   D. 还没考虑过这个问题

5.你希望结识怎样的恋人?

　A.青梅竹马,情深意长

　B.一见钟情,难舍难分

　C.在工作和学习中逐渐产生恋情

　D.经人介绍

6.你认为增进爱情的良策是:

　A.极力讨好和取悦对方

　B.极力使自己变得更完美

　C.千依百顺,言听计从

　D.无计可施

7.人们通常认为:恋爱过程是个相互了解、相互适应和培养感情的过程,但了解、适应却需要不少时间。你希望恋爱的时间是:

　A.越短越好,最好是"闪电式"

　B.时间依进展而定

　C.通过朋友打听,参考别人的进度

　D.不知道如何是好

8.谁都希望完整全面地了解对方,你觉得了解他的最佳途径是:

　A.精心安排特殊场面,不断给恋人考验

　B.坦诚地交谈,细心地观察

　C.通过朋友打听

　D.没仔细想过

9.你十分倾心你的恋人,但经过一段时间的接触后,发现对方有一些缺点你不太喜欢,这时你会:

　A.采用委婉的方式告知对方并帮助对方改进

　B.因出乎意料而伤心

　C.嫌弃对方,犹豫动摇

　D.不知道该如何是好

10.你已和某人建立了恋爱关系,但这时有一位条件更优秀的异性向你表明爱意,你会:

　A.说明实情,忠实于恋人

　B.对其冷淡,但维持着友谊

　C.左右摇摆,并隐瞒恋人和其保持暧昧

　D.感到彷徨无措

11.当你得知心仪已久的人已经名花(草)有主时,你会:

　A.静观其变,进退自如

B.参与角逐,继续追求

C.抽身止步,成人之美

D.不知所措

12.恋爱的过程很少会一帆风顺,当双方出现矛盾和争吵时,你的心态会:

 A.既然已经出现,也是件好事,双方正好趁此机会了解和考验对方

 B.伤心难过,认为这是不幸的

 C.疑虑顿生,就此提出分手

 D.束手无策

13.由于性情不合或其他原因,你们的恋爱搁浅了,对方提出了分手,这时你会:

 A.千方百计缠着对方,希望对方回心转意

 B.心生怨气,到处诋毁对方声誉

 C.挥挥手说声再见,各奔前程

 D.不知所措

14.当你十分信赖的恋人背信弃义、喜新厌旧地甩掉你另寻他欢之后,你会:

 A.只当是自己遇人不淑

 B.既然他不仁,就别怪我不义

 C.吸取教训,重新开始

 D.痛苦得难以自拔

15.你的爱情之路比较坎坷,多次恋爱均以失败告终。随着年龄增长逐渐进入到适婚年龄,这时你会:

 A.一如从前,宁缺毋滥

 B.放弃追求,随便找一个凑合

 C.审视一下自己的择偶标准是否实际

 D.叹息命运不公,总是唉声叹气地抱怨

- 评分方法及说明:

对照下表,把各题的分数相加得出总分。

题号	1	2	3	4	5	6	7	8	9	10	11	12	13	14	15
A	3	2	3	3	2	1	1	1	3	3	2	3	2	2	2
B	2	1	2	2	1	3	3	3	2	2	1	2	1	1	1
C	1	3	1	1	3	2	2	2	1	1	3	1	3	3	3
D	1	1	0	0	1	0	0	0	0	0	0	0	0	0	0
总分															

A型:(35~45分)恋爱观成熟正确。你是一个相对成熟的青年,懂得什么是爱和怎么

去爱,这是你进入情场的最佳入场券。不要害怕挫折和失败,它们是考验你的"纸老虎",终将在你的热诚和拳拳赤子之心面前逃遁。尽管大胆地走向你心目中的恋人吧,你会拥有幸福的爱情的。

B型:(25~34分)有较为健康和正确的恋爱观。你向往真挚而美好的爱情,然而屡屡失败的经历让你有些挫败。不妨多向成功的朋友取取经,不断校正自己爱情的航线。这样也许离幸福的距离就不远了。

C型:(15~24分)恋爱观需要认真端正。你的恋爱观存在不少问题,甚至有不健康之处,这会使你播撒的爱情种子难以发芽,更难以结出甜蜜的果实。如果你已经开始恋爱,请及时审视自己的恋情;若还未开始,则请慎重选择伴侣,并正视自己的问题。

D型:(7个以上0分)恋爱观还未形成。或许你年龄还小,不谙世事,也或许你年纪不小,却天真幼稚。爱情于你来说是个迷惘而未知的领域,你需要提防圈套和伤害。建议你积极学习两性关系的知识,丰富自己,为将来的幸福打好理论基础。

第八章 常见心理障碍

"很多人说,要做一个快乐的人。可是说来简单,实际上却很难。生命是为了更好地成为自己,而不是成为更好的自己,因为,你自己本身,就是最好的。"

——武志红

案例导读

一名大学男生的困惑

小周是一名20岁的大三男生。近两个月来他觉得自己精力充沛,脑子特别好使,什么事情一学就会,向校领导提出了一些自己认为非常尖锐和刁钻的意见,并引以为傲,觉得自己特了不起。最近他整日忙忙碌碌,东奔西跑的,总感觉有使不完的劲儿。小周本来没有吃零食的习惯,但最近却买了许多零食,逢人便发,以示慷慨。同时,他近来食欲大增,每日需进餐五次,但睡眠时间锐减,每晚只睡三小时却精神抖擞,自己形容"像打了鸡血一般"。据同学反映,半年前小周一度没有原因的情绪低落过一段时间,那时他的话特别少,整个人怏怏的没什么精神,不愿做事也不愿搭理人,但大约两个月后又恢复了正常。

讨论:

1.小周是怎么了？你觉得他这样的状态正常吗？

2.如果你是小周的同学，你会怎么做？

虽然我们经常祝福别人"一帆风顺""心想事成"，但人的一生，往往不如意事常八九。时光的长河里人们会经历无数坎坷、挫折和各种打击，而每个人面对这些打击时的反应也是不尽相同。那么，这些生活中的不如意究竟会对你产生怎样的影响？是一蹶不振，还是"塞翁失马，焉知非福"？其实这一切的决定权都在你的手中。众所周知，由于民航从业者职业的特殊性，他们往往承担着巨大的安全责任。民航人有的工作于万米高空，有的长期处于密闭的机舱中，有的在停机坪上风吹日晒，还有的需要长时间高度集中精力去监控飞行情况……他们的工作环境相对恶劣，相较于其他行业的工作环境，长期处于高压下的民航人更容易产生各种心理问题。有研究表明，空中乘务员受作业环境、个性特征等因素的影响，会表现出躯体化、敌对、神经质症、强迫等心理症状；管制员心理健康状况受工作环境影响较大，普遍存在强迫、人际关系紧张、偏执、焦虑和抑郁等心理症状。

根据众多大学生心理健康教育工作者在实际咨询与治疗过程中的经验发现，大学生的问题主要有学业压力、人际关系紧张、恋爱挫折、抑郁消沉、焦虑、网络成瘾、性困惑、应激应付、就业压力、经济窘迫和自杀等。这些问题，对于一部分学生来说是成长中的烦恼，是青春期遇到的正常的、自然的麻烦；对于另一部分学生来说却是心理疾病。心理疾病是心理行为明显偏离常规，社会功能下降、适应不良和本人感到精神痛苦为特征的一组疾病。下面，我们就来具体讲一讲。

第一节 ● 心理正常与心理异常

世界上的一切事物都有正和反两个方面，人的心理活动也不例外，存在正常心理活动和异常心理活动。因此也形成了心理正常的群体和心理异常的群体。在了解心理障碍这个话题之前，我们需要先分清心理正常、心理异常、心理健康和心理不健康这四者的关系。

首先，心理正常指的是具有正常心理活动的人，他们的心理发展与社会生活相一致。他们的心理活动有如下功能：

1.能保障人顺利地适应环境，健康地生存发展；

2.能保障人正常地进行人际交往，在家庭、社会团体、机构中正常地肩负自己的责任，使社会组织正常运行。

3.能保障人正常地反映、认识客观世界的本质及其规律性。

而另一部分与心理正常相对应的,则是心理异常。心理学中把丧失了正常功能的心理活动,并伴有典型精神障碍症状的称为心理异常。

但是,即便是心理正常的人,他们的心理活动也并不是一点瑕疵都没有,同理,心理异常也不是绝对的。例如,有些心理异常的人的人格可能有某方面的缺陷并伴有思维障碍,但是,他们的感觉、知觉却可能是正常的。所以,正常心理活动和异常心理活动之间,有互相转化的可能性。有心理异常的人经过系统的治疗,异常部分可以得到改善或者完全被矫正。因此,正常心理活动和异常心理活动在人群中会永远并存。我们在前面第一章讲心理健康概述和第五章讲人格的相关问题时也讨论过这方面的话题。

那么,心理不健康包括一般心理问题、严重心理问题和神经症性心理问题(可疑神经症)。

首先,介绍一下一般心理问题。一般心理问题往往是由现实因素激发,持续时间较短,情绪反应能在理智控制之下,社会功能没有被严重破坏,情绪反应尚未泛化的心理不健康状态。诊断一般心理问题,必须满足以下四个条件:

1.由于现实生活、工作压力、处事失误等因素而产生的内心冲突,并因此而体验到如厌烦、后悔、沮丧、悲伤等不良情绪。

2.体验到的不良情绪不间断地持续满一个月,或不良情绪间断地持续满两个月却仍未自行化解。

3.不良情绪反应仍在相当程度的理智控制范围之内,始终能保持行为不失常态,能基本维持正常的生活、学习、社会交往等,但效率有所下降。

4.自始至终,不良情绪的激发因素仅仅局限于最初事件;即使是与最初事件有联系的其他事件,也不会引起此类不良情绪。

其次,介绍一下严重心理问题。严重心理问题是由相对强烈的现实因素激发,初始情绪反应剧烈、持续时间长久、内容充分泛化的心理不健康状态。诊断为严重心理问题的,必须满足以下四个条件:

1.引起严重心理问题的原因是较为强烈的、对个体威胁较大的现实刺激。在不同的刺激作用下,会体会到不同的痛苦情绪(如悔恨、失落、烦恼、悲哀等)。

2.从产生痛苦情绪开始,痛苦情绪间断或不间断地持续在两个月以上,半年以下。

3.遭受的刺激强度越大,反应越强烈。大多数情况下,会短暂地失去理性控制;在后来的持续时间里,痛苦可逐渐减弱,但是,单纯地依靠自然发展或非专业性的干预难以解脱,对生活、工作和社会交往有一定影响。

4.痛苦情绪不但能被最初的刺激引起,而且与最初的刺激相类似、相关联的刺激也能引起此类痛苦,即反应对象被泛化。

最后,介绍一下神经症性心理问题(可疑神经症)。有神经症性心理问题的人内心冲突是变形的,它的症状接近神经症但还不能确诊为神经症,可以理解为是神经症的早期阶段。

因为神经症属于心理异常的范畴,所以我们在这里不做过多阐述。

心理正常、心理异常、心理健康和心理不健康的关系如表8-1所示。

表8-1 心理正常、心理异常、心理健康和心理不健康的关系

心理正常				心理异常		
心理健康	心理不健康			确诊神经症	人格障碍	精神障碍
	一般心理问题	严重心理问题	可疑神经症			

扩展阅读

如何区分正常行为和异常行为,是心理学的基本问题。对行为异常的界定在决定一个人是否被诊断为精神病中起着关键作用,而对其的诊断又很大程度上决定着病人接受的治疗。然而,区分正常和异常的界限并不是绝对清楚的,而且,所有的行为可以被看作位于一个连续的轴上。正常心理在一端,有心理疾病的异常则位于另一端。

在这个连续的轴上,决定人的一种特定行为在这个轴上所处的位置是精神卫生专业人士的职责。为此,临床心理学家、精神病学家和其他心理治疗师可以应用以下的一些标准来评判:

1.行为场合

这是一种主观判断,但如果有人在特定的情境中做出看上去奇怪的、有悖于常理的事,那么不正常就是显而易见的。例如,小明在给院子里的花浇水,这并没有什么古怪,但如果小明是在下着瓢泼大雨的时候给院子里的花浇水,就显得有些不符合常理了。因此,判断古怪行为必须要结合行为和行为模式发生的场合。

2.行为持续性

每个人都曾有过"疯狂"的时刻。相信很多人都有偶尔表现得"不太正常"的时候,但这决不表明他们就患有精神疾病。例如,大课间,当小梅走在人来人往的教学楼走廊上时,突然收到了被心仪的航空公司录取了这一振奋人心的消息,她因此忍不住高兴得又蹦又跳,还开心地大笑起来。与其他默默走路、小声交谈的同学相比,这样的行为虽然看上去略有些"不正常",但这并不表示小梅就是精神异常的,除非她就这样一直欢呼着跳下去,或者每天大部分时间都如此。因此,精神类疾病诊断的其中一条标准,要满足"一个古怪的、反社会的或者失控的行为模式持续存在"。

3.社会越轨

当一个人的行为严重违反了社会期望和规范,就会被认为是社会越轨行为。当这种越轨行为非常极端和持久,如幻听、幻视等,就可能是精神疾病的证据。

4. 主观痛苦

作为智慧生物，我们通常知道自己的心理问题和它们带来的痛苦。例如，小君害怕封闭的环境，所以每当需要坐电梯时，他都会想办法避免乘坐而选择爬楼梯；又例如，小凯发现自己害怕与人独处，无法自然地与别人建立人际关系，每当与人交谈时他都会觉得异常尴尬，满头大汗。每当出现这种状况时，不需要专业人士提醒，小凯都清楚自己正处于心理痛苦之中。上述两种情况都是在特定情况下的主观痛苦。精神卫生专家做心理诊断时，把主观痛苦看作一种重要的指标。

5. 心理障碍

当一个人发现，由于心理问题他不能满意地生活了，这可以被认为是有了一定程度的心理障碍。例如，小华害怕成功，所以生活中的每一次新的努力都会在某种程度上遭到他心理障碍的破坏。

6. 对功能的影响

一个人的问题行为，对其生活能力的干扰程度，以及这种问题行为被社会所能接受的程度，可能是心理问题诊断中最为重要的因素。某种行为可以是古怪的、持续的，但如果它没有伤害当事人的生活功能，就不代表是真正的病理特征。例如，娜姐有一个自己无法控制的"怪癖"，她每天晚上睡觉前，都会站在床上唱国歌。这种行为当然是既古怪又持续的，但除非娜姐的声音大到把邻居都吵醒或是干扰到其他家庭成员，否则这个"怪癖"只对她个人的一般生活功能有了小范围的影响。因此，这不算是个临床问题。

第二节 ◉ 大学生常见心理障碍

据调查，大学生群体中有心理障碍或精神疾病的人数极少，多数学生遇到的都是一般心理困扰。但是，即便是一般的心理问题，也会在很大程度上影响大学生们的日常生活、学习和发展。我们根据心理问题的严重程度，大致将大学生群体的常见心理问题分为一般心理困扰、常见情绪及行为障碍和精神障碍三个部分。

一、大学生一般心理困扰

（一）人际关系

与中学时期相比，进入大学后的人际关系变得更加复杂。由于每个人的行为习惯、生活轨迹、教育背景不同，所以大学生的人际交往呈现出交往对象范围扩大、交往频率变高、交往方式多样化等特点，加上这一年龄段的学生处于青春期后期，敏感、叛逆、易冲动是他们普遍的心理状态。在他们与老师、室友、同学和朋友相处的过程中不断暴露出各种问题，使得大学生群体往往觉得人际交往困难重重，从而产生悲伤、焦虑等情绪，而这些不良情绪若不及时加以干预，会严重影响其成长和发展。与人际关系相关的问题，我们在第五章中已经具体讲述，这里就不再赘述。

（二）恋爱及性心理问题

大学里的爱情已然是现今校园里的普遍现象。从前面第七章的学习中我们了解到，处于生理和心理都日渐成熟的大学生，对爱情及两性关系都会给予更多的关注。虽然适当的爱情有利于大学生身心健康，但由于相关教育的匮乏和情感经验的不丰富，大学生往往对爱情的理解还不够深刻，对异性交往过程中出现的问题还较为缺乏适当的解决能力。值得一提的是，由于缺乏情感经验，部分大学生会过度地沉溺在爱情的河流中，在热恋中迷失了自己前进的方向。大学是学习专业知识技能的黄金时期，是决定人生未来走向的关键阶段，不能为了一时的快乐而赌上自己的全部幸福。希望大学生朋友们能用一颗平常心去面对情感，明确自己的目标和任务，为未来的幸福打好坚实的基础。

（三）就业规划困扰

由于近年来大学毕业生人数不断增多，而市场需求量相对饱和，加之许多大学生对于就业的期望值过高，对就业环境和自我认识存在不足，把就业环境看得过于复杂或过于简单，或高估自己低估环境，最终导致许多毕业生找不到合适的工作，何去何从没有着落。这一现状使得大学生的就业压力倍增。很多大学生甚至从一进校就在为就业问题担忧，积极规划自己的学业和工作生涯。提早规划固然是可取的，但因为缺乏相关的教育和指导，大学生普遍存在自卑、焦虑和从众等不良心理状态，在对自己的专业及学术能力并不了解的情况下，也不是很清楚该朝哪个方向努力。因此，就业压力已然是困扰当今大学生群体的重要问题之一。

二、大学生常见心理障碍

（一）焦虑障碍

在第五章中我们了解到，焦虑（Anxiety）是一种内心紧张不安、预感到似乎将要发生某种不利情况而又难以应付的不愉快情绪。焦虑与恐惧情绪类似，不过恐惧是面临危险时发生，而焦虑发生在危险或不利情况来临之前，所以焦虑往往指向未来。此外，焦虑虽然是一种不愉快的体验，但它具有以下重要的功能：

1.信号功能

它向个体发出危险信号，当这种信号出现在意识中时，人们就能采取有效措施应对危险,或者逃避,或者设法消除它。焦虑提醒人们警觉已经存在的内部或外部危险,在人们的生活中起着保护性的作用。

2. 动员机体处于战斗准备状态

焦虑发生时受植物神经支配的器官产生兴奋,警觉增强,血液循环加速,肾上腺素分泌,为采取行动应对危险做出适当准备,因此,适度焦虑时的行为效能会比较好。

3. 参加学习和积累经验的过程

焦虑能帮助人们提高预见危险的能力,使人不断调整自己的行为,学习应对不良情绪的方法和策略。

 扩展阅读

弗洛伊德谈焦虑

弗洛伊德对焦虑的研究做出了重要的贡献,按照焦虑的不同来源,他将其分为三类:

1. 现实性焦虑

产生于对外界危险的知觉,如人们害怕毒蛇、持有凶器的暴徒和失去控制的汽车等。

2. 神经症性焦虑

人们体验到的焦虑,其原因不是外界的危险事物,而是意识到自己本能冲动有可能导致某种危险。这就是说,焦虑的来源在于潜意识的本我。需要注意的是,这里说的是焦虑的来源可能不为焦虑的人所察觉,并不是焦虑本身,因为焦虑总是能意识到的。因此,人们害怕被不可遏止的冲动所支配,而干出结果将证明对自己有害的事情来,或者害怕产生这类危险的念头。

3. 道德性焦虑

这种焦虑是自我对罪恶感和羞耻感的体验,其产生的原因是自我意识到来自良心惩戒的危险。人们害怕因为自己的行为和思想不符合自我理想的标准而受到良心的谴责。同神经性焦虑一样,危险不在于外部世界,道德性焦虑是对超我的恐惧。

由此可见,焦虑并不都是有害的,适度地焦虑甚至有益于身心健康。只有焦虑过度、焦虑无明确诱因或仅有微弱诱因时,才能视为病理性的。正常与异常焦虑的主要区别在于:

(1) 焦虑体验的持续时间长短及程度的深浅。正常焦虑持续时间较短、程度较浅。

(2) 焦虑产生及消失的条件。正常焦虑的原因经当事者分析和解释后可以变得比较清楚,异常焦虑则找不到直接原因。正常焦虑易于消除,而异常焦虑消减后又会复发出现,且来去突然。

> **扩展阅读**

据航空卫生部门工作人员介绍，航空业具有不确定危险性，特别是飞行员容易长期处于潜在的恐惧和不安的情绪中。飞行员工作时间长和不规律、饮食不规律、夜航以及跨时区长途飞行等，会导致飞行员睡眠缺失及飞行疲劳等问题。这些因素使民航飞行员长期处于高度心理应激状态下，影响身心健康。

据国内一家知名航司统计的数据可知，该公司在1998—2006年各科医学停飞的97人次中，神经精神科排在第二位。所以，在航空领域里，焦虑是飞行员处于负荷过载，尤其是长期处于负荷过载状态下所产生的极度的担忧、不安和恐惧。焦虑的飞行员总担心将要发生什么，总是体验着弥漫性的恐惧。由于焦虑情绪的影响，飞行员的操作表现将变差。敏锐的观察者（如飞行教员或机组成员）常常使用以下信号或征兆来识别某人是否处于焦虑状态：

①身体不舒服，如出汗、神经性的抽搐/颤动、口干、呼吸困难、心跳加速或心悸；

②异常的行为，如在不恰当的时间里大笑或唱歌、过分地约束自己、埋头苦干、极不协调、情绪变化迅速、有冲动性行为或极端的消沉；

③心境变化快，当时还心情轻松愉快，一会儿就变得忧郁起来；

④对他人采取不理解的行为，如不必要的发怒、忍耐、粗野的行为等；

⑤疲劳，在长期的压力环境中常引起极度的疲劳和厌倦；

⑥不正确的思维过程，注意力难以集中或固着于某一点上而对其他刺激不予反应，分不清主次，忘记一些重要项目，如起飞或五边进近时忘放起落架，或不能很好地阅读检查单。

飞行员若长期处于焦虑之中，可表现出个性的变化，如行为质量低劣、对他人的态度飘忽不定、操作技能下降、胃痛或头痛、酗酒、过量吸烟或食欲增强，多次出现事故征兆。可见，焦虑对于飞行员来说是一个危险的状态。因此，在每一次飞行前都应首先降低焦虑水平。

前面我们谈到了正常焦虑与异常焦虑的区别，接下来我们来看看异常焦虑。异常焦虑又被称为焦虑障碍，常见的焦虑障碍有以下类型：

1.恐怖症(Phobia)

恐怖症又称恐惧症，是指对于特定事物或处境具有强烈的恐惧情绪，患者采取回避行为，并有焦虑症状和植物神经功能障碍的一类心理障碍。患者所害怕的物体或处境是外在的(患者身体以外的)，例如对蛇、猫等动物，或者对高处、黑暗、狭小空间、电梯等特定情境。尽管当时并无真正危险，但患者仍然极力回避所害怕的物体或处境。患者知道自己的害怕是过分的、不应该或者不合理的,但这种认知并不能阻止恐怖发作。

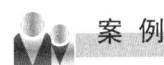 案例

木木,女,20岁,某高校大三学生。主诉性格内向胆小,内心自卑压抑,学习做事效率低下。她在日常生活学习中,如果有同学或老师在自己身边时,就会感觉浑身不自在,不能正常学习工作;和陌生人说话时,会脸红无措,异常害羞。她还觉得自己走路姿势不好看,走路经过别人身边时,担心人家会说她姿势不雅。木木说自己的症状时轻时重,自己曾尝试通过看心理学书籍和与父母聊天来改变,但效果不佳。觉得很多道理理解起来容易,但做起来难。后去医院精神科看病,被诊断为社交恐惧症。

2.广泛性焦虑(Generalized Anxiety Disorder,GAD)

广泛性焦虑是一种具有对一系列生活事件或活动感到过分的、难以控制的担忧,并伴以心悸、胸闷、恶心、口干、尿频、震颤和皮肤苍白多汗等植物神经症状和运动性紧张。焦虑情绪容易使患者集中注意于他们的躯体症状,而躯体症状又可能成为病人担忧的内容,加重了他们的焦虑,形成恶性循环。

 案例

小李,男,26岁,在读博士研究生。来访者主诉其导师为某知名学者,在其研究领域十分有名望,业务能力很强。起初小李为自己能拜到导师门下而欣喜,但随着研究学习的深入,压力逐渐变大,加之导师要求高,对科研非常严格,自己虽然非常努力,但有时候往往不尽如人意。小李逐渐感到学业不会有起色,忧心忡忡,担心自己无法顺利毕业。有时候他担心实验方法不对,需要推倒重来;有时候会担心实验数据会被泄露,影响导师声誉;有时候还会担心导师年纪大了会突发某种疾病不治身亡。想到自己目前虽然博士在读小有成就,但万一遇到不可抗力突然无法继续学业,将来无法立足社会,自己也尚未娶妻生子,人生就此完蛋了……每每想到这些,他就会头痛、失眠、心慌、胸闷、烦躁,甚至半夜突然惊醒一身大汗。为此他常常坐立不安,学会了吸烟,并且烟瘾极大。睡不着时小李会在房间里走来走去,一边吸烟,一边继续焦躁地担心着未来。

3.强迫症(Obsessive-compulsive Disorder,OCD)

强迫症是严重影响个体日常生活的一种心理障碍,它以反复出现的强迫观念和强迫行为为主要临床特征,如强迫性反复洗手、强迫性计数、强迫性礼仪动作等。强迫观念是以刻板形式反复进入患者意识领域的思想、表象或冲动意向,尽管患者意识到这些观念是没有

现实意义、不必要或多余的,虽极力摆脱和排斥,但又无能为力,因而感到十分痛苦和焦虑。强迫动作是为阻止或降低焦虑和痛苦而反复出现的刻板行为和动作。

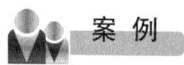

19岁的女生小Q,某高校大二学生,由同学陪同,为解决自己不能控制的不洁联想和反复清洗而来咨询。该同学主诉其大一上学期时,同桌女同学患了重感冒,常常对着她咳嗽、打喷嚏。小Q当时心里就觉得很不舒服,虽然她清楚女同桌并没有传染病,但她还是担心同学会把病毒带给自己。大一第二学期班里调整宿舍,小Q和这个女同桌换到了同一个寝室。之后,小Q发现该女同学卫生习惯不佳,晚上经常不洗漱就睡觉,有时候甚至一个星期都不洗澡,因此对其日益反感。之后渐渐演变成一见到这个女同学就会控制不住地想去洗手,不洗就会特别难受,焦躁不安,洗完手会感觉好一些。后来小Q又和这个女同学发生过其他小矛盾,之后就对她更加反感,反复洗手的症状也加重了。从最初的每天洗手十几次,到后来每十几分钟就要洗一次,而且洗的时间越来越长。大一暑假回家后症状有所减轻,但一想到开学后又要见到那个女同学,还要继续和她在同一屋檐下生活,小Q内心就充满了恐惧。

4.创伤后应激障碍(Posttraumatic Stress Disorder,PTSD)

创伤后应激障碍是指经历异乎寻常的威胁性或灾难性的应急事件或情境后而引起精神障碍的延迟出现或长期持续存在。其特点是时过境迁后的痛苦体验仍然驱之不去,持续回避与事件有关的刺激,并长期处于警觉焦虑的状态。患者经历过一次极为严重的精神创伤,这类事件几乎能使每个人产生巨大的痛苦,如天灾人祸、战争、瘟疫、严重事故、目睹他人惨死、遭受酷刑、强奸、绑架或其他恐怖犯罪活动等。患者可以是直接受害者,也可以是可怕场面的目击者或幸存者。通常是在创伤事件经过一段无明显症状的潜伏期才发病。潜伏期从几日、几周或数月不等,但大多数在6个月之内,超过半年以上出现症状者较少见。典型症状为反复体验创伤性事件、回避与创伤性事件有关的刺激,情感麻木、警觉性增高、做与痛苦记忆或与创伤性事件有关的噩梦等。

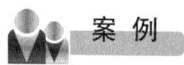

汶川大地震发生的时候,小王是东X中学高一的学生。那天下午的第一节课是数学课,他早早来到教室自己的位置上坐好,为上课做准备。突然,教学楼摇晃了起来,窗外的远山也摇了起来,伴随着轰隆隆的声音,漫天尘土飞扬。小王自述他当时大脑一片空白,浑浑噩噩的,不知道害怕也不知道逃跑……天崩地裂的震动持续了好长时间,等到一切归于平静,自己已被埋在了垮塌教室的废墟下。从此之后原来的世界发生了翻天覆地的变化……

后来小王成功获救，但在此之后，地震时的情景依然历历在目，就像放电影一样不断在脑海里闪现，让他一想起来就会不寒而栗。地震之后的三个多月里，小王没有睡过一个安稳觉，常常在夜里惊醒，想到遇难的同学和亲人，他就有了深重的负罪感，他恨自己没有去救人，他觉得自己不该活着。学校在板房复课后，他无心听讲，无法集中精力学习。上课时会不自觉地抓紧课桌腿，稍有异响，就打算推桌子逃跑。

5. 疑病症

疑病症是以怀疑为特征的神经症性障碍。其主要临床特征是过分关注自己的健康或身体某一部分的完整性和功能，或者精神状态的改变，通常同时伴有焦虑和抑郁，但无其他精神病性症状，也无器质性病变存在。一般继发于某些躯体疾病如感染或者精神因素之后，或者受到传说和不正确的卫生宣传的影响，以及对医学常识产生误解。部分患者病前具有固执、谨慎、敏感、多疑、对自己健康过分关注等性格特点。急性疑病症病程短，可治愈；慢性疑病症病程常迁延，必须帮助患者解除心理冲突。

阿城，男，19岁，在读大二学生，半年前因阑尾炎到某医院手术治疗，术后因护理不当，切口处轻度水肿。复查时医生解释"可能有条小血管破裂了"，因此阿城要求重新做手术。医生应患者要求做了清创门诊手术。一个月后，因切口附近仍有轻度水肿，医生为安慰病人象征性地又做了一次清创手术。但阿城术后仍然坚信有条血管未扎好，自述"皮下出血严重，已从阑尾的切口流向了胃里"，他觉得自己腹部胀痛不已，整天忧心忡忡，食无味、睡不香，因此到处求医，多次检查。然而各方医生均告知其手术很成功，并无后遗症，更无内出血。但阿城始终不相信，自此精神萎靡不振，无法集中精力学习，社会功能受损较大。

在大学生中，较为普遍存在的焦虑一般都还达不到病理性焦虑的强度。适应性焦虑、自我形象焦虑、学习焦虑、人际关系焦虑、恋爱焦虑等都是大学生群体中较为常见的焦虑类型。有些情境并不发生在他们的生活中，甚至根本没有发生过，也可能永远不会发生，但他们会由于人生早期的不愉快经历或者因为环境的影响而常常感到焦虑。如没有恋爱的同学看见周围的同学因恋爱问题而苦恼，或看见自己的父母因为情感不和、婚姻不美满，就对爱情和婚姻产生焦虑等。焦虑常常会影响人的心境，给学习和生活带来负面的影响，所以大学生应该学会克服焦虑情绪,了解焦虑背后的深层次的内在冲突,必要时及时进行心理疏导,以免出现严重心理问题或心理障碍,影响生活和学习。

(二)心境障碍

心境(Mood)是一种比较微弱且在长时间里持续存在的情绪状态,它不是关乎某一件事的特定体验,而是具有弥散和广延的特点。它似乎成为一种内心世界的背景,所有心理事件都受这一情绪背景的影响,使之产生与这一心境相关的色调。心境障碍也称为情感性精神障碍,是指由各种原因引起的以显著而持久的情感或心境改变为主要特征的一组疾病。临床上主要表现为情感高涨或低落,伴有相应的认知和行为改变和有幻觉与妄想等精神病性症状。多数患者有反复发作倾向,每次发作多可缓解,部分可有残留症状或转为慢性。我们这里提到的心境障碍主要指抑郁症和双相情感障碍两种。

1. 抑郁症

抑郁症(Depressive Disorder)又称抑郁障碍,以显著而持久的心境低落为主要临床特征,是心境障碍的主要类型。临床可见心境低落与其处境不相称,情绪的消沉可以从闷闷不乐到悲痛欲绝,自卑抑郁,甚至悲观厌世,可有自杀企图或行为;甚至发生木僵;部分病例有明显的焦虑和运动性激越;严重者可出现幻觉、妄想等精神病性症状。抑郁的每次发作会持续至少两周以上,长者甚至数年,多数病例有反复发作的倾向,每次发作大多数可以缓解,部分可有残留症状或转为慢性。抑郁发作通常以典型的心境低落、思维迟缓、意志活动减退"三低症状",以及认知功能损害和躯体症状为主要临床表现,多数患者共患焦虑,个别可存在精神病性症状。

我们经常从各种媒体资源中看到"抑郁症"这个词。一直以来,虽然我们经常提及它,但却很少真正了解过它,而单凭平时接触的碎片式的知识,有时候反倒有很多的误解。比如人们容易以为抑郁就是不高兴。但其实很多人遭遇"抑郁"的时候,并没有特别地悲伤或不高兴,只是没有精神和力气而已,对很多东西失去了兴趣,就像是一下子被抽走了"生气"一样。

这种状态会影响人们的日常生活,会让人没法专注,难以思考,没法做决策,也可能会影响和家人、爱人、朋友的关系。更重要的是,在抑郁之下,人们常常会觉得自己非常糟糕,这会使人羞于求助,或者有非常强烈的绝望感,觉得别人不会理解自己,所以即便求助也无济于事。

案 例

……我开始没由来地对一切事物丧失兴趣,包括热爱的音乐、电影、书籍等。走进电影院像是上坟,音响覆盖了细细一层灰尘,木心的诗集也长久地停留在同一页。

我就是觉得没意思，莫名其妙地觉得没意思。起初我以为是天气变化引发的倦怠，就没有在意。后来，身体机能开始明显退化。

胸疼、头疼开始侵袭，严重的时候我只能自捶胸口；记忆力、思维明显减退，拿着眉笔找眉笔，一天到晚都在找手机；行动力变慢，如果别人的生活是流畅的画面，我简直就是以三分之一的速率放慢速度；打翻水杯、打翻饭碗，成为一种常态；有些时候，会莫名涌出泪水，但你完全不懂自己在哭什么；更多时候，你就是发呆，无意义地耗费着无意义的时间。

人变得非常疲累，一开始我晚上10点睡觉，后来晚上8点就睡，再后来我下班回家7点就能入睡。即便这么长的睡眠时间，我依然觉得疲惫不堪，每天都感受着"身体被掏空"的无力，每天都觉得被人持续暴打了一顿。

说一句话都感觉耗费了一辈子的力气。能量像是被完全榨干了。以前挪用一分力气可以完美地干成一件事，现在动用自己身体的一切能量，却只能吐出两个字。

网上流传甚广的一句话可以对抑郁症做出解释，为真正的抑郁症正名：

抑郁症的反面不是"快乐"，而是"活力"。

抑郁症患者左灯在她的自传小说《我在精神病院抗抑郁》中描写到：

"在人们的普遍认知中，抑郁症就是'不开心'。但其实，持续的情绪低落只是冰山一角。抑郁症最可怕的，是不可控的机体机能的退化，还有不可控的思维认知的改变。回溯过往，细细想来，病症其实很早就向我发出了'通知函'。"

通过左灯的描述，我们看到了抑郁症患者真实的状况。目前，抑郁症是世界第四大疾病，近30年间报告的抑郁症发病率暴增了10~20倍，现在仍然呈上升趋势。但我国对抑郁症的医疗防治还处在识别率低的阶段，地级市以上的医院对其识别率不足20%，不到10%的患者接受了相关的药物治疗，而抑郁症的发病已开始出现低龄化趋势。一般来说，人人都曾体验过抑郁，只不过对于大多数人而言，这只是一种偶尔的、短暂的情绪体验，对于绝大多数大学生而言也是属于这种类型的抑郁，即偶尔出现，具有弥散性和情景性，时过境迁很快就能平复。但也有少数学生，因为性格内向、敏感多疑、不擅交际、依赖性强、遭遇意外挫折、有不良童年经历、长期努力得不到回报等情况会容易陷入抑郁状态。大学生应避免抑郁状态或应积极地从抑郁中解脱出来，分清自己的状态，不要好高骛远，也不要妄自菲薄；同时，还应该积极调整认知方式，增强信心和勇气，并加大自己的人际交往圈子，培养良好的生活习惯。更重要的是，如自己一时难以走出抑郁的困境，则需要积极寻求心理帮助，如果属于精神疾病，则应及时到医院进行救治。

在如此严峻的形势下，大学生应该学会识别抑郁和一般的悲伤以及难过等负面情绪状态，并懂得一些基本的克服这种心境的方法。

根据美国精神医学学会编制的《精神障碍诊断与统计手册(第五版)》DSM-5中的分类来看,抑郁症主要可分为重性抑郁障碍、持续性抑郁障碍、破坏性心境失调障碍和经前期烦躁障碍四种。

(1)重性抑郁障碍,即狭义上的抑郁症。这类障碍有时也和其他精神障碍同时出现,医学上称之为"共病",包括物质成瘾、惊恐障碍、强迫症、神经性厌食和神经性贪食等。重性抑郁障碍是抑郁症中最典型也是最严重的一种,患者往往会陷入巨大的低落情绪中难以自拔,一方面非常痛苦,另一方面也可能会埋怨、厌恶自己。患者的社会功能、学习、生活和社交能力通常都会受到严重影响,而且会反复发作。

(2)持续性抑郁障碍,也称为恶劣心境。当重度抑郁症状经常出现,超过两年时,就可以诊断为持续性抑郁障碍。持续性抑郁障碍像温水煮青蛙一样悄悄侵蚀着患者的健康,它的特点是缓慢发作但却很持久。之所以不容易被察觉,是因为它萌芽得比较早,比如在童年或者青少年时期就已经开始了。患者如果症状出现在21岁前,那么共病人格障碍和物质成瘾的风险会更高。患者往往伴随着失眠、疲劳、注意力不集中、感到无望、自尊心不强等情况。虽然持续性抑郁障碍没有重性抑郁障碍严重,症状没有那么激烈,但它仍然会对生活、学习或社会功能产生很严重的影响。也有些人会在持续性抑郁障碍发作之前或期间,经历重性抑郁障碍的发作,这被称作"双重抑郁"。

(3)破坏性心境失调障碍,主要在6~18岁的儿童青少年群体中发生,核心症状是患者易激惹,容易愤怒,常大发雷霆,像一座喷发频繁的"活火山"。得了破坏性心境失调障碍的儿童和青少年较容易与注意力或焦虑问题共病。可想而知,这个群体因为不稳定的情绪而备受折磨,严重影响他们的人际关系,甚至老师和家长都难以忍受,甚至会采用"以暴制暴"的方式来矫正这样的儿童青少年,如此一来,本就无辜的孩子还要遭受更多的痛苦。

(4)经前期烦躁障碍,是女性每次生理期前会出现的一种抑郁症。这种抑郁症会让女性出现非常严重的情绪和身体症状,比如情绪不稳定、易激惹、抑郁、焦虑、兴趣降低、注意力不集中、疲劳、进食过多、嗜睡或失眠以及身体疼痛等躯体症状。虽然一般女性在生理期的时候也容易出现各种情绪烦躁的症状,但是这种抑郁症明显更严重,而且是在月经来临之前发作,在月经来临之后有所缓解。症状严重时,它甚至可能达到与重性抑郁障碍发作相当的程度。经前期烦躁障碍会明显影响患者的正常学习、工作、生活和人际交往。这是一种女性才有可能得的抑郁症,也让女性比男性在面对抑郁时多了一重风险。

扩展阅读

微笑抑郁

最近几年,你可能常常听到一个词,"微笑抑郁"。你听说某个看起来状态不错的明星忽然因为抑郁而自杀了,或是某个看起来很乐观的朋友居然是重度抑郁患者。甚至,"微笑抑郁"说的好像就是我们自己的情况,即朋友们都以为你是乐天派,只有你自己知道，事实并不是这样。

"微笑抑郁"并不是一个病症名，而是一种现象。在美国，曾经做过一项调查，发现在2 000名患有抑郁症或焦虑症的女性中，89%的人会向她们的朋友、家人和同事隐瞒自己的痛苦。如果要用一个形象代表"微笑抑郁"，大概会是那些著名的喜剧演员。每当听到喜剧明星患抑郁症的事情，大家总是大跌眼镜。但我们好像忘记了，憨豆先生并不是扮演他的罗温·艾金森，周星驰也并不等于至尊宝或唐伯虎。听说艾金森有抑郁症时，我们会回过神来：哦，憨豆先生只是他扮演的角色，那并不是他。同样的，抑郁不只有一张脸孔。对于一个"微笑抑郁"的人来说，微笑只是他用来掩盖自己内心痛苦的一张面具。一个人看起来好不好，和他内心的感受，两者没有必然的联系。

微笑抑郁之所以有时候比重性抑郁障碍还要可怕，是因为它增加了抑郁患者的风险因素。一方面，它使你感到孤独，没人知道你在面对什么、经历什么，因此，你是一个人在承受。在缺少人际支持的环境下，抑郁更容易恶化；另一方面，微笑的面具也使得周围亲友毫无防备，对于悄然潜入家人、朋友脑海中的自杀的企图无从知晓，甚至没有机会帮助他们。这种"没能帮他/她"的自责与内疚，是让很多自杀者的亲友最无法接受的。

有些抑郁症患者为什么要给自己戴上"微笑"的面具呢？我们需要了解一下成因以及应对措施。

首先，很多微笑抑郁的人压根没有觉察到自己其实是抑郁的。有的人有意识地要掩藏自己的痛苦，漠视自己的感受，把它们撇在一边。他们可能觉得是自己太多愁善感了，自己太容易被消极的念头打击到了，总之，他们根本不想理睬那些难过。尤其是当生活在看似正常地运转的时候，人们甚至可能没有意识到那就叫"抑郁"。那么，针对这种情况该怎么办呢？

抑郁对你来说更像是一种持续的、整体的状态，可能感觉自己"好像出了点问题"，但转念一想，又觉得是自己想得太多或者做得不够好，索性花更多精力在工作上。事实上，觉察自己的情绪感受是重要的，你可以试着打印一张写着各种情绪词汇的表格，试着经常去指认自己当下处于哪种情绪感受，如果可以的话，你还可以试着去给自己的这种情绪感受的强度一个分数，"如果满分是十分，你给自己现在的情绪感受打几分"。对自己情绪和想法的觉察，在对抗抑郁中是非常重要的。

另外，有些人能很清楚地感受到自己情绪上的痛苦，但是认为这是一种脆弱的表现。而表现出脆弱太丢脸了，尤其，平时他们在大家面前总表现得很强大、很有能力。如果告诉大家自己正在遭受情绪上的折磨，就好像自己的缺陷被公之于众了，好像自己努力了很久的"人设"被打破了，感觉很难接受。朋友夸你追求完美、要强，而这些可能恰恰变成了枷锁。那要如何摆脱这种心态呢？其实，有些人之所以会抑郁，是受到遗传因素和人生中重大事件的影响。总之，我们既无法决定自己的基因，也无法决定小时候的遭遇，又怎么能保证自己不抑郁呢？即便再坚强，再有能力，甚至了解再多专业知识也无法解咒。但有一点可以肯定，那就是我们可以决定用什么样的姿态来面对抑郁症。其中一个有效的姿态就是寻求身边人的支持和专业人员的帮助。当感到自身情况能够得到理解、有人关心时，抑郁情绪是能够得到极大缓解的。

第三种原因，是害怕成为家人的负担。有一位抑郁症患者 A 说："我想如果我假装很快乐，我自己可能也会感觉正常一些。我总是觉得自己是爱我的人的负担。我觉得我别无选择，只能假装。"这是因为抑郁症在很多人的印象里都是一个很可怕的疾病，似乎常常和自杀、自伤之类的字眼联系在一起。这会让人担心，如果告诉了父母"我抑郁"，可能会吓着他们，让父母为自己担心。然后，人们就会更加强行鼓励自己，要坚强、要乐观，并告诉自己，消极抑郁是错误的、是不对的，为了自己的家人也要振作起来。但是，抑郁可不是我们仅仅依靠意志力就能克服的。当你发现自己并不能振作起来的时候，对家人的愧疚感就更强了。当你越害怕自己的抑郁成为家人的负担，这种负罪感和自我厌恶感可能就越强，抑郁症状反而更严重了。

第四种原因，是害怕不被他人所理解。有一位抑郁症患者 B 说："我努力保持一个正常者形象来保护我的家人，因为我的抑郁会让他们痛苦。我看起来并不情绪化，但其实每件事对我的影响都比我表现出来的要大。我不能对他们敞开心扉，因为他们只会告诉我，'改变你的想法''你看起来很好，为什么你会想去看心理医生？'等等，这会让我无法控制自己情绪的时候变得更糟糕。我感到孤独、疲惫和失落。"患者往往会担心自己的家人、朋友可能也对他说类似的话，或许这是他们不愿、不敢表露自己抑郁的原因，即害怕其他人不能理解你。说来讽刺，抑郁症是最常见的精神疾病，但它却让每个患者都相信他们是完全孤独的。的确，没有经历过抑郁，也从未试图了解的人真的很难理解抑郁者的痛苦，他们会给"抑郁"贴上各种可笑的标签，钻牛角尖、软弱，不一而足。

感受不到他人的理解，要怎么办呢？如果你在生活中完全找不到支持和包容的时候，请一定要寻求专业帮助。其原因是：专业人士让你明白，一定会有人接纳你，接纳要暂时和抑郁相伴的你。另一方面，如果你处在抑郁中，而有些人不理解你，或许你也可以选择去理解他们。要知道，有些人并不专业，可能对抑郁症知之甚少。同时，你一定要相信，你总可以找到能够理解你的人，至少还有医生和心理治疗师能理解你的感受，所以不要放弃去寻求人际方面的支持。

在对抑郁症有了一定的了解之后，我们来谈谈面对这种疾病该如何治疗和预防。

关于抑郁症的治疗方法，一般来说，如果是轻度，可以通过自我调节和心理咨询缓解，如果到了中度，就必须要靠药物治疗了。治疗中重度抑郁症，一般是先用药物控制症状，随后辅助心理治疗，两种方法联手抗抑郁效果好。

很多人在得了抑郁症之后，会经历三个痛苦的"关卡"。

（1）害怕去就医

我们前面提过，不少人由于存在病耻感，或者不了解抑郁症需要就医，或是因为各种各样的现实原因，就选择默默扛着病情恶化的痛苦，连康复的第一步都没有迈出去。所以同学们身边有抑郁症的同学或者朋友，请一定在适当的时候用适当的方式告知他们抑郁症的相关知识，并劝告他们及时就医。

（2）提高治疗依从性，并求助心理咨询

更大的患者群体是在这个阶段被耽误的，不相信医生，不相信咨询师，所以即便医生开药了，但吃起来也是三天打鱼两天晒网，或者干脆吃了一周没有效果就私自停药，殊不知药物起效时间是4~6周，对抑郁症的治疗也是一个相对漫长的过程。

（3）日常的保养

在这一关卡上一败涂地的也大有人在。这部分人大多自我责任意识和主观能动性不足，是一种消极的治疗依从，有"破罐破摔"的悲观消极想法。治疗的路虽然漫长，患者内心也的确痛苦，但实际上治病从来都不只是医生的事，是需要患者本人树立信心，积极配合。有以下一些建议：第一，在起居饮食方面，尽量为自己创造一个舒适的生活环境，尽量控制摄入含高咖啡因饮食，如咖啡、可乐、浓茶等，因为有研究表明，咖啡因过量会使抑郁症自杀风险上升；此外，酒精会刺激脑神经放大悲伤情绪，容易和一些药物发生相互作用，或者改变身体代谢进而影响体内药浓度，从而出现恶心、呕吐、胸痛、心肌梗死、急性心衰、呼吸困难、头疼等症状。第二，适当运动。有研究表明，多巴胺的代谢随运动强度的增强而增强，长期的运动刺激可以提高脑组织中去甲肾上腺素的含量，使去甲肾上腺素的代谢增强，因此，运动是可以改善抑郁的。但一些抑郁症状比较严重的重度抑郁症患者，实在动不了的时候，也不要勉强自己，想躺着休息那就躺着休息，因为在这个阶段，可以允许自己不设限地放肆崩溃，可以不作为，但如果能够行动，并且症状有所缓解，虽然可能运动还是有点难，但请努力一下，让自己稍微动起来，情况就会好很多。运动应该被当成一种习惯长期坚持，即使是抑郁症痊愈了，坚持运动也是一种很好的调节身心健康的方式。第三，需要适时倾诉。很多人的抑郁其实是心因性的，都是因为在现实生活中遇到了一些事情，导致焦虑抑郁情绪，没有及时进行疏导，或者是存在一些混乱的状态没有梳理，慢慢地积压，最终诱发了抑郁症。倾诉的过程可以让倾诉者通过语言将混乱的内心进行梳理，并且这是一个释放情绪的过程。情绪的力量很大，当情绪通过倾诉被释放，这种力量就不会被压到内心深处，成为心理疾病的驱动力。对抑郁症患者来说，这种倾诉也很有必要。

此外，值得一提的是，需要做好对抑郁症患者自杀的防范。自杀防范最有效的办法就是让患者接触不到自杀工具。割腕、跳楼、过度服药等是最常见的自杀方式，所以刀子、碎玻璃、大量药物这些东西需要收好，让患者在想自杀的时候根本接触不到。

 扩展阅读

飞机上隐藏着的抑郁症患者

- 德国之翼副驾抑郁惹149人丧命

2015年3月26日,德国之翼航空公司(汉莎航空旗下廉价航)一架从西班牙巴塞罗那飞往德国杜塞尔多夫的空客A320客机,在法国南部上普罗旺斯阿尔卑斯省山区坠毁,机上144名乘客和6名机组成员全部遇难。

根据黑匣子提供的录音分析,客机坠毁时,28岁的副驾安德烈亚斯·卢比茨(德国籍)单独待在驾驶舱里,且无理由地拒绝给机长开门(此前他多次怂恿机长去上厕所,机长离开后他趁机反锁驾驶舱)。之后卢比茨独自启动了客机的降落程序,并操控着飞机下坠并撞山。事后的调查发现,卢比茨有严重的抑郁症,并向航空公司隐瞒了事实。据知情人士透露,卢比茨曾因精神问题中断过飞行训练。另一方面,据汉莎航空首席执行官说,所有飞行员都通过了年度体检,但在训飞行员并没有特殊的精神疾病方面的检查。

- 机长执勤意图自杀"求死不得"

早在1982年,日本航空一家客机准备降落东京羽田机场时,机长片桐清二突然打开推力反向器,意图撞毁客机。副驾与飞行工程师阻止失败,飞机最终坠落在离跑道300米的浅水区,机上174人中24人无辜丧生,而机长片桐清二则生还。据悉,事故后该机长第一个坐上救生船,并向乘客谎称自己是白领,企图免受责罚。后经调查发现,机长患有严重抑郁症。

- 空乘微笑背后的抑郁隐患

微笑是空乘工作者在工作中的招牌代言。提到抑郁症,大众的认知都是表情淡漠、无精打采的形象,然而不少患有抑郁症的空乘人员往往在生活中出于工作或面子需要总是以微笑掩盖内心的郁闷与烦恼,前面我们提到,这类"微笑抑郁"的危害性更大。

对于高要求、高标准的空乘人员,他们在与旅客沟通时,要面对形形色色的人群和千奇百怪的状况,所以,优秀的空乘必须具备准确的认识和表达、灵活的应变能力和出色的情绪控制能力。因此,若不能快速调节自己的状态,把不良情绪带到工作中,必然会产生消极影响。相对的,作为被服务方的乘客,更要一个个认识其中的利害关系,每个人都应该学着去调节自己,为服务人员提供更便利的工作环境。

- 抑郁男子自残血溅卫生间

2015年12月28日,厦门航空从海口飞往厦门的航班上,一个20岁左右的男子用头猛撞卫生间的洗手台,并用塑料餐具企图自杀。随后,乘务员和安全员一起制止住该男子的自残行为,并将其从洗手间内拉出,控制其行为后,为其包扎伤口,止住流血。

据悉,该男子有抑郁倾向,与该男子同行的两名旅客告知乘务员说,该名男性旅客近10天来每夜睡不着,一直怀疑有人在追杀他,此次他们是带他出来散心的。但无论他们

走到哪里,该名旅客仍感觉有人在追着他、盯着他。

该航班随后正常在厦门落地,经乘务员观察并与同行人员确认,该旅客情绪已稳定,身体无大碍,后该名男性旅客和同行家属一同下机。

美国康奈尔医学院临床精神病学教授理查德·弗里曼称:"自杀念头在普通人中其实并不在少数,我们通常认为,患有情感障碍、年龄偏长、夫妻离异等因素都有可能诱发自杀或者增大自杀风险,但一部分具有这些特征的人也并不会自杀。至少根据现有的精神病理研究,很难预测自杀。但是患有心理疾病,尤其是抑郁症、精神分裂症等,都会加大自杀的风险。超过90%的自杀者被诊断为患有心理疾病,其中绝大多数为抑郁症。"

2.双相情感障碍

双相情感障碍(Bipolar Disorder,BD)又叫作躁郁症,是常见的重性精神疾病,属于心境障碍的一种类型,指既有躁狂发作又有抑郁发作的一类疾病。

患有双相情感障碍的人,一会儿感觉自己处于世界之巅,精力过人,一会儿却又感到堕入了无边的黑暗深渊,孤僻、抑郁并且想要自杀。狂躁和抑郁交替进行,就像坐在永远不会停止的过山车上,可以从兴奋的巅峰迅速跌入绝望的谷底。心境跌宕起伏,惊心动魄,充满戏剧性。所以有患者自述"得了这种病就像一把刀,躁狂时刀向着外面,而抑郁的时候刀尖对着自己"。在典型的案例中,患者会先出现躁狂发作,下一次发作可以表现其他形式。第一次躁狂发作后可以有一个正常的间歇期,然后是一次抑郁发作,其后又有一个间歇期,如此发展。也可以是一次发作后立即紧接着一次反相的发作(即抑郁发作),在这两次、一对发作后才有一次间歇期。

香港中文大学健康情绪中心2007年的调查显示,每100个成年人之中,就有3人可能患上双相情感障碍,而女性的发病率约为男性的2倍。青年是双相情感障碍的高发人群。然而,尽管当前已经有这么多人饱受双相障碍的困扰,社会大众对其了解仍然非常少。事实上,双相情感障碍是可以通过药物、物理和心理等方式治疗的,并且有康复的可能。

(三)性心理障碍

在第七章中我们给大家介绍过,性是人类繁衍生存的基础,是人类的基本需求和生活重要的组成部分,还是人与人之间心理联结的重要方式,也是人们身心快乐的重要来源。健康的性心理和性活动对保持个人的心理健康和维护群体的和谐起着非常重要的作用。同样,异常的性心理或性活动会对自身或他人的心理健康造成极大的损害。我们在这里讲的性心理障碍,主要指的是性变态行为,特别是那些与生殖活动没有直接关系,在寻求性满足的对象和方式上明显偏离正常形式,有着异乎寻常且违背社会风俗习惯的行为,并将这种偏离作为唯一的或主要的获得性兴奋、性满足的方式。

（四）人格障碍

人格障碍指明显偏离正常人格并与他人和社会相悖的一种持久和牢固的适应不良的情绪和行为反应方式。患者与在特定文化背景中一般人的感知、思维、情感，特别是待人接物的方式上有极大的或明显的偏离。这些行为类型相对稳定，对行为和心理功能的多个环节都有影响。他们常常（但不总是）伴有不同程度的主观的苦恼和社会行为方面的问题。人格障碍常始于幼年，青年时期定型，持续至成年期或终生。第三章中已介绍过大学生中常见的人格障碍有偏执型人格障碍、回避型人格障碍、自恋型人格障碍、强迫型人格障碍和边缘型人格障碍。

三、大学生常见精神障碍——精神分裂症

精神分裂症是一组病因未明的重性精神病，是所有精神疾病中最严重的一类，多在青壮年缓慢或亚急性起病，临床上往往表现为症状各异的综合征，涉及感知觉、思维、情感和行为等多方面的障碍以及精神活动的不协调。患者一般意识清楚，智能基本正常，但部分患者在疾病过程中会出现认知功能的损害。病程较长，一般反复发作、加重或恶化，部分患者最终出现精神衰退和精神残疾，但有的患者经过治疗后可保持痊愈或基本痊愈状态。之所以说精神分裂症是精神疾病中最严重的一种，是因为其他精神障碍，如上述提到的焦虑障碍或物质依赖等这些疾病的病人在大多数情况下都能照顾自己，能自己谋生、完成工作，即他们的社会功能基本还是完整的。而精神分裂症患者在其疾病急性发作期往往会失去这些能力，并且因为他们的行为不能被周围的人所理解，且往往由于其言行对别人造成了困扰，他们通常不得不住院治疗或者是长期住院。

第三节 ◉ 寻求专业帮助

心理咨询自 20 世纪 20 年代起发展到今天已经成为世界上许多人生活中不可或缺的重要部分。一些发达国家早就把心理咨询纳入社区医疗体系，并开设了心理咨询电话和心理危机求救电话，为千千万万生活在心理阴影下的人们点燃了希望的火花，挽救了许多精神濒临崩溃的人。我国的心理咨询行业起步较晚，目前仍处在发展阶段，很多行业规则和法律条例还不完善，还存在着从业人员素质不高、鱼龙混杂、人们对心理咨询也往往带有偏见等问题。大学生首先需要对心理咨询有一个正确的认识，从而才能使身边的心理咨询师发挥他们的作用，帮助我们解决心理方面的疑惑和问题。

扩展阅读

中国心理咨询现状

据悉,美国有30%的人会定期看心理咨询,80%的人会不定期去心理诊所,心理门诊纳入了美国的医疗保险体系。而中国心理咨询行业调查报告显示,至2009年,我国有13%~18%的人存在心理问题,其中11%~15%的人心理健康状况"较差";2%~3%的人心理健康状况为"差"。而选择心理咨询的人群只有6.8%,比重较低,89.9%的人群选择自己调节,38.7%的人群选择向人倾诉。

一、心理咨询和心理治疗的比较

我们之前讲到,希望大学生们在遇到心理问题时能积极寻求专业的心理帮助,而所谓专业的帮助,实际就是心理咨询。那么什么是心理咨询呢?"咨询"一词最早出现于《书·舜典》中的"咨十有二牧""询于四岳"。这里的"咨"可作"商量"来理解,"询"则是"询问"的意思。"咨询"有商讨、征求意见、寻求帮助、参谋、劝告、辅导等意思,而心理咨询(Psychological Counseling)则是"与个体持续性的、直接的接触,向其提供心理援助并力图使其行为、态度发生变化的过程"(C. Rogers,1942)。

心理咨询一般具有四个方面的功能,即:教育功能、发展功能、保健功能和治疗功能。在前面的内容中我们了解到,大学阶段的普通学生群体中,心理异常或有心理障碍、精神疾病的人数极少,多数学生遇到的都是一般心理困扰,所以,在心理正常的范畴,可以做发展和健康心理咨询,而心理治疗(Psychotherapy),又称精神治疗,是指以临床心理学的理论系统为指导,由经过专业训练的治疗者运用心理治疗的有关理论和技术,对来访者进行帮助的过程,以消除或缓解来访者的问题或障碍,促进人格向健康、协调的方向发展。其主要的受众是心理异常的人群。

心理咨询和心理治疗的主要区别如下:

1. 工作对象不同

心理咨询的主要工作对象是心理正常的人,是遇到了与心理有关的现实问题并请求帮助,或心理健康出现了问题的人群,也可以是临床治愈的精神病患者,可通过心理咨询帮助其恢复社会功能;但心理治疗则主要针对有心理障碍和心理疾病的心理异常患者。

2. 工作内容不同

心理咨询着重解决发展性、境遇性和存在性方面的问题;心理治疗则着重于病理心理和病态行为等疾病的矫正和救治。

3. 工作情境不同

心理咨询通常在非医疗情境中,如学校、社区等非医疗性质的心理咨询机构中开展工作;而心理治疗一般在医疗情境中进行,如医院和诊所等。

4. 工作用时不同

心理咨询用时一般较短,咨询的次数一般在一次或十几次不等;而心理治疗因患者严重程度较深,所以用时较长。

5. 工作方式不同

心理咨询侧重于"助人自助",多在意识层面进行,更注重其教育性、支持性和指导性;而心理治疗则侧重在"矫治"上,具有对峙性,重点在于重建患者的人格。

6. 专业人员的称谓和接受的训练不同

提供心理咨询的帮助者往往被称为心理咨询师或咨询心理学家,接受的是咨询心理学的专门训练。心理治疗的提供者往往被称为心理治疗师或心理医生,接受精神医学或临床医学(心理学)的训练。

7. 行业规范程度不同

从行业的规范程度上来看,心理治疗在操作上比心理咨询更规范、更标准。

二、对心理咨询的常见误解

虽然大部分高校为保障师生心理健康,都设立了大学生心理健康中心等心理咨询机构,但因为人们对于心理咨询的认识还存在普遍的偏差和误区,心理咨询的社会效应并没有完全体现。提及心理咨询,人们仍会觉得它有些神秘,或因诸多的顾虑而放弃走进心理咨询室。为推动心理健康的发展和普及,我们必须为心理咨询"正名",让大家对心理咨询有一个正确的认识和理解。

(一)误区1:精神病患者才需要心理咨询

许多人会以为接受心理咨询的人,不是患有严重精神疾病,就是有见不得人的"难言之隐"或道德品质方面有问题。因此很多人宁愿饱受心理上的痛苦,也不愿意或不敢前往咨询。其实,我们在前面的章节中了解到,心理问题和精神疾病是完全不同的两个概念。心理问题属于心理正常的范畴,每个人在成长过程中,在生活的方方面面都会遇到这样或那样的问题,心里困惑或产生不良情绪是非常正常的。只要采取适当的方法去应对这些问题,心里困惑或不良情绪一般都能得到消除。但如果没有得到及时的处理,一旦产生持续的不良影响,则可能导致心理障碍。由此可见,心理问题几乎人人都会遇到,进行心理咨询并不意味着有什么见不得人的隐私,相反,恰恰表明了个体具有较高的对生活的追求,希望通过心理咨询厘清生活中的问题,达到完善自我、保持不断进步的目的。

(二)误区2:看心理咨询一定要去精神科

我们前面提到过,心理咨询的工作对象虽然可以是临床治愈的精神病患者,但主要工作对象是心理正常的人,即那些需要进行健康和发展咨询的人群。在社区心理卫生中心、心理咨询中心、学生心理健康中心,以及私人开办的心理工作室中都能得到相关的服务,而心理治疗则主要针对有心理障碍和心理疾病的心理异常患者,他们则需要去专业的精神病医院或心理诊所治疗。当然,有一般心理问题的心理正常的人也可以去专业医院进行诊治。

(三)误区3:心理咨询师和心理医生都会"读心术",他们无所不能

许多人认为心理咨询师和心理医生无所不能,站在他们面前自己就像被"扒光了衣服一般",他们能"透视"和窥探他人的内心世界,知道别人在想什么。因此,有些来访者不愿意或羞于敞开自己的心扉,让心理咨询师和心理医生不断地兜圈子、猜来猜去。另外一些来访者则把心理咨询师和心理医生当成"救世主",把自己的所有的"包袱"全部丢给他们,认为他们应该能够解决所有问题。其实,心理咨询师更多的是起到分析、引导、启发、支持和促进来访者改变认知或完善人格的作用,他们不能也无权代替来访者改变或做出决定。同时,心理咨询师和心理医生只是普通人,没有什么特异功能,他们只会运用心理学的理论和方法,对来访者提供心理问题方面的帮助和服务。

(四)误区4:心理咨询就是做思想政治工作

在不少学生心中,心理咨询工作等同于思想政治工作,即便是在一些高校,有些教师也是这样认为的。其实,心理咨询和思想政治工作除了教育对象、教育内容在极少部分上有交集之外,是有着本质上的区别的。思想政治工作的理论及方法是以政治理论为基础,以讲解政治观点为基本方法的工作,而心理咨询则是以心理学的理论和方法解决心理问题的症结。思想政治工作的目的是说服对方服从、遵循社会规范和道德标准以及集体意志,重在思想层面的教育和灌输,而心理咨询则是咨询师以客观、中立的态度,强调尊重、共情、积极关注,重在倾听和理解,而不是对来访者进行说服教育或者批评教育。此外,有些心理障碍同时存在器质性病变,需要结合药物治疗。这些都是思想政治工作不能替代的。

(五)误区5:好的心理咨询,一次就够了

心理咨询不同于一般的药物治疗,心理咨询很少有看一次就能解决问题的。一般人做心理咨询时,通常是带着经年累月所形成的心理问题而去的,所以,要有效改善这些累积下来的问题,通常需要花较长的时间。一般而言,心理咨询的时间不宜太短,根据一些相关研究的结果显示,心理咨询的时间与疗效是成正比的。

三、心理咨询的形式

大学生心理咨询的主要形式有个体咨询、团体咨询、网络心理咨询等。下面介绍其中几种。

（一）个体咨询（Individual Counseling）

个体咨询是门诊咨询的一种，主要针对来访者个体，指心理咨询师与来访者一对一地进行心理咨询的方式。其目的是帮助来访者自助，即通过心理咨询使来访者被压抑的情绪得以释放疏泄，并增加对自我或情境的了解，增强自信心与主动性，学会自己做出判断和决定，从而使人格得到成长。个体咨询广义上包括面谈咨询、电话咨询、书信咨询等；狭义上专指面谈咨询。一个标准的心理咨询室布局如图9-2所示。

图9-2　一个标准的心理咨询室布局

（二）团体咨询（Group Counseling）

团体咨询是在团体情境下进行的一种心理咨询形式。它是通过团体内的人际交互作用，促使个体在交往中通过观察、学习、体验，认识自我、探讨自我、接纳自我，调整改善与他人的关系，学习新的态度与行为方式，以发展良好适应的助人过程。团体咨询，是在团体情景下提供心理帮助与指导的一种咨询形式，即由咨询师根据来访者问题的相似性，组成课题小组，通过共同商讨、训练、引导，解决成员共同的发展或共有的心理问题。团体咨询通常由一到两位主持人带领，五到十几个成员参加。成员通过参加团体聚会、活动，互相交往，共同探讨大家关心的问题，彼此启发、相互反应，支持鼓励，使成员了解自己和他人的心理，以便改善人际关系，增加社会适应性，促进人格成长。团体咨询是否有效，在很大程度上取决于团体的领导。

(三)网络心理咨询(Online Counseling)

网络心理咨询又称互联网心理咨询,广义的网络心理咨询包括来访者通过专业网站提供的信息,学习掌握有关心理健康的知识和技能;主持网络的咨询师通过网站的各种互动功能,向来访者介绍心理学知识,提供心理咨询服务和心理援助的一种活动。狭义的网络心理咨询指的是通过E-mail、Skype、QQ、微信等在线聊天工具进行个体咨询。这种形式的心理咨询便于为来访者信息保密。因为在现实中的心理咨询,许多来访者有一个很大的障碍就是对保密性的怀疑,而网络咨询就不存在这个问题。在上网时,来访者可以以虚拟的身份或隐藏的身份示人,甚至连性别都可以隐去,所以从某种层面上看,来访者对这种方式更加放心。此外,平等和轻松的咨访关系会有利于咨询工作的展开,而采用网络咨询这种不用面对面的工作方式,让部分来访者感觉避免了尴尬和压力,会有一种咨询师和来访者真正平等的感受,反而更容易敞开心扉陈述自己的困难和需要。

四、心理咨询的内容与原则

心理咨询并非是一般意义上的劝慰和开导,也并非仅仅是处理来访者的心理问题。心理咨询的具体目的和意义在于以下几个方面:①帮助来访者认识自己的内外世界,拥有完善的认知体系;②帮助来访者了解和改变不合理的信念,避免因为错误归因而导致种种失败;③帮助来访者学会面对现实和应对现实;④使来访者理解他人;⑤帮助来访者恢复爱的能力;⑥协助来访者构建合理的行为模式。

由于咨询师和来访者的关系是一种特殊的人际关系,所以在咨询的过程中,心理咨询师一般都应该遵循以下几点原则:

(一)保密性原则

咨询师应保守来访者在心理咨询过程中暴露的内容和在心理咨询过程中与来访者接触的过程,在未征得同意的情况下,咨询师不得透露上述信息;咨询师不得随意打探来访者与咨询无关的个人隐私,并妥善保管来往信件、测试资料等材料。如因工作需要不得不引用咨询事例时,应对材料进行适当处理,不得公开来访者的真实姓名、单位或住址等个人信息。

(二)理解支持原则

咨询人员对来访者的语言、行动和情绪等要充分理解,不得以道德的眼光批判对错,不能用指责、批判性语言阻止或扭转来访者的会谈内容,要帮助来访者分析原因并寻找出路。

(三)时间限定原则

个询面谈的时间一般限定在50分钟左右(初次面谈的时间可适当延长),原则上每次咨询的时间应该相同,不能随意延长咨询时间或咨询间隔。当然,咨询时间的限定也不是绝对的,可根据实际情况,适当地缩短时间间隔,或增加咨询次数。在面谈咨询时间将到时,应用委婉、温和的方式将话题引向结束,并约好下一次面谈的时间;即使一次面谈能够解决问题,也应表示欢迎对方在需要帮助时再来做心理咨询。

(四)感情限定的原则

咨访关系的确立是咨询工作的顺利开展的关键,是咨询师和来访者心灵的沟通和接近,但这种接近也是有限度的。根据《心理咨询师国家职业标准》要求,咨询师应保持与来访者的中立关系,避免在咨询关系中出现双重关系(如避免与熟人、亲友、同事等建立咨访关系);咨询师在与某来访者结束心理咨询关系后,至少三年内不得与来访者发生任何亲密关系;咨询师不得与来访者发生任何形式的性关系和亲密关系,也不得给有过类似关系的人做心理咨询。一旦业已建立的专业关系超越了专业界限(如发展了恋爱关系),应立刻终止专业关系并采取适当措施(如寻求督导、转介等)。

(五)价值中立原则

心理咨询师不能代替来访者做出价值选择,对来访者以及与其心理问题相关的矛盾双方的各种个人风格、价值观、信仰,心理咨询师不应予以倾向性的批评,但可就上述问题与来访者进行平等的讨论。

(六)知情同意原则

心理咨询师在实施有关人格、智力、情绪和心理健康评估等方面的心理测试时,应当向受试者说明测试的目的、作用、程序、采用手段与措施以及注意事项,并与当事人达成一致意见;若治疗属实验性或研究性的,应经当事人同意之后方可进行;在测试后应结合测量工具的信度、效度及适用性,将测试结果向受试者做出反馈和客观适当的解释,但解释时不得使用极端的词汇,不得夸大心理测量工具的效用,不得随意给来访者做出有关精神疾患的诊断,不得对来访者的心理问题妄下结论。

阅读推荐

1.《我们时代的神经症人格》,[美]卡伦·霍尼著,冯川译.北京:译林出版社,2016.

推荐理由:这本书系统地论述了我们这个时代竞争的加剧和安全感的丧失,指出了当下个人竞争越来越激烈,但我们能做的既不是反抗这个时代,也不是消极地适应,而是去寻求一种积极的竞争模式。从这个角度讲,本书是一本很好的自省式的读物,它指引我们保持每个人的个性,而不是把所有的人放在竞争的大潮中听之任之。

2.《心灵飞舞》,李子勋著.北京:中国广播电视出版社,2006.

3.《我在精神病院抗抑郁》,左灯著.北京:中信出版集团,2019.

电影推荐

1.《唐山大地震》:该片讲述了1976年发生在中国唐山的7.8级大地震中,一位母亲的两个双胞胎孩子被埋在坍塌的楼房中,无论人们救哪一个,都要放弃另一个。母亲最后忍痛选择了从小体弱多病的弟弟,而意识清醒的姐姐听到了母亲做出的抉择并奇迹般生还。震后,母亲独自抚养着儿子,选择坚强地活下去,而劫后余生的姐姐被军人夫妇领养,进入了一个全新的世界,母女、姐弟从此天各一方。直到32年后的汶川大地震,家人意外重逢,他们的生命轨迹才重新走到一起,心中的裂痕渐渐地修补起来。

2.《心灵捕手》:该片讲述的是麻省理工学院的清洁工威尔在数学方面有着过人天赋,但他却是个叛逆的问题少年,在教授蓝勃、心理学家桑恩和朋友查克的帮助下,威尔最终把心灵打开,走出孤独的阴影,消除了人际隔阂,并找回了自我和爱情的励志故事。

视频推荐

1. 深读视频 焦虑症:《全民焦虑症图鉴》

https://v.youku.com/v_show/id_XNDI3NDk4OTU2NA==.html? spm=a2hbt.13141534.1_3.1&s=641ec5c011554d4fb103

2. CCTV"关注抑郁症"公益广告《小D篇》

https://v.youku.com/v_show/id_XMTc2MzI4MDA5Ng==.html? spm=a2h0c.8166622.PhoneSokuUgc_1.dtitle

3. "抑郁症"是什么?三分钟动画告诉你

https://v.youku.com/v_show/id_XNDc2OTI3NTQ1Ng==.html? spm=a2hbt.13141534.0.13141534

附表1 大学生人格问卷(UPI)

- 指导语:以下问题是为了了解你的健康状况和增进你的身心健康而设计的调查。请你按题号的顺序阅读,在最近一年中你常常感觉到或体验到的项目上做"O"选择。为了使你顺利完成大学学业,身心健康地去迎接新生活,请你真实选择。

1.食欲不振　　　　　　　　　　5.身体健康状况良好

2.恶心、胃口难受、肚子痛　　　6.牢骚和不满多

3.容易拉肚子或便秘　　　　　　7.父母期望过高

4.关注心悸和脉搏　　　　　　　8.自己的过去和家庭是不幸的

9. 过于担心将来的事情
10. 不想见人
11. 觉得自己不是自己
12. 缺乏热情和积极性
13. 悲观
14. 思想不集中
15. 情绪起伏过大
16. 常常失眠
17. 头痛
18. 脖子、肩膀酸痛
19. 胸痛憋闷
20. 总是朝气蓬勃的
21. 气量小
22. 爱操心
23. 焦躁不安
24. 容易动怒
25. 想轻生
26. 对任何事都没有兴趣
27. 记忆力减退
28. 缺乏耐力
29. 缺乏决断能力
30. 过于依赖别人
31. 为脸红而苦恼
32. 口吃声音发颤
33. 身体忽冷忽热
34. 注意排尿和性器官
35. 心情开朗
36. 莫名其妙的不安
37. 一个人独处时感到不安
38. 缺乏自信心
39. 办事畏首畏尾
40. 容易被人误解
41. 不相信别人
42. 过于猜疑
43. 厌恶交往
44. 感到自卑
45. 杞人忧天
46. 身体倦乏
47. 一着急就出冷汗
48. 站起来就头晕
49. 曾失去意识、抽筋
50. 人缘好,受欢迎
51. 过于拘泥
52. 对任何事情不反复确认就不放心
53. 对脏很在乎
54. 摆脱不了毫无意义的想法
55. 觉得自己有怪气味
56. 别人在自己背后说坏话
57. 总注意周围的人
58. 在乎别人视线
59. 觉得别人轻视自己
60. 情绪易被破坏
61. 你认为人际关系很重要
62. 你认为恋爱的目的是为了婚姻
63. 你认为应该对个人的性行为负责任
64. 你认为婚前性行为是可以接受的
65. 至今为止你感到在自身健康方面有问题吗?
66. 曾经觉得心理卫生方面有问题
67. 至今为止,你曾接受过心理咨询和治疗吗?
68. 如果你有健康或心理方面想要咨询的问题,请写在下面

● 评分及说明:

大学生人格问卷(University Personality Inventory, UPI),主要功能是为了早期发现、早期治疗有心理问题的大学生而编制的大学生精神健康调查表。

UPI 主要以大学生新生为对象,是入学时作为精神卫生状况实态调查而使用,以了解学生中神经症、心身症、精神分裂症以及其他各种困扰大学生的如烦恼、迷惘、不满、冲突等常见状况而编制的简易问卷。UPI 的总分的计算规则是将除测伪题以外的其他 56 个题目的得分求总分,UPI 总分最高为 56 分,最低为 0 分。

UPI 的筛选标准视研究需要和使用者的具体情况而定,国内高校普遍采用的筛选标准如下:

1. 第一类筛选标准(满足下列条件之一者应归为第一类):
(1) UPI 总分在 25 分(包括 25 分)以上者;
(2) 第 25 题做肯定选择者;
(3) 辅助题中同时至少有两题做肯定选择者;
(4) 明确提出咨询要求者(由于词条选择人数较多,有时不用)。

2. 第二类筛选标准(满足下列条件之一者应归为第二类):
(1) UPI 总分在 20~25 分(包括 20 分不包括 25 分)之间者;
(2) 第 8、16、26 题中有一题做肯定选择者;
(3) 辅助题中只有一题做肯定选择者。

3. 第三类筛选标准(不属于第一类和第二类者应归为第三类):

其中第一类为可能有较明显心理问题的学生,应尽快约请进行咨询。

UPI 结果的评价与分类如下:

请在来咨询的第一类学生中,通过进一步的诊断被认为确有心理健康问题的学生称为 A 类学生,该学生需要进行持续的心理咨询。没有验证心理问题的学生称为 B 类学生,该类学生可作为咨询机构今后关注的对象。没有明显心理问题的学生称为 C 类学生。

关于 A、B、C 三类学生如何判定,主要根据咨询老师的经验。下面提供一些参考意见:

A 类学生:各类神经症(如恐惧症、强迫症、焦虑症等)明显,有精神分裂倾向,悲观厌世,心里矛盾冲突激烈,明显影响正常生活和学习。这类学生可及时转诊,可辅助以面谈,每周或隔周面谈一次,直至症状减轻。

B 类学生:存在一般心理问题,如人际关系不协调、新环境不适应或情感纠葛等。这类学生有种种烦恼,但仍能够维持正常学习和生活。对他们提供帮助的同时欢迎并鼓励他们坚持做心理咨询。

其余的为 C 类学生,对于这类学生可以通过面谈起到良好的预防作用。他们的症状可能暂时不明显或已经解决,若以后出现心理问题,则建议他们及时到咨询机构来解决。

附表2 某飞行学院心理咨询知情同意书

亲爱的同学：

欢迎来到大学生心理咨询服务中心。也许你正在经历学习、情感、人际等方面的困惑。请抛开顾虑与担忧，勇敢地与心理咨询师一起开启心灵之旅，共同探索新的可能。

在首次咨询之前，请认真阅读在咨询过程中需要了解的相关信息。

一、保密性原则

为来访者保密是心理咨询师的基本职业道德。我们会对您所提供的所有信息保密，如果您有以下情况，我们会视为保密例外，并依据相关法律法规按照最低限度原则向有关部门和您的亲友通报：

1.有伤害自身或伤害他人的严重危险。

2.不具备完全民事行为能力的人受到性侵犯或虐待。

3.法律规定需要披露的其他情况。

二、自愿自助原则

1.来访者进入咨询中心的求助属自愿行为，咨询过程中应提供真实的求助信息，对于提供虚假或失真信息者，其咨询结果及其他相应后果由来访者本人负责。

2.心理咨询是一种"助人自助"的行为，咨询师帮助来访者进行深入分析，协助来访者确定目标和努力方向。大多数问题不能通过一次咨询就解决，心理咨询需要持续一段时间才能产生效果。

3.来访者在咨询之前，可向有关人员了解咨询中心设置等情况，在预约时有权对安排给自己的咨询师提出要求(如性别、年龄、阅历、专长等)。

三、咨询时间安排与咨询费用

1.咨询师只在约定的时间内与来访者做心理咨询，在任何约定时间以外，咨询师没有义务为来访者提供心理咨询服务。

2.在来访者遵守咨询设置的前提下，本中心提供的心理咨询服务产生的咨询费用由学校专项经费代为支出。

四、来访者有以下情况者，心理咨询师有权中断提供心理咨询服务

1.对心理咨询师表现出不信任的情况。

2.对心理咨询师不尊重，威胁咨询师的情况。

3.有与心理咨询师建立咨询外关系的意愿。

五、有始有终原则

1.为了达到最好的咨询效果，原则上来访者应自始至终与同一位咨询师完成咨询过程。

2.来访者或咨询师如需临时暂停或取消咨询，请至少提前一个工作日来电告知咨询师或咨询助理。

3.任一方连续三次缺席且无任何合理说明,咨询视为完全结束。

六、转介

转介必须经双方同意,原则上来访者在本中心咨询过程中最多可更换两位咨询师。来访者在咨询过程中有权寻求其他咨询师帮助,咨询师也有权提出转介,转介给其他更有利于协助来访者的咨询师或精神科医生。

七、免责条款

在咨询过程中,来访者因自身原因而突发疾病或意外死亡,或因自身原因造成情绪失控而发生自伤、自残、自杀等后果,咨询师尽可能采取措施控制事态恶化,必要时与相关部门与亲属取得联系。由此造成的损害后果,学校及咨询师不承担责任。

我已仔细阅读(知晓)并同意以上条款。

签名:

来访者电话:_____ 身份证号码:_____

紧急联系人信息:
姓名:_____ 与来访者关系:_____ 电话:_____
来访者居住地:_____

该协议书一式两份,由来访者和咨询师各保留一份。
来访者签字:_____　　_____年_____月_____日
咨询师签字:_____　　_____年_____月_____日

第九章 珍惜生命的唯一历程

世界上只有一种英雄主义，那就是了解生命而且热爱生命的人。

——罗曼·罗兰

 案例导读

（一）

2019年11月，澳大利亚东部丛林大火肆虐，灾情加剧；随后，澳大利亚东南部新南威尔士州、维多利亚州等多地发生严重山火，过火面积超过600万公顷，持续数月的山火危机中，浓烟已经飘到距其2 000千米外的新西兰，导致新西兰空气质量下降，甚至出现雾霾；截至2020年1月11日，本次山火季澳大利亚遇难人数上升到28人，其中消防员人数已达4人。

（二）

北京时间2020年1月27日，美国前著名篮球运动员科比与其女儿在洛杉矶遭遇空难丧生，使得全球为之震惊，无数球迷为科比的英年早逝而哀悼。

明天和意外,我们永远不知道哪一个先到来。民航作为安全系数较高的交通运输方式,也存在着一定的安全隐患和风险。

生老病死,本是人生常态,可当渺小的我们生命受到意外的威胁,甚至面对死亡时,仍然会感到恐惧和无助,面对唯一的历程,我们该如何把握,创造精彩,无悔曾经存在呢?

第一节 ◉ 追求生命的价值

一、热爱生命——珍惜生命的出现

《辞海》中这样去解释生命:"生命是由高分子的核酸蛋白体和其他物质组成的生物体所具有的特有现象。"从广义上来理解生命即是指一切动植物和无机物。种子的生根发芽,小鸡的破壳而出,人类的生生不息……生命,是最宝贵的财富,千千万万的生命才使我们的地球多姿多彩,富有活力。生命也给每个人带来了可能性,让我们能够去感受美好、创造幸福。

生命的孕育过程更是奇妙而伟大,大到宇宙的形成,小到母亲的十月怀胎,每一处都充满着惊喜。然而,生命的诞生绝不是一件轻松容易的事情,就拿人的诞生来说,大约4亿个精子从父亲体内射出,但只有100个左右能够穿越重重障碍,到达母亲的卵子附近,最终只有1个精子可以幸运地和卵子结合,形成受精卵,在经历40个孕周的发育和成熟后,一个新的生命才能呱呱坠地。母亲在孕育新生命的过程中,更是经历着生理、心理的多重考验,任何一次创伤、疾病、过度劳累等都有可能影响胎儿的发育,甚至危及他的生命。可见,生命的诞生毫无疑问是小概率事件,这本身就是一个奇迹。

"唯有生命,失不再得",生命对于每个人来说,都只有一次,不可逆转,相对有限,仿佛一条通往终点的单行道,我们没有理由不珍惜和爱护这难得一次的"人生旅行",充分欣赏一路上的美妙风景。

心理训练

孕育体验馆

活动前准备一袋10千克的米(或同重量的书本),装在背包里,请学生背在胸前,扮演孕妇,在"大肚子"的状态下完成上下楼梯、扫地、捡垃圾等日常活动。

二、感悟生命——认识生命的意义

意大利哲学家葛兰西说："我们是什么,我们能变成什么;我们是否真是——如果是的话,又在什么程度上;我们是自己的锻造者,我们的生活和我们的命运的锻造者。"这一系列对"我们"的追问和思索,体现着人之为人的巨大能量,将人的意义性存在和动物的纯粹生物性存在从根本上区别开来。的确,人的存在从来就不是纯粹的存在,它总是牵连到意义,意义也成为人所固有的向度。人在锻造自己命运的过程,从根本上来讲是充分发挥人的主体作用和主观能动性,追寻生命的意义和价值,从而创造生命价值的过程。

"生命的意义究竟是什么?"看起来这更像是一个解构人类存在的目的与意义的哲学问题,对于每个人来说,生命都是独特的、具体的,因为我们被赋予了不同的气质、天赋,形成了不同的思想、态度,拥有了不同的兴趣、能力,成为独一无二的个体,成为颜色不一样的烟火,生命自然也就会展现出不同的绚烂色彩和绽放方式。所以,人的生命除了具有独特性外,更重要的是它还具有创造性和超越性,推动着人类历史的进步和人类文化的传承。

有人认为,生命的意义,是让我们追求智慧与科学常识,实现个人的潜能与理想;有人认为,生命的意义,是让我们去爱、感受并享受生活,做有益、正确的事;还有人认为,生命的意义,是让我们实现生物性上的完美,拥有权利、变得更加强大。那当下的你,是否思考过这些问题——"我要过怎样的人生?""怎样才能使我的生命充满意义?""生命的真谛是什么?"……

美国临床心理学家维克多·弗兰克尔提出,发现生命的意义有以下一些途径:

1.创造和工作

创造和工作会给人带来价值感、成就感,职业的存在意义尤其在失业时最容易表现出来。

2.经验

经验是个人通过体验某个事件和人物,如工作的本质、文化、爱情等发现生命的意义。

3.经历苦难

人在经历苦难时,可以通过认识人生的悲剧性,促使自己深思,寻找自我,最终发现人生的意义,达到自我超越。

 扩展阅读

生命的意义
林清玄

坐计程车,司机正好是我的读者。在疾驶的车上,他问我:"林先生,请问你,生命的意义是什么?"

这是第一位问我关于生命意义的计程车司机,一时之间使我怔住了。

我的脑海浮现出我读中学时学校大礼堂门口的对联。

生活的目的在增进人类全体之生活

生命的意义在创造宇宙继起之生命

如果一个人的生命,在一生中都没有开展,没有对世界有益,那么他就白活了吧?

我对计程车司机说:"生命的意义就是使自己每一天都有一些心灵与智慧的增长,每一天都对世界有一些奉献与利益。"

当我这样说着,车正好穿过有美丽行道树的仁爱路,我看到春天的木棉花是多么美呀!我们增长自己的智慧,是为自己开一朵花;我们奉献世界的心,是为世界开一朵花。

 心理训练

我的墓志铭

假如你病情严重,即将离世了,现在要替自己写墓志铭,反映自己的一生。墓志铭将会刻在墓碑上,供人凭吊。

墓志铭除了生年、卒年外,最低限度要包括以下几点:

1.一生的最大目标:_____
_____

2.在不同年纪时的成就:_____
_____

3.对社会、家庭或其他人的贡献:_____
_____

4.我是一个怎样的人:_____
_____

三、把握生命——活出生命的精彩

奥斯特洛夫斯基在《钢铁是怎样炼成的》一书中写道:"人最宝贵的是生命,生命对人来

说只有一次。人的一生应当这样过:当他回首往事的时候,不会因虚度年华而悔恨,也不会因碌碌无为而羞愧;在临死的时候,他能够说:'我的整个生命和全部精力,都已经献给了世界上最壮丽的事业——为人类的解放而斗争。'"

时代虽然在不断进步,每个人的生命也有不同的意义和色彩,但要想收获不留遗憾的理想人生,始终离不开脚踏实地的努力和付出。每一个人生阶段,都应有为之不断奋斗的目标和追求,不懈奋斗才是生命最亮丽的底色。

心理训练

1.将全班同学分成小组,迅速算出如果以60岁、70岁、80岁、90岁作为生命的长度,分别共有多少天,多少小时? 把数字写在黑板上。

请每位成员算出自己已经度过了多少天,多少小时,可能还剩下多少时间。

引导学生讨论:当你算完这些数字后有什么感受? 这些数字对你有什么意义?

2.未来之路

(1)肯定过去的我与未来的我:列出过去让你觉得最难忘的三件事,列出未来你最想做的三件事或最想实现的三个目标。

| 过去最难忘的三件事 | 未来最想做的三件事 | 未来最想实现的三个目标 |

(2)将理想目标具体化(如表9-1所示)。

表9-1 理想目标具体化

理想目标	预期实现时间	具体开展措施

第二节 ◉ 感恩生命的境遇

美国历史上有这样一位总统:出生在寂静荒野上的一座简陋的小屋内;7 岁时全家被赶出居住地,他必须工作以抚养他们;9 岁时年仅 34 岁的母亲不幸去世;22 岁时经商失败;23 岁时竞选州议员,但落选了,想进法学院学法律,但未获入学资格,失去工作;24 岁时经商再次失败,欠了一笔 16 年才还清的债;25 岁时再次竞选州议员,成功当选了;26 岁订婚后即将结婚时,未婚妻病逝;27 岁时精神完全崩溃,卧病在床 6 个月;29 岁时努力争取成为州议员的发言人,没有成功;31 岁时争取成为国会候选被选举人,落选;32 岁才当选国会议员;34 岁时参加国会大选,竞选国会议员连任,又落选了;37 岁时再次参加国会大选,这次当选,前往华盛顿特区,表现可圈可点;39 岁时寻求国会议员连任,失败;40 岁时想在自己州内担任土地局局长,被拒绝;45 岁时竞选参议员,落选;47 岁时争取副总统的提名得票不到 100 张,又失败了;49 岁时竞选参议员再次失败;51 岁时终于当选美国第 16 任总统;55 岁时连任美国总统,北方军取得胜利;56 岁时在华盛顿福特剧院遭遇枪击,逝世。

如此坎坷不平的一生,你知道他是谁吗? 他就是林肯。从他的简历中,你发现了什么? 数一数林肯是经历了多少次失败才获得成功的? 人生的道路,从来都不是一帆风顺的,而是处处布满荆棘。在生活、学习、工作中,我们每个人都会遇到各种各样的挑战、挫折、险境、迷途,但如果能够学会勇敢地面对,感恩生命,一切其实并不可怕,因为挫败的人生境遇只会让我们越挫越勇,一次次打破舒适圈,重新定义自我,绽放价值,让波澜不惊的人生变得有趣和精彩。

其实,早在 20 世纪 50 年代,美国心理学家阿姆塞尔(A·Amsel)就提出了"挫折效应理论",又称为"挫折—奋进理论"。这种理论认为,挫折是当有机体在先体验到奖赏后又体验到无奖赏时所出现的情况,致使受挫后的个体产生活动效率提高,进入不断努力奋进的状态。在对儿童的研究中发现,无奖赏在完成某种任务上会致使力量提高,如在辨别力的形成上,无奖赏比奖赏对于学习有更加良好的效果。当然,挫折效应是有条件性的,儿童对于无奖赏的反应效应与个体特征有很大的关联,所以,提升个体的抗挫折力十分必要。

 心理训练

感恩我的生命境遇
请大家回忆自己的一次挫折,反思它给你带来怎样的收获?

_____

_____

 **扩展阅读**

那些在苦难、困境中绽放生命色彩的人们

阿尔弗雷德·阿德勒（Alfred Adler）是奥地利精神病学家，人本主义心理学先驱，个体心理学的创始人，曾追随弗洛伊德探讨神经症问题，但也是精神分析学派内部第一个反对弗洛伊德的心理学体系的心理学家。他1870年生于奥地利首都维也纳郊区，父亲是一名犹太商人，一家人热爱艺术，尤其是音乐。虽然物质生活相对满足，但他的童年却经历了许多苦难。阿德勒曾患过佝偻病，一直到4岁时才会走路，无法进行剧烈的体育活动，上学时表现不佳，被老师评为顶多只能成为鞋匠；但他哥哥却体格健壮，是个典型的模范儿童，
母亲似乎更偏爱哥哥。5岁时阿德勒患上了致命的肺炎，医生认为他快死了，家人也不抱什么希望。但几天后，他竟奇迹般地康复了。这场病加上他3岁时弟弟的死亡使他萌生了要当一名医生的愿望，他要用这个生活目标去克服童年的苦恼和对死亡的恐惧。也正是这样的经历，让他以"自卑感"与"创造性自我"为中心，创立了个体心理学，著有《自卑与超越》。

维克多·弗兰克尔，奥地利著名心理学家，他的父亲是个虔诚的犹太教徒，极具责任感和正义感，在任何时候都能坚守自己的原则；他的母亲出生贵族世家，是个心地善良的人，对他的关爱无微不至。出生在这样一个家庭环境中，对于弗兰克尔来说是幸运而且幸福的，他度过了一个快乐的童年。但是，不幸的是，纳粹时期，作为犹太人，他的全家都被关进奥斯威辛集中营，他的父母、妻子、哥哥全都死于毒气室，只有他和妹妹幸存。在集
中营的那段时光留给弗兰克尔的是生命中的邪恶与残酷，更是对人性的最大践踏。然而他却并没有被生活打倒，正是这一切给予了他极大的力量，不但超越了炼狱般的痛苦，更将自己的经验与学术结合，开创了意义疗法。

第三节 ● 正视生命的终结

生命的终结,在传统意义上被认为是死亡,这个话题总是让人感到沉重、忌讳甚至心生畏惧,因为人们总是怀恋美好生活,不舍人间乐趣。事实上,生命的逝去是自然界再平常不过的一种现象,花草会枯萎,而人也必将生长、成熟、衰老并最终走向死亡。古希腊哲学家伊壁鸠鲁认为,痛苦来源于我们对死亡无所不在的恐惧。所以,与其活在对衰老和死亡的日日担忧和恐惧中变得痛苦不堪,不如怀抱一份好好活到终点的坦然与轻松。蔡澜在《我决定活得有趣》中写道:"死不是人生的终结,是生涯的一个完成。"好好度过这一生的每一天,也意味着我们圆满了这一次生涯。

一、了解衰老过程

从生物学上讲,衰老是生物随着时间的推移自发的必然过程。它是复杂的自然现象,表现为结构的退行性变化和机能的衰退,适应性和抵抗力减退(如图9-1所示)。在生理学上,把衰老看作从受精卵开始一直进行到老年的个体发育史。从病理学上,衰老是应激和劳损,损伤和感染,免疫反应衰退,营养失调,代谢障碍以及疏忽和滥用药物积累的结果。从社会学上看,衰老是个人对新鲜事物失去兴趣,超脱现实,喜欢怀旧。

图 9-1 人类的衰老

一切生物体都会发生衰老,即使是生活在最适宜的环境中。它随着时间的推移而不断发展,使生物体的生理机能降低,增加了生病和死亡的机会。在同一类生物中,不同个体间衰老的进程是不同的,尤其在生命的后期,这种差异性更为明显。只有那些衰老较慢的个体才有可能获得长寿。衰老虽然是内在的自发过程,但外界条件可以加速或延缓这种过程的进行,如环境温度可以改变生物的寿命。

衰老主要表现为三方面,一是形态的变化,二是生理功能衰退,三是主要感觉器官功能衰退。以上三方面主要体现在,比如说我们心脑血管系统的衰竭、呼吸系统老化、牙齿的松动、肌肉萎缩、动作迟缓、反应迟钝等等,这些都是衰老的表现。

衰老的内因在于细胞。人体是由细胞组成的,这些数量庞大的细胞组成了我们身体的每一部分,依靠细胞的自然运转我们的生命才得以延续下去,而且这架"机器"在使用的过程中也会出现问题和磨损,这些因素不断累积是促使人们衰老的主要原因。细胞每天都在为了维持生命体正常运转而进行各种各样的生命活动,这当中产生了氧化废弃物自由基等,这些氧化产物会在身体里不断堆积,久而久之就会使细胞氧化,还会对细胞内的遗传物质进行破坏,当身体的修复机制无法再对这些破损修复的时候,人体也会开始衰老了。同时衰老机制还和细胞分裂次数有关。1961年,美国科学家研究发现,人类的细胞分裂次数总是固定的,这说明了人类的寿命值是固定且有限的。另外,细胞凋亡的速度也很快,每秒钟都有大量细胞死去并急需更新,其中无法更新再生的神经细胞主导了人类衰老的过程,神经细胞的衰亡象征着人体也即将迈入衰老与死亡。

二、重新审视死亡

许多研究表明,直面死亡能够引发戏剧化的长久变化,斯坦福大学精神病学终身荣誉教授欧文·亚隆曾与濒临死亡的晚期癌症患者密切接触长达十余年。他发现他们中的许多人,非但没有陷入麻木的绝望,反而产生了积极而深远的改变,这些人放弃了生活中无关紧要的琐屑之事,重新安置了人生的重心:他们主动选择不做违背心意的事情;他们花时间与至亲至爱更深地交流;他们对生命中原本平常的事物,比如变幻的四季、美丽的大自然以及节日或者新年的来临等充满感恩。许多研究还表明,这些晚期癌症患者不再对其他人感到恐惧,他们有勇气去冒险,而很少会担心被拒绝,有病人甚至幽默地说:"癌症治好了神经症。"还有病人说:"太遗憾了!我直到现在,直到身体里长满了癌细胞,才知道应该怎么活!"因此,换个角度看,直面死亡不仅不会带来毫无意义的人生、令人陷入绝望,相反会引发觉醒体验,令人更加完满地活着,因为肉体的死亡会摧毁我们,但对死亡的观念却能拯救我们。

心理训练

假如生命止步于此

指导语:当生命的计时器停止摆动,当死亡悄然降临……这一刻,你留在世上的会是什么? 对于死亡,大家都有什么样的看法? 人死后还有意识吗?(唯物者和唯心者的区别)死亡是一种什么样的状态?"死过才知道生命可贵"。 活动将体验20分钟的"死亡",然后"重生",以此来感受生与死。

活动结束后,请大家写下自己的感受。

三、面对丧失与哀伤

丧失,即失去,对象可能是某个人、某件物品、某段时光、某种状态等,发生的形式也多种多样。从幼年起,我们或许已经历了心爱玩具的丢失、儿时玩伴的分离、熟悉成长环境的改变,我们也一定都经历了童年的逝去、中学毕业,未来可能还会经历恋人的离开、疾病的出现、亲人的离开或死亡……如此看来,生命本就是一段不断拥有,同时也不断失去的旅程。

在面对丧失,尤其是重要他人的离世时,无疑会产生强烈的悲痛和哀伤,还可能呈现出无助、惋惜、思念、孤独、愤怒、内疚、绝望、怀疑等情绪和状态,给我们带来巨大的生理和心理冲击。此时,允许自己哀伤,表达伤痛,才能处理好丧失。

美国精神病医生伊丽莎白·库伯勒·罗丝在她1969年出版的 *On Death and Dying* 中提出了与死亡相关的哀伤五阶段模型(Grieving Process),包括:

1.否认(Denial)

这是个体最先会出现的反应。人们通常都不愿意相信挚爱、亲人已经离去的现实或者自己身患绝症的诊断报告。

2.生气(Anger)

当个体内心意识到没有办法再否认的时候,就会进入到生气的阶段。我们会向接近的人表达愤怒:"为什么是我?这不公平。这件事怎么会发生在我身上?"或者"为什么他才30岁,这么年轻就会离开这个世界?"等等。

3.讨价还价(Bargaining)

个体希望能够通过讨价还价的方式来避免哀伤,减轻失落无助,比如说:"我再也不对他发脾气了,请让他回来!"或者"我可以用我的生命去换回他的健康!"

4.沮丧(Depression)

讨价还价并不能避免丧失的到来,因此个体会陷入沮丧。他会说:"我死定了!我为什么还要受苦?""我很快就要死了,挣扎还有什么意义?"在这一阶段,当个体认识到了丧失的到来,他会感到悲伤和绝望,会变得退缩,拒绝见人,让自己沉浸在悲伤和不安中。

5. 接受（Acceptance）

最后一个阶段，个体能意识到这个不可避免的丧失已经或即将发生，他逐渐表现得平静，能够心平气和地去回顾发生的一切，并接受丧失的事实。通常会说："好吧，既然已经无法改变，那我只能接受现实""逝者已去，生者坚强"。

值得注意的是，有的人只会经历哀伤五阶段中的某几个，有的人经历的前后顺序也不一致，甚至会在同一时间同时经历这五个阶段，但这并不妨碍我们用这种结构化的方法去理解人的哀伤过程。

第四节 ◉ 大学生心理危机干预

近年来，随着社会的高速发展，大学生陷入心理危机的原因和程度不断增多和加深，引起了高校教育工作者和社会的广泛关注。大学生心理危机主要是指在遇到突发事件或面临重大的挫折困难时，既不能回避又无法利用自己的资源和应激方式来解决，产生心理问题、心理疾病而引发的危机事件，如自伤、自残，甚至自杀等，心理危机在大学生群体的危机事件中占据较大比重。

一、大学生的心理危机

（一）心理危机的类型

1. 发展性危机

发展性危机是指大学生在正常成长和发展的过程中，对急剧的变化或改变所产生的异常反应，学习、交友、离家等都有可能带来发展性危机，这些危机是大学生成长的必要转折点，每一次发展性危机的成功解决都能帮助大学生走向成熟和完善。

2. 境遇性危机

境遇性危机是指由外部环境造成的、突如其来、无法预料且难以控制的心理危机，如突遇自然灾害、交通事故、亲人离世、校园暴力、重大疾病等。

3. 存在性危机

存在性危机是指一些人生中重要事件出现问题，而导致个体内心的冲突和焦虑，通常是伴随重要的人生目的、人生责任和未来发展等内部压力的冲突和焦虑的危机，往往不具有突发性，是伴随个体终生的课题。存在性心理危机的成功解决对于大学生树立正确的人生观、价值观、世界观有重大的影响。

4.病理性心理危机

病理性心理危机是指由于某些心理障碍或心理疾病带来的危机,如抑郁、焦虑、紧张等,这是由神经症导致心理危机的发生。也有些是由行为异常引发的危机,如品行障碍或违纪犯罪等。

(二)大学生心理危机的特点

1.突发性和紧急性

心理危机的发生常常是出人意料的,而且具有不可控制性,需要紧急应对。

2.连续性和复杂性

大学生心理危机的发生并非是一个单一的点,而是一条连续的线,往往与之前的许多问题相关,具有一定的累积性。同时,其产生原因和表现方式也都相对复杂,表现方式上有所不同,有的表现为自伤自杀,有的表现为离校出走,有的则表现为伤害他人。

3.痛苦性和无助性

心理危机给大学生带来的体验一般是非常痛苦的,而且还可能涉及人的尊严丧失或羞辱等;心理危机的降临,常常使人觉得无所适从,感到无助和彷徨。

4.破坏性和传染性

心理危机不仅给当事人造成危险,也会使全校师生处于紧张状态,甚至在某些情况下,一些危机事件成为其他处于困境中的学生模仿的对象,使得危机事件再次加重。据研究表明,一个人自杀,平均会对6个人产生影响,可见其较大的破坏性。

(三)大学生心理危机的表现

1.生理方面

陷入心理危机的大学生,生理上可能出现肠胃不适、腹泻、食欲下降、头痛疲乏、失眠噩梦、容易惊吓、肌肉紧张、身体免疫力下降等现象,如果不能得到及时有效的干预,将会影响大学生的社会功能和心理健康水平,导致身体素质下降,带来一定的疾病,严重者甚至危及生命。

2.认知方面

在心理危机中的大学生容易出现注意力不集中、记忆力减退、思维反应迟钝、缺乏自信、无法做决定,学习效能降低、不能把思想从危机事件上转移等现象。此外,认知和情绪之间存在着相互影响的关系,不合理的认知会导致不恰当的情绪和行为反应。有时认知功能障碍和负性情绪反应间形成恶性循环,从而使大学生陷入难以自拔的困境。

3.情绪方面

陷入心理危机的大学生,其情绪反应可能表现出害怕、焦虑、恐惧、忧郁、愤怒、沮丧、紧张、绝望、烦躁无助、彷徨等,对所有事情都失去兴趣,缺乏愉悦感,表面平静但眼神游离。不良情绪过强或长期存在,将会使大学生的社会功能受到损害,导致他们的心理素质下降,产生各种心理问题,严重时可能出现心理疾病。

4.行为方面

在心理危机中的大学生在行为上会表现为无法专心学习或劳动;回避他人或以特殊方式使自己不孤单;呆坐沉思,呈木僵状;社交退缩,与人隔绝,甚至不敢出门;社会关系破裂,拒绝帮助,认为接受帮助是软弱无力的表现;容易自责或怪罪他人、不易信任他人;产生物质依赖、吸烟酗酒、沉溺网络等状况。

(四)心理危机的产生原因

心理危机的产生往往是一个复杂的过程,通常由外在因素——应激源和内在因素——个人易感因素共同作用产生(如表9-2所示)。应激源是指向机体提出适应要求,并可引起应对反应、稳态失衡的客观变化的环境事件或情境,也就是引起心理危机的诱因,如学业困难、人际关系紧张、恋爱受挫、适应不良、身体疾病等,都可以看作是应激源。但并非每个应激源对每个人都会起到"致命的打击",心理危机是否产生还跟个人的人格特质、应对机制、认知方式等因素有重要关系,即个人易感因素,如认知方式消极负面的个体在遭遇求职失败时,可能比积极乐观的个体更容易产生心理危机。

表9-2 心理危机的产生原因

应激源(外在因素)	个人易感因素(内在因素)
身体疾病	人格特质
心理障碍或精神疾病	应对机制
学业问题	认知态度和认知方式
家庭问题	社会心理支持
人际关系紧张	人生观、价值观、世界观
情绪情感问题	自我意识(自我评价)
适应/就业问题	……
……	

二、大学生心理危机的预防和干预

大学生心理危机干预是指针对处于心理危机状态的大学生及时给予适当的心理援助,使其尽快摆脱困难,避免因心理危机引发各类伤害行为,或将伤害行为造成的损失降到最低限度,以确保他们的生命安全,尽快使其恢复到心理平衡的状态,提高应对心理危机的能力,重新适应大学的学习和生活。

(一)培养积极乐观的认知态度和认知方式

作为个人易感因素,认知态度和认知方式在个体应对危机事件的过程中,起着非常重要的作用。拥有积极乐观的认知态度和认知方式的个体,更倾向于热爱自己、热爱他人、热爱世界。相反,认知态度和认知方式消极悲观的个体会认为自己做什么都没有用,常常体验到痛苦情绪,进而放弃处理危机事件,甚至轻视生命。

在一项关于积极乐观与成功关系的研究中,研究人员发现积极乐观的个人倾向于寻找和接受生活中的新目标,这经常带给他们更多的快乐和成功。美国加州大学心理学家桑雅·吕波密斯基博士表示,这是因为积极乐观的人时常怀有正面积极的心情,这种情绪体验促使他们积极地面对、从事新目标,并且建立新的资源;当人们觉得快乐的时候,他们容易自信、乐观和精力充沛。

(二)构建、运用好社会支持系统

社会支持是以个体(被支持者)为中心,个体及其周围与之有接触的人们(支持者)及个体与这些人之间的交往活动(支持性的活动)所构成的系统。社会支持系统可以提供给个人物质上、精神上的支持,满足个体的情感需要。

因此,个体在成长过程中,培养广泛的兴趣爱好,树立自信,拓宽视野,扩大人际交往的范围,提高人际交往的能力,构建、运用好社会支持系统,在遭遇心理危机时敢于求助社会支持系统中的重要他人,寻求陪伴、理解和支持,这是一种积极的行为方式。

(三)自我求助,恰当处理心理危机

个体在遭遇心理危机后,通常会出现一些应激症状,如失眠、精神不振、情绪低落等,这些都是正常现象,一般会在一周左右的时间减少或者消失。

如果这些症状持续两周及以上,个体仍感觉自己状态糟糕,自我调节或运用社会支持的效果不理想,严重影响自己正常的社会功能发挥,如学习、工作、与人交往等,可以到专业的心理咨询机构求助,心理咨询师会运用专业知识陪伴你、帮助你找到解决问题的方法,并判断是否需要前往精神卫生机构接受帮助和治疗。

三、大学生自杀危机的干预

(一)识别自杀行为的"信号"

有自杀倾向的大学生一般具有以下一些特征:遭遇了不能忍受的心理痛苦;心理需求

遇到挫折;为了寻求解决的办法;在情感上感到绝望无助;对自杀的态度通常是矛盾的;想与别人交流,但找不到与人交流的途径;为了寻找出路和心灵的解脱。自杀行为是可以预防的,因为大学生在自杀前,大都会给亲朋好友一些信号暗示,亲朋好友若能及时加以理解、辅导,就可能会避免当事人的自杀行为。自杀的警告信号如下:

1.语言上的线索

表现出想死的念头,可能直接以话语表示,也可能在文章、日记、网络交流平台中表现出来;或将死亡、抑郁作为谈话、写作、阅读内容或艺术作品的主题。如果当事人告诉别人,他想在何时何处、如何自杀,已经形成一个特别的自杀计划,或有过自杀未遂经历,那么他的自杀危险程度极高。

2.行为上的线索

突然出现明显的性格改变、行为反常、攻击性或闷闷不乐,或者新近从事高危险性活动;有条理地安排后事,将自己珍贵的物品赠送他人;收集与自杀方式有关的资料并与人探讨;频繁出现意外事故;抓伤或划伤身体,或者其他自伤行为;饮酒或吸毒的量增加;购买刀具、绳索、药品等。

3.环境上的线索

最近一段时间有重大的生活失落感,如亲人变故、与恋人决裂、被人殴打或强暴等,遭遇重大创伤往往会使当事人觉得自己是不值得生存的,没有脸活在世上。家庭发生大变故,如家庭财务困难、搬家、家族自杀史等。自杀是一种模仿的行为,如果家庭无意识地默许自杀行为,那我们就要提高警惕。对于改变痛苦的生活或处境感到无能为力的当事人,会觉得十分绝望,这种感觉越强烈,越值得注意。

4.并发性的线索

(1)从社交团体中退缩下来,对生活中的所有事情都失去兴趣,不再参与社团活动、人际交往,对人间没有留恋。

(2)表现出抑郁症,或处于抑郁症的恢复期,或最近因抑郁症住院。

(3)表现出强烈的不满情绪。

(4)睡眠饮食规则变得紊乱,失眠,显得疲惫,身体常有不适、生病。

这些现象往往提示,当事人遭受重大的情绪困扰,值得进一步了解,评估有无自杀的可能性。

(二)应对自杀危机

在针对大学生求助行为的研究中发现,大学生发生心理危机,甚至有自杀倾向时,第一个可能会打出的电话或者发出的短信,对象往往是自己的好友或同学。当他们发出求救"信号"时,我们在识别后要进行初步的应对,并尽快报告及转交给专业人士进一步处理。

以下有一些初步应对求救"信号"的简单步骤可供我们参考：

首先，最重要的是确保安全。让自己尽量保持平静、沉稳，准确了解对方当下所处的地点、位置，正在采取的行为等是否安全。如果对方在楼顶、窗台等危险场所，或正在采取自伤行为，一定要尝试将其引导到安全的地方，停止其自伤行为，用正向和具体的言语指导对方如何做，例如："你现在能从窗台上下来吗？先坐到沙发上，我马上就过来陪你。"

其次，给予对方机会充分倾诉，并表达支持。当对方处于危机时，给予充分的时间积极倾听，同时共情对方的想法和感受，表达自己对对方的关心和在意，一定不要批评、反驳对方，比如："我知道你很绝望，我知道你也不愿到现在的地步。"而不是否认对方的感受："你这么想是完全不对的，更不应该因为他而伤害自己。"

最后，一定要及时寻求外界的帮助，减少错误行为。遇到危机情况的发生，及时求助于外界的专业人士是最好的选择。同时在整个过程中还应注意，不要对求助者责备或说教；不要与其讨论自杀的是非对错；不要被求助者所告诉你的危机已过去的话所误导；不要否定求助者的自杀意念；不要分析求助者的行为或对其进行解释；不要让求助者保持自杀的秘密；不要把自杀行为说成是光荣的、浪漫的、神秘的，以防止别人盲目仿效。

（三）可以求助的专业资源

希望24热线——生命教育与危机干预中心:400-161-9995。

学生专线:400-161-9995 按1。

抑郁专线:400-161-9995 按2。

生命热线:400-161-9995 按3。

中国心理危机与自杀干预中心救助热线:(010)62715275。

北京危机干预中心:(010)82951332。

北京回龙观医院心理危机干预热线:800-810-1117。

广州市心理危机干预中心热线:(020) 81899120。

杭州心理研究与干预中心救助热线：(0571) 85029595(24小时)。

天津市心理危机干预热线：(022) 88188858。

上海市危机干预中心:(021)64383562。

武汉市精神卫生中心救助热线：(027) 85844666(8:00-21:00)/51826188。

四川省心理危机干预中心热线：(028) 87577510/87528604。

重庆市心理危机干预中心热线：(023) 66644499。

南京生命求助热线：(025) 86528082。

南京自杀干预中心救助热线:16896123(24小时)。

石家庄心理危机干预热线:(0311)6799116。

长春市心理援助热线:(0431)86985000(24小时)/ 86985333(8:00—16:00)。

深圳心理危机干预热线：(0755)25629459。
青岛心理危机干预中心自杀干预热线：86669120(8:30—11:00/13:30—16:00)。
香港地区生命热线电话：(+852)23820000。
香港地区撒玛利亚热线电话：(+852)28960000。

思考题

1. 你认为生命的意义是什么？
2. 如何看待丧失和死亡？
3. 怎样识别他人是否陷于心理危机中？

心理测试

生命意义感量表(如表9-3所示)。

请仔细阅读以下题目，在符合自己情况的选项下面画"√"，所有题目均无对错之分。

表9-3 生命意义感量表

	完全不同意	比较不同意	有点不同意	中立	有点同意	比较同意	完全同意
1.我很了解自己人生的意义	1	2	3	4	5	6	7
2.我在寻找能够令我的生命有意义的东西	1	2	3	4	5	6	7
3.我总是在寻找自己的人生目标	1	2	3	4	5	6	7
4.我的生活有很明确的目标感	1	2	3	4	5	6	7
5.我很清楚什么使我的人生充满意义	1	2	3	4	5	6	7
6.我已经找到了满意的人生目标	1	2	3	4	5	6	7
7.我总是在寻找能够让我的生命有价值的东西	1	2	3	4	5	6	7
8.我正在寻找自己的人生和使命	1	2	3	4	5	6	7
9.我的生活没有很明确的目标	1	2	3	4	5	6	7
10.我正在寻找自己的人生意义	1	2	3	4	5	6	7

该量表共10个题目，其中第1题、第4题、第5题、第6题和第9题为生命意义寻求分量表(MLQ-S)，第2题、第3题、第7题、第8题和第10题为生命意义体验分量表(MLQ-P)。该量表采用李克特7点计分，从1代表完全不同意到7完全同意，其中第9题为反向计分。

阅读推荐

1.《活出生命的意义》，[美]维克多·弗兰克尔著，吕娜译. 北京：华夏出版社，2010.

推荐理由：著名的心理学家弗兰克尔可以说是20世纪的一个伟大奇迹。纳粹时期，弗兰克尔不仅经受了炼狱般的痛苦,更将自己的经验与学术结合,开创了意义疗法,替人们找到绝处再生的意义,也留下了人性史上最富光彩的见证。弗兰克尔一生对生命充满了极大的热情,67岁开始学习驾驶飞机,并在几个月后领到驾照;80岁还登上了阿尔卑斯山。这本《活出生命的意义》曾经感动千千万万的人,它被美国国会图书馆评选为具有影响力的十本著作之一。

2.《直视骄阳:征服死亡的恐惧》,[美]欧文·亚隆著,张亚译.北京:中国轻工业出版社,2009.

推荐理由:作者亚隆曾说,这本书是完全个人化的,它来自他自己直面死亡的经历。虽然直面死亡就如同直视骄阳一样——那是一件极痛苦又困难的事情,但是如果你想要充分觉知地活着,真正了解人类生存的处境、人生的有限性以及短暂的生命之光,那么请跟随亚隆的步伐,看他如何以一位普通老者的身份对内心的死亡恐惧进行自我表露和深刻解剖。

3.《让"死"活下去》,陈希米著.长沙:湖南出版社,2013.

推荐理由:这是史铁生夫人陈希米所著的一部感人至深的怀念散文集。丈夫史铁生的离去,给她留下了无边的虚空。她在孤独中通过阅读、思考、行走与书写,和那些思想史上的伟大哲人交谈,向虚空发问,逐渐走过幽深绝境,重新寻获生命的意义。在她真挚优美的文字中,关于生死、爱情、诚实、孤独、时间、永恒、生存意义等时时闪烁在字里行间,散发出炫目的智慧之光。

电影推荐

《阿甘正传》

上映时间:1994年

剧情介绍:阿甘是个智商只有75的低能儿,但他的妈妈是一个性格坚强的女性,常常鼓励阿甘自强不息,"傻人有傻福"。阿甘像普通孩子一样上学,在学校里为了躲避别的孩子的欺侮和捉弄,听从一个朋友珍妮的话而开始"跑"。中学时,他为了躲避别人而跑进了一所学校的橄榄球场,就这样跑进了大学。阿甘被破格录取,并成了橄榄球巨星,受到了肯尼迪总统的接见。

经典台词:

Life was like a box of chocolates, you never know what you're gonna get.

(生命就像一盒巧克力,结果往往出人意料。)

Death is just a part of life, something we're all destined to do.

(死亡是生命的一部分,是我们注定要面对的一件事。)

Miracles happen every day.

(奇迹每天都在发生。)

参考文献

[1] 欧文·亚隆. 直视骄阳:征服死亡的恐惧[M].张亚,译.北京:中国轻工业出版社,2015.

[2] 维克多·弗兰克尔. 活出生命的意义[M].吕娜,译.北京:华夏出版社,2010.

[3] 伊丽莎白·库伯勒-罗丝. On Death and Dying:Scribner,1997.

[4] 余国良. 大学生心理健康[M].北京:北京师范大学出版社,2018.

[5] 夏翠翠. 大学生心理健康教育[M].2版.北京:人民邮电出版社,2019.

[6] 魏改然,贾东诚. 大学生心理健康教育[M].北京:高等教育出版社,2017.

[7] 段春晓. 感恩与生命意义感的关系:主观幸福感和领悟社会支持的链式中介作用[D].吉林大学,2019.

[8] 戴维·迈尔斯. 心理学[M].7版.黄希庭,等,译.北京:人民邮电出版社,2006.

[9] 金菊,崔寅. 大学生心理健康教育[M].哈尔滨:黑龙江人民出版社,2003.

[10] 文书锋,胡邓,俞国良. 大学生心理健康通识[M].3版.北京:中国人民大学出版社,2018.

[11] 张国成,邱卫民,王占龙. 大学生心理健康教程[M].北京:北京大学出版社,2008.

[12] 杜安·舒尔茨,西德尼·艾伦·舒尔茨.人格心理学:全面、科学的人性思考[M].10版.张登浩,李森,译.北京:机械工业出版社,2016.

[13] 郭永玉. 人格心理学:人性及其差异的研究[M].北京:中国社会科学出版社,2005.

[14] 卡尔. 积极心理学:关于人类幸福和力量的科学[M].郑雪,译.北京:中国轻工业出版社,2008.

[15] 黛安娜·帕帕拉,萨莉·奥尔兹,露丝·费尔德曼.发展心理学——从生命早期到青春期[M].10版. 李西营,等,译.北京:人民邮电出版社,2013.

[16] 高扬,李华明,王雅萱. 基于16PF的民航飞行员人格特征及心理健康研究[J].中国安全科学学报,2011,21(4):13-19.

[17] 王洪芳,李成飞. 空军飞行员人格特征调查报告[J]. 中国健康心理学杂志,2014,22(1):45-46.

[18] 阿尔弗雷德·阿德勒.自卑与超越[M].曹晚红,译.北京:中国友谊出版公司,2017.

[19] Burger J. M.人格心理学[M].8版. 陈会昌,译. 北京:中国轻工业出版社,2014.

[20] 郑全全,俞国良. 人际关系心理学[M]. 北京:人民教育出版社,1999.

[21] 马修·麦凯,玛莎·戴维斯,帕特里克·范宁.人际沟通技巧[M].郑乐平,刘汶蓉,译.上海:上海社会科学院出版社,2005.

[22] 郑日昌.大学生心理健康:自主与自助手册[M].北京:高等教育出版社,2007.

[23] 彭聃龄,陈宝国.普通心理学[M].6版.北京:北京师范大学出版社,2023.

[24] 理查德·格里格.心理学与生活[M].20版.王垒,等,译.北京:人民邮电出版社,2024.

[25] 罗杰·霍克.改变心理学的40项研究[M].7版.白学军,等,译.杨治良,郭秀艳,审校.北京:人民邮电出版社,2018.

[26] 菲利帕·戴维斯.应对压力[M].上海:上海科学技术出版社,2003.

[27] 杰夫·戴维森.应对压力[M].罗汉,等,译.上海:三联书店上海分店,2004.

[28] Robertson,Ian. The Stress Test:Bloombury.USA,2017.

[29] 邵华,汪新建,孟维杰.应对与积极情绪研究:意义应对、积极情绪应对、情绪表露和情绪粒度[J].心理学探新,2018,38(5):404-408.

[30] 莉莎·费德曼·巴瑞特.情绪[M].周芳芳,译.北京:中信出版集团,2019.

[31] 施塔,卡拉特.情绪心理学[M].周仁来,译.北京:中国轻工业出版社,2015.

[32] 高存友,任秋生,甘景梨.心理压力与调控[M].北京:九州出版社,2018.

[33] 微信公众号Know Yourself.如何科学地应对压力,2017.

[34] 杨兢等.大学生心理健康导读[M].北京:首都师范大学出版社,2018.

[35] 赵雪莲.大学生心理健康教育实务[M].北京:清华大学出版社,2017.

[36] 杨红.大学生健康心理学[M].重庆:重庆出版社,2007.

[37] 段鑫星,李文文,司莹雪.恋爱心理必修课[M].北京:人民邮电出版社,2019.

[38] 罗伯特·J.斯滕伯格.心理学:探索人类的心灵[M].李锐,等,译.江苏:江苏教育出版社,2005.

[39] 黄维仁.活在爱中的秘诀[M].北京:中国轻工业出版社,2010.

[40] 罗兰·米勒等.亲密关系[M].5版.王伟平,译.北京:人民邮电出版社,2011.

[41] 隋岩.心理学与生活[M].北京:中国法制出版社,2013.

[42] 钱铭怡.变态心理学[M].北京:北京大学出版社,2013.

[43] 岳晓东.心理咨询基本功技术[M].北京:清华大学出版社,2015.

[44] 约翰·麦克里奥德.心理咨询导论[M].3版.潘洁,译.上海:上海社会科学院出版社,2015.

[45] 赵翔.民航职业心理健康[M].北京:中国民航出版社,2008.

[46] 高翠翠,吕嘉伟,鲁春晓.民航特色专业学生心理健康状况调查[J].新疆职业大学学报,2009.

[47] 民航特色专业心理健康指导研究课题组.民航空管专业学生心理健康指导研究

[J].中国民航学院学报,2004,22(1):24-30.

[48] 曾先林.罗晓利.民航飞行员心理健康量表编制[D].中国民用航空飞行学院,2014.

[49] 罗晓利.飞行中人的因素[M].3版.成都:西南交通大学出版社,2017.

[50] 江开达等.精神病学高级教程[M].北京:人民军医出版社,2009.

[51] 罗臻.管制员心理健康标准与心理健康的维护[J].中国民航飞行学院学报,2016,27(4):27-31.

[52] 谭鑫,周长春.机务维护人员的工作压力与压力管理[J].航空维修与工程,2006(5):55-56.

[53] 王燕枝.我国空中交通管制员压力管理研究[D].武汉理工大学,2007.

[54] 邓珂文.机务维修人员工作压力、心理弹性对生活质量的影响[D].武汉大学,2017.